Lillian Too

Die Grundlagen des Feng Shui

Ein Praxisbuch für Einsteiger

Aus dem Amerikanischen von Clemens Wilhelm

Delphi bei Droemer

Originaltitel: Essential Feng Shui
Originalverlag: Rider Books, London

Die Folie des Schutzumschlags sowie die Einschweißfolie
sind PE-Folien und biologisch abbaubar.
Dieses Buch wurde auf chlor- und säurefreiem Papier gedruckt.

Satz: QuarkXPress im Verlag
Druck und Bindung: Ebner Ulm
Printed in Germany
ISBN 3-426-29044-8
5 4 3 2

Inhalt

Vorwort

Feng Shui ist eine alte chinesische Wissenschaft, die Anleitungen vermittelt, wie man in Harmonie mit seiner persönlichen Umgebung leben und sich eines beständigen Glücks erfreuen kann. Es ist eine Technik zur Gestaltung des persönlichen Umfelds, ein Verfahren zur besseren Organisation von Haus- und Wohnungsgrundrissen und zur vorteilhafteren Anordnung von Möbeln. Feng Shui ist auch eine Lehre über die Nutzung geheimnisvoller metaphysischer Kräfte, die den uns umgebenden Raum erfüllen. Feng-Shui-Anhänger bezeichnen diese Kräfte als »Ch'i« oder verwenden hierfür die prägnante Metapher des »kosmischen Atems des Drachen«.

Wenn Chinesen Feng Shui praktizieren, versuchen sie damit, sich mit günstigem Ch'i zu umgeben. Sie glauben, daß ihnen ein Höchstmaß an Ch'i, das sie durch entsprechende Ausrichtung und Gestaltung ihres Heims zu erreichen versuchen, Glück bringen wird. Gutes Ch'i in einem Haus oder einer Wohnung kommt der ganzen Familie zugute, vor allem aber dem Haushaltsvorstand. Wenn ein Heim von den vier himmlischen Geschöpfen – dem Drachen, dem Tiger, der Schildkröte und dem Phönix – umgeben ist, dann ist den Nachfahren mindestens bis in die fünfte Generation ein gutes Geschick sicher.

Feng Shui in China

Die herrschenden Klassen im kaiserlichen China praktizierten jahrhundertelang Feng Shui. Mindestens seit der Zeit der Tang-Dynastie bis zu den letzten Ching-Kaisern gehörte Feng Shui zur ständigen Praxis am kaiserlichen Hof, und Feng-Shui-Meister standen dort wegen ihres Wissens in hohem Ansehen – solange sie nicht umgebracht wurden: In einer Atmosphäre ständiger höfischer Intrigen hatten die Kaiser ein wachsames Auge auf ihre Feng-Shui-Experten, denn niemand sollte ihr Wissen zum Nachteil des Himmelsohnes anwenden können. Die chinesische Volkstradition kennt viele Geschichten über Feng-Shui-Divinationen im Zusammenhang mit der

Entstehung neuer Dynastien. So heißt es zum Beispiel, daß der erste Ming-Kaiser Chu Yuan Chuan, ein Schurke und Bandit, den letzten Mongolen-kaiser nur deshalb stürzen konnte, weil das Grab seines Vaters so außerordentlich günstiges Feng Shui hatte. Nach der Thronbesteigung ließ Chu Yuan Chuan dann alle Feng-Shui-Meister töten und gefälschte Feng-Shui-Bücher schreiben, die er im ganzen Land verbreiten ließ.

Als Yong Le, der dritte Ming-Kaiser, mit dem Bau der neuen nördlichen Hauptstadt begann, der heutigen Verbotenen Stadt in Peking, benutzten seine Architekten und Baumeister, wie es heißt, eben jene gefälschten Bücher für die Plazierung der neuen Paläste. Die Folge war, daß diese kurz nach der Fertigstellung in Flammen aufgingen.

Im Volksmund gibt es viele weitere Geschichten darüber, wie beim Bau der Verbotenen Stadt falsches Feng Shui immer wieder zu Schwierigkeiten und Unglücksfällen führte. Als im 16. Jahrhundert die Mandschu die Ming stürzten, wurden auch sie Opfer von falschem Feng Shui, bis Kaiser Cheng Long, der sich persönlich für diese Kunst interessierte, die richtige Lehre wieder-

Die Verbreitung von Feng Shui

Feng Shui kam mit den Chinesen, die ihre Heimat verlassen mußten, in andere Länder. Viele Feng-Shui-Meister gingen mit General Chiang Kai-shek nach Taiwan, und sie nahmen kostbare Texte und wertvolle Feng-Shui-Luo-Pans (Kompasse) mit sich, die die Geheimnisse der Kunst enthielten. Deshalb profitierten zu Beginn dieses Jahrhunderts die Elite und die Unternehmer von Taiwan außerordentlich von umfassenden Feng-Shui-Kenntnissen. Es ist kein Zufall, daß Taiwan und der Kuomintang in jenen Jahren einen großen Aufschwung nahmen, so daß Taiwan noch heute zu den reichsten Ländern der Welt gehört.

Feng Shui erreichte schließlich auch Hongkong, wo tatkräftige Flüchtlinge und Einwanderer ein neues Leben begannen. Auch sie brachten das Feng-Shui-Wissen ihrer Ahnen mit, und wie ihre Landsleute in Taiwan nutzten sie dieses alte Wissen, um in ihrer neuen Umgebung ihr Glück zu machen.
Taiwan und Hongkong sind heute anerkannte Wirtschaftswundernationen. Viele schreiben deren großartigen Erfolg der umfassenden Anwendung von Feng-Shui-Techniken zu: Die Menschen dort setzten diese Lehre nämlich nicht nur in ihren Wohnungen, sondern auch in Büros, am Arbeitsplatz, in Fabriken und Geschäften ein.

herstellte. Er führte sein Volk zu Wohlstand und Glück, weil er, wie es heißt, von vorzüglichem Feng Shui umgeben war.

In neuerer Zeit hat man spekuliert, daß auch die letzten kommunistischen Herrscher Chinas, Mao Tse Tung und Deng Xiao Ping, von dem guten Feng Shui der Gräber ihrer Ahnen profitierten. Das Grab von Maos Großvater soll auf der Handfläche der himmlischen Mondgöttin gelegen haben, eine Lage, die dem Enkel des Betreffenden großes Glück verheißt, hier also dem Großen Vorsitzenden. In Dengs Fall beruhte das Glück angeblich auf der Lage des Grabes seines Vaters und vom Vorhandensein dreier glückbringender Gipfel in Sichtweite seines Heimatortes.

In Maos China dagegen konnte Feng Shui nicht gedeihen. Es war unter seiner Herrschaft streng verboten, Feng Shui zu praktizieren. Mao war sein Leben lang von der Furcht besessen, gestürzt zu werden, und er wollte es offensichtlich vermeiden, daß jemand mittels Feng Shui seine Position in Gefahr bringen könnte.

Die sich wandelnden Erscheinungsformen des Feng Shui

In Hongkong prüften Feng-Shui-Meister anfänglich nur die Umgebung, um eine günstige Plazierung sicherzustellen. Gebäude wurde so ausgerichtet, daß sie den Schutz der Hügel genossen und vom symbolischen Reichtum des Wassers im Hafenbecken profitierten. Straßen wurden unter Beachtung der Drache-Tiger-Symbolik gebaut, und die klassischen Vorschriften wurden strikt eingehalten. Als jedoch die städtische Bebauung immer mehr zunahm, ständig neue Gebäude aus dem Boden schossen und sich ein städtisches Leben entwickelte, wurden Feng-Shui-Grundsätze auch auf das Innere von Häusern und Wohnungen angewandt, wobei alte Lehren in kreativer Weise an moderne Lebensbedingungen angepaßt wurden.

Alte Feng-Shui-Meister prüften ihre traditionellen Luo Pans (Kompasse) und entdeckten neue Interpretationen alter Symbole; andere entdeckten geheime Kompaßformeln neu und begannen, diese in ihre Tätigkeit mit einzubringen. Zugleich suchten sie nach Möglichkeiten, wie sie der neuen Herausforderung des städtischen Lebens gerecht werden könnten. Viele hielten ihre Formeln geheim und hüteten sie eifersüchtig wie einen Schatz. Alte

Meister gaben sie mündlich an besonders befähigte Schüler oder Bluts-
verwandte weiter.

Meister Yap Cheng Hai

Ich selbst habe drei solche wertvollen Formeln erlernt und wende sie seit
vielen Jahren erfolgreich an. Ich habe sie von meinem geschätzten Freund
Meister Yap Cheng Hai erhalten, einem anerkannten Feng-Shui-Experten,
der in den vergangenen dreißig Jahren viele Menschen in Malaysia außerordentlich reich und glücklich gemacht hat. Yap Cheng Hai ist ein wahrer
Meister des Feng-Shui, der als junger Mann bei zahlreichen alten Meistern
aus Hongkong und Taiwan lernte. Er besitzt ein natürliches Interesse an
allem Metaphysischen, einen überaus scharfen Verstand und ein fotogra-
fisches Gedächtnis, und er hat sich gezielt nach Meistern umgesehen, die ihn
in die Geheimnisse des Feng Shui einweihen konnten.

In seiner dreißigjährigen Praxis hat er viele Geschäftsleute zu Multimillio-
nären und Milliardären gemacht. Viele zählen auch heute noch zu seinen
Kunden; sie ziehen ihn bei jedem neuen Projekt und jeder Investition zu
Rate und profitieren auch in anderer Weise von seinen wertvollen Feng-
Shui-Ratschlägen.

Yap Cheng Hai hat mir des öfteren gesagt, daß die Steigerung des Einkommens zu denjenigen Wünschen zähle, die sich mit Feng Shui am leich-
testen verwirklichen lassen. Er erklärte mir aber auch, daß das Ausmaß des
mit Feng Shui erzielbaren Reichtums individuell verschieden sei und vom
»Himmelsglück«, wie er es nennt, abhänge (siehe Seite 13). Wenn Ihr
Himmelsglück nicht von der Art ist, daß Sie Multimillionär werden können,
dann wird Ihnen günstiges Feng Shui ein behagliches Leben ohne finanzielle Sorgen ermöglichen, aber Sie werden nicht zu den Superreichen gehören.

Auch ich habe von Yap Cheng Hais Feng-Shui-Verfahren profitiert. Ich habe
nicht das Karma für eine Multimillionärin, aber ich bin mit den Ergebnissen
dennoch mehr als zufrieden. Ich verdiene gut und kann wirklich nicht klagen. Anders als die meisten Klienten von Yap Cheng Hai habe ich jedoch
dessen Feng-Shui-Techniken selbst durchgeführt. Zunächst lag dies einfach
daran, daß Yap Cheng Hai als vielbeschäftigter Mann fast nie zu erreichen
war, doch dann begann mich ein fast obsessives Interesse an diesem Thema
zu fesseln.

Meine große Freundschaft mit Yap Cheng Hai gab mir den Mut, ihn darum zu bitten, sein Wissen und seine Formeln der Welt mitzuteilen. Meine Forschungen zu diesem Thema haben in mir eine große Achtung für diese Wissenschaft wachsen lassen, und ich sagte Yap Cheng Hai, daß ich sie – im Einklang mit meinen Befunden – als eine Lehre ohne alle spirituellen oder religiösen Anklänge darstellen wolle.

Daß Yap Cheng Hai hierzu seine Einwilligung gab, ist Ausdruck seiner außerordentlichen Großzügigkeit. Ihr habe ich auch alle meine bisherigen Bücher über Feng-Shui zu verdanken, denn er lieferte mir den Schlüssel zu vielen Geheimnissen des Pa-kua und der Lo-Shu-Zahlen, die weiter unten in diesem Buch beschrieben sind, wodurch bisher unverständliche Erläuterungen in den alten Texten, die mir von anderen Feng-Shui-Meistern zugänglich gemacht wurden, plötzlich einen Sinn bekamen.

Yap Cheng Hai ist heute weit in den Siebzigern. Seine Entscheidung, sein Feng-Shui-Wissen weiterzugeben, fällt mit einem weltweit explosionsartig zunehmenden Interesse an dieser alten chinesischen Lehre zusammen. Man darf annehmen, daß dies kein Zufall ist.

Die Anwendung von Feng Shui

Aufgrund des reichen Wissenschatzes, den mir Yap Cheng Hai zugänglich gemacht hat, und später durch eigene Studien und Untersuchungen bin ich zu der Einsicht gekommen, daß man Feng Shui am besten als Technik betrachtet. Es steckt überhaupt nichts Magisches hinter seiner Wirkung. Wenn ich die Formeln in der richtigen Weise anwandte, brachten sie mir in meinem Leben immer großes Glück. Und wenn es einmal vom Glück weniger begünstigte Zeiten gab, dann fand ich den Grund hierfür immer in den »fliegenden Sternen«, einer weiteren Feng-Shui-Formel, von der ebenfalls noch die Rede sein wird.

Während meiner Zeit in Hongkong begegnete ich vielen anderen Feng-Shui-Meistern und Praktikern, wobei ich entdeckte, daß es viele verschiedene Feng-Shui-Schulen gibt und daß dieses nur scheinbar »einfache« Thema eine große Tiefe besitzt. Ich nahm mir daher vor, den Zugang, den ich aufgrund meiner Position in der Firma zu Spezialisten in China, Hongkong und

Taiwan hatte, zu nutzen und Feng Shui zu meinem »ernsthaften Hobby« zu machen. Für mich war es damals einfach ein weiteres Management-Werkzeug. Ich dachte nie daran, einmal Feng-Shui-Autorin oder -Beraterin zu werden.

Erst später, nachdem ich mich aus der Geschäftswelt zurückgezogen und beschlossen hatte, die Fülle meines Wissens, das mir so viele verschiedene Meister so großzügig mitgeteilt hatten, auch anderen Menschen zugute kommen zu lassen, wurde ich Schriftstellerin. Feng-Shui-Beratungen führe ich nach wie vor nicht durch, weil ich lieber das Wissen weitergebe und lehre und die Beratung den vielen hervorragenden Meistern der Kunst überlasse, die damit ihren Lebensunterhalt verdienen.

Noch vor wenigen Jahren war Feng Shui im Westen praktisch unbekannt. Inzwischen erfreut es sich allgemeiner Anerkennung und Aufmerksamkeit. Dieses Interesse wird schon deshalb weiter zunehmen, weil das Beispiel vieler Menschen, die gelernt haben, wie man in Harmonie mit seiner Umgebung lebt und hieraus auch noch materiellen Nutzen zieht, Nachahmer finden wird. Dieselbe Kraft, die das Überleben dieser Kunst in den letzten viertausend Jahren in China sicherstellte, wird ihr auch im Westen zum endgültigen Durchbruch verhelfen.

Lernen Sie, mit Feng Shui zu arbeiten. Lassen Sie sich von dieser altchinesischen Weisheit in die Geheimnisse der lebendigen Erde einführen. Lassen Sie einmal eine vielleicht vorhandene Skepsis einen Augenblick beiseite, und entdecken Sie eine neue Betrachtungsweise der in der Umwelt wirksamen Energien. Erschließen Sie sich die ganze Bedeutungstiefe hinter der Schlichtheit der Kosmologie von Yin und Yang. Schärfen Sie Ihre Wahrnehmung für die fünf Elemente, die in Ihrer Umgebung in einem ständigen Austausch stehen. Erfahren Sie die geheimnisvolle Macht der unsichtbaren Kräfte der lebendigen Erde, und nutzen Sie ihre Energien, um in Ihrem Leben glücklich zu werden.

Finden Sie durch Feng Shui zu einem besseren, gesünderen, glücklicheren und reicheren Leben.

Lillian Too

Einleitung

Feng Shui ist ein altes chinesisches Verfahren, das lehrt, wie man im Einklang mit den Energien der lebendigen Erde leben kann. Es umfaßt eine Reihe von Techniken und Erkenntnissen, die man lernen und systematisch auf seine persönliche Lebensumgebung anwenden kann. Feng Shui verheißt bei richtiger Anwendung Glück und Vermögen, wenn man Heim und Büro nach den Regeln der Harmonie und des Gleichgewichts einrichtet, wie sie in diesem Buch beschrieben sind.

Mit Feng Shui kann man sein Vermögen mehren, sein materielles Wohlergehen verbessern und etwas für seine Gesundheit tun. Es läßt dasjenige erlangen, was den Menschen erstrebenswert erscheint, indem es Möglichkeiten des persönlichen Fortschritts eröffnet und die Chancen auf ein berufliches Fortkommen und Erfolg mehrt.

Feng Shui als Kunst und Wissenschaft

Aber Feng Shui ist keine Zauberei und keine spirituelle Lehre, die den festen Glauben an seine Wirksamkeit voraussetzen würde. Am besten ist es, Feng Shui als Wissenschaft zu betrachten und als Kunst zu praktizieren. Es ist eine Wissenschaft, weil ein großer Teil der Feng-Shui-Anwendungen auf den Lehren der »Kompaß-Schule« beruht, die auch allgemein unter dem Begriff »formales Feng Shui« zusammengefaßt werden. Nach diesem System erlangt man das gewünschte Glück durch entsprechende Planung und Ausrichtung von Räumen und Möbeln nach den Himmelsrichtungen in Verbindung mit Berechnungen nach festgelegten Formeln. Der Erfolg hängt jedoch entscheidend davon ab, daß man die Himmelsrichtung sorgfältig ermittelt (manchmal auf ein Grad genau) und die Maße genau berechnet. Wenn die Proportionen

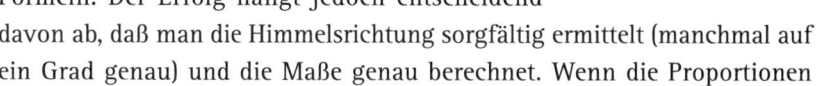

richtig bestimmt und die Berechnungen exakt ausgeführt werden, führt das formale Feng Shui praktisch immer zu einem vermehrten Glück der Bewohner. Die Ergebnisse lassen nicht lange auf sich warten – aber man muß sich auch darüber im klaren sein, daß falsch angewandtes Feng Shui niemals zum Erfolg führen kann.

Feng Shui ist aber auch eine Kunst, weil vieles von einer subjektiven Bewertung und Deutung abhängt. Erfahrung ist ein wesentlicher Faktor für die erfolgreiche Anwendung von Feng Shui. Dies liegt daran, daß Umrisse und Geländeformen nur vom menschlichen Auge bewertet werden können.

Diese Dimension der Feng-Shui-Praxis faßt man oft auch unter dem Begriff des »Landschafts-Feng-Shui« zusammen. Dabei wird das optische Erscheinungsbild der physischen Umgebung bewertet. Berge, Hügel, Flüsse, Straßen, Höhenunterschiede, Umrisse, Gerüche und überhaupt alles, was von den Sinnen wahrgenommen wird, wird in die Analyse der Umgebung mit einbezogen. Darüber hinaus berücksichtigt der Feng-Shui-Experte auch die Qualität des Bodens, die Stärke der vorherrschenden Winde, die Intensität des Sonnenlichts, das Gedeihen der Pflanzen und Hangneigungen.

Wörtlich übersetzt bedeutet Feng Shui »Wind und Wasser«. Diese beiden Elemente sind es auch, die die physische Gestalt der lebendigen Erde geschaffen haben. Feng Shui bietet Richtlinien, anhand derer der Ausübende die Merkmale der Landschaft daraufhin prüfen kann, ob von ihnen gute oder schlechte Energie ausgeht und ob sie daher den in ihrer Nähe lebenden Menschen Glück oder Unglück bringen werden.

Die richtige Beurteilung günstiger und ungünstiger optischer Merkmale, wie sie innerhalb der formalen Schule definiert werden, ist von entscheidender Bedeutung. Schlechtes Landschafts-Feng-Shui kann gutes Kompaß-Feng-Shui zunichte machen. Dies ist eine ganz wesentliche Grundregel des Feng Shui, die niemals außer acht gelassen werden darf: Die physischen Merkmale der natürlichen und vom Menschen geschaffenen Umgebung können eine stärkere Wirkung haben als noch so sorgfältig durchgeführte Feng-Shui-Orientierungen.

Das Glück aktivieren

Feng Shui lehrt aber auch, wie man in seiner Lebens- und Wohnumgebung gezielt das Glück aktivieren kann. Wenn man einmal weiß, wie man sich selbst, sein Heim und seinen Arbeitsplatz vor dem Einfluß von schlechtem Feng Shui schützen kann (siehe hierzu Teil 2 und 3 dieses Buchs), dann besteht der nächste Schritt darin, bewußt bestimmte Formen von Glück zu aktivieren. Hiermit beschäftigt sich ausführlich Teil 4. Dies ist ein spannender Aspekt der Feng-Shui-Praxis. Es gibt eine sehr reiche Symbolik, die man in jeder Wohnung und jedem Büro aktivieren kann, und die zu acht allgemeinen Formen von Glück führt. So kann man beispielsweise das Glück in seinem Beruf aktivieren. Man kann seine Gesundheit verbessern und das Glück eines jeden Familienmitglieds fördern. Man kann das Glück seiner Kinder steigern, so daß sie bessere Prüfungsergebnisse erzielen. Schließlich kann man auch etwas für sein Einkommen tun, um dadurch zu Reichtum zu gelangen.

Feng Shui bietet also großartige Möglichkeiten. Was muß man nun tun, um diese glückbringenden Energien nutzen zu können? Es genügt jedenfalls nicht, nur über die Theorie und Philosophie des Feng Shui Bescheid zu wissen. Man muß auch sein Bewußtsein für die subtilen Veränderungen in seiner Umgebung schulen. Gewöhnen Sie es sich an, Ihre Umgebung mit den Augen des Feng Shui zu betrachten. Entwickeln Sie eine Sensibilität für die sehr wirksamen, wenn auch unsichtbaren Energien, von denen Sie umgeben sind.

Die drei Arten von Glück

Seien Sie sich von Anfang an darüber im klaren, daß Feng Shui nur eine Komponente der Dreiheit des Glücks ist. Feng Shui ist das Erdenglück in der Dreiheit von Himmels-, Erden- und Menschenglück, oder *Tien, Ti* und *Ren*, um die chinesischen Ausdrücke zu benutzen.

Dies ist der Rahmen, der die möglichen Ergebnisse der Feng-Shui-Praxis einschränkt. Jeder Mensch hat also drei Arten von Glück:

- Das Himmelsglück bestimmt das Schicksal und entzieht sich der Kontrolle des Menschen; von ihm hängen die Umstände der Geburt, der Charakter und die persönlichen Lebensbedingungen ab. Man könnte es mit Karma vergleichen.
- Das Erdenglück entsteht aus einem Leben in Harmonie mit der Umwelt und ist in der Lehre namens Feng Shui zusammengefaßt. Erdenglück kann man beeinflussen, weil man selbst entscheiden kann, ob man in Harmonie mit den Energien seines Umfelds leben will oder nicht.
- Menschenglück ist das Glück, das man sich selbst schafft, und kann daher ebenfalls individuell beeinflußt werden. Gutes Feng Shui gibt uns die Möglichkeit zu Fortschritt und Erfolg an die Hand, aber ob wir diese Möglichkeiten nutzen und ihr ganzes Potential ausschöpfen, liegt nur an uns selbst.

Wie und wie schnell sich dieses Glück zu unseren Gunsten oder Ungunsten ändert, hängt vom Einfluß dieses dreifachen Glücks ab, und dies ist der Zusammenhang, in dem man Feng Shui verstehen und praktizieren muß. Wenn das Himmelsglück gut ist, wird es durch Feng Shui noch besser, wozu man auch durch persönliche Anstrengungen das Seine beitragen kann.

Wenn andererseits das Himmelsglück weniger gut ist, kann man mit Feng Shui zumindest seine Probleme und Schwierigkeiten verringern. Mit richtig angewandtem Feng Shui erleichtert man sich das Leben. Man kann aber kein wirklich reicher Mensch werden, wenn dies im Himmelsglück nicht so angelegt ist.

Das I-ching

Wenn Sie sich einmal die praktischen Grundlagen des Feng Shui angeeignet haben, werden Sie auch leichter mit dessen fortgeschrittenen Theorien zurechtkommen, die auch die zeitliche Dimension einbeziehen. Diese geht auf die tieferen Aspekte der Philosophie des *I-ching* zurück, das die letzte Grundlage des Feng Shui bildet. Dem *I-ching* zufolge ist in der Welt alles in Veränderung begriffen; deshalb heißt es auch *Das Buch der Wandlungen*. Gemäß diesem Werk gibt es in allem Glück auch einen Keim von Unglück, der ein Übergewicht bekommen kann. Umgekehrt gilt aber auch, daß im Unglück immer auch der Keim von großem Glück vorhanden ist.

Die Praxis des Feng Shui

Feng Shui kann jeder lernen. Es ist weder schwierig zu verstehen noch schwierig zu praktizieren. Feng Shui ist weder eine spirituelle noch eine religiöse Praxis. Man braucht hierfür keinen starken Glauben und keine metaphysischen oder psychischen Fähigkeiten. Feng Shui ist eine Wissenschaft, eine Methode, und es besteht aus Anweisungen, die ihre Grundlage in der chinesischen Weltsicht haben. Diese geht von der Existenz einer Lebenskraft in der natürlichen Umwelt aus, und diese Lebenskraft kann günstig und hilfreich oder aber bedrohlich und sogar tödlich sein.

Feng Shui gibt Vorschläge für die Gestaltung des persönlichen Lebensraums, so daß man die Fülle günstiger Energien nutzen kann, die in der Umwelt vorhanden sind. Es empfiehlt, Strukturen und Anordnungen zu vermeiden, die diese günstige Energie in schädliche verwandeln können. Feng-Shui-Meister haben das Wissen, um vorteilhafte Energie nutzbar zu machen und schädliche abzuleiten. Die in diesem Buch enthaltenen Informationen geben auch dem Laien diese Möglichkeit.

Einige häufig gestellte Fragen zu Feng Shui

Wie wirkt Feng Shui?

Feng Shui empfiehlt ein Leben in Harmonie mit der Umwelt und den Energielinien der Erde, so daß ein günstiges Gleichgewicht der Naturkräfte entsteht. Feng Shui behauptet, daß die Atmosphäre von unsichtbaren, aber sehr wirksamen Energielinien durchzogen ist, die teils vorteilhaft, teils schädlich sind. Deshalb können sie Streit ebenso bewirken wie Harmonie, Gesundheit ebenso wie Krankheit, Wohlstand ebenso wie Armut. Feng Shui besteht in der geschickten Bündelung und Ausnutzung glückbringender Energielinien; die Chinesen bezeichnen dies als »den kosmischen Atem des Drachens nutzen«.

Ist es notwendig oder empfehlenswert, sich an einen Feng-Shui-Meister zu wenden?

Feng Shui eignet sich weitgehendst zum Selbststudium, weshalb auch dieses Buch geschrieben werden konnte. Allerdings ist wie in jedem anderen Beruf auch praktische Erfahrung immer ein großer Vorteil. Insofern ist es nützlich, sich an einen professionellen Feng-Shui-Berater zu wenden. Allerdings hat in der letzten Zeit die Nachfrage so sehr zugenommen, daß – trotz der stetig wachsenden Zahl derer, die sich ihren Lebensunterhalt als Feng-Shui-Berater verdienen – eine solche Beratung zumindest bei den Könnern ihres Fachs sehr teuer geworden ist.

Andererseits sind Meister, die sich wirklich auf ihre Kunst verstehen und Erfahrung haben, ihr Geld mehr als wert. Das Problem sind heute eher die selbsternannten »Möchtegern«-Meister, die recht wenig von Feng Shui wissen und selbst von diesem Wenigen nicht alles verstanden haben. Ich kann daher denjenigen, die Feng Shui gerade erst kennengelernt haben, nur dringend raten, es sich gut zu überlegen, ob und wem sie einen solchen Zugang zur Privatsphäre ihres Heims gewähren wollen. Viel besser ist es, sich selbst ein wenig mit Feng Shui zu befassen. Es ist durchaus nicht schwierig: Es kann sehr viel Spaß machen und ist auf alle Fälle auch befriedigender.

Muß ich wegen Feng Shui die ganze Wohnung umbauen?

Überhaupt nicht! Wer etwas von Feng Shui versteht, findet immer eine durchaus preisgünstige Möglichkeit, etwas gegen »Giftpfeile« zu unternehmen oder um gutes Feng Shui zu aktivieren. Diese Kunst besitzt so viele Dimensionen, daß es oft überhaupt nicht möglich ist, *alles* in Ordnung zu bringen. Eine gute Dosis gesunder Menschenverstand ist auch hier sehr zu empfehlen. Oft kann schon eine kleine Veränderung der Sitz- oder Schlafposition eine große Wirkung haben. Feng-Shui-Mittel wirken nicht erst, wenn man sie massiv anwendet. Energielinien sind etwas Subtiles. Man könnte dies etwa mit dem Signal für Ihren Fernsehempfang vergleichen: Eine kleine Drehung Ihrer Antenne oder Ihrer Satellitenschüssel kann das Bild, das auf Ihrem Gerät erscheint, entscheidend verbessern oder verschlechtern. Ebenso verhält es sich mit Feng Shui.

Wirkt Feng Shui immer?

Ja. Wenn man es richtig anstellt, verbessert Feng Shui allgemein die Lebens- und Arbeitsumstände. Andererseits ist Feng Shui auch kein Allheilmittel für alle möglichen Probleme. Vergessen Sie nicht, daß Feng Shui nur ein Drittel des Dreifachen Glücks ausmacht. Wenn es einem vom Schicksal nicht bestimmt ist, daß man ein riesiges Firmenimperium aufbaut, dann wird man mit Feng Shui vielleicht wohlhabend, aber nicht wirklich reich werden. Dies ist eine Frage des Himmelsglücks. Aber wenn in Ihrem Heim gutes Feng Shui herrscht, werden Sie dynamischer sein. Es werden sich Ihnen Möglichkeiten zu Verbesserungen in Ihrem Leben oder hinsichtlich Ihres Einkommens eröffnen. So können Sie Ihr eigenes Menschenglück schaffen, indem Sie solche Möglichkeiten beim Schopf ergreifen.

Kann ich die formale Schule praktizieren und die Kompaß-Schule unberücksichtigt lassen?

Ja, das ist möglich. Man kann so auch vermeiden, Opfer von schlechtem Feng Shui zu werden. Allerdings führt die Kompaß-Schule fundierter in die Kunst ein und erlaubt es, überaus wirksame Methoden zur Verbesserung seines Schicksals zu entdecken. Ich rate meinen Freunden immer, einen Schritt nach dem anderen zu unternehmen. Gehen Sie langsam vor, weil es besser ist, sich zuerst eine solide Grundlage zu schaffen, statt alles gleichzeitig in Angriff nehmen zu wollen. Im übrigen ist es gar nicht möglich, alles hundertprozentig auf Feng Shui auszurichten.

Woher weiß ich, welchen Feng-Shui-Rat ich befolgen soll?

Es gibt in der Tat viele verschiedene Feng-Shui-Schulen. Aber alles echte Feng Shui beruht auf denselben Grundsätzen. Es gibt heute hervorragende Bücher auf der Grundlage authentischer Feng-Shui-Lehren, aber es gibt auch andere, die mich wirklich zur Verzweiflung bringen. Vielleicht sollte ich an dieser Stelle nur sagen, daß die sogenannte »Reinigung der Energien« durch Händeklatschen und das Läuten von Glöckchen *kein* Feng Shui ist. Die Versuche, eine altchinesische Praxis zu vereinfachen oder zu verwestlichen, haben zu teilweise lächerlichen Versionen geführt. Hüten Sie sich auch vor Leuten, die angeblich einige Monate bei einem Feng-Shui-Meister zugebracht haben und sich dann sofort als Berater anpreisen.

Ich rate dringend dazu, sich diesbezüglich auf sein vernünftiges Urteil zu verlassen, denn Feng-Shui-Meister teilen die Geheimnisse ihres Fachs nicht ohne weiteres mit, schon gar nicht jemandem, der gerade einmal einige Jahre (oder womöglich Monate) bei ihnen zugebracht hat. Jeder, der das Verhältnis zwischen Schüler und Lehrer in der chinesischen Tradition kennt, weiß, daß es viele, viele Jahre dauert, bevor ein Meister die wirklichen Geheimnisse seiner Kunst weitergibt. Ich bin also sehr skeptisch, wenn sich jemand als Experte ausgibt, der nur kurze Zeit bei einem Feng-Shui-Meister war.

Warum ist Feng Shui im Westen so populär geworden?

Die heutige Beliebtheit von Feng Shui im Westen ist Ausdruck einer wachsenden Wertschätzung und Einsicht in den kulturellen und philosophischen Ansatz der klassischen chinesischen Wissenschaften. Feng Shui ist ja nur eine von vielen großartigen Auffassungen bezüglich des Geistes und des Körpers sowie der Umwelt, die heute im Westen Verbreitung finden. Immer mehr Menschen beginnen zu erkennen, daß es alternative Möglichkeiten und Methoden der Weltbetrachtung gibt, die von einer anderen Auffassung von Energien und deren Einfluß auf unser Wohlbefinden ausgehen. Aus dieser Sichtweise kann man Feng Shui als zusätzliches Werkzeug betrachten, mit dessen Hilfe man die Spiritualität der menschlichen Seele und der Umwelt begreifen kann. So bedient sich Feng Shui zum Beispiel der Sprache der Symbole, um die Energien der unmittelbaren Umwelt zu deuten und anzuregen. Damit eröffnen sich neue Wege zu einem Verständnis der Spiritualität des Raums.

Kann ich Feng Shui auch ohne die Theorie praktizieren?

Die einfachsten Grundregeln des Feng Shui sind auch ohne Verständnis der dahinterstehenden Theorie anwendbar. Allerdings sind beim ersten Lesen nicht ohne weiteres gleich alle Bedeutungsnuancen dieser Grundlage verständlich. Wenn man also will, kann man in diesem Buch sofort zu den späteren Kapiteln gehen, in denen man einfache, mit Illustrationen versehene und sofort anwendbare Feng-Shui-Tips findet. Wenn man aber unsicher ist oder wenn die Zeichnung nicht genau Ihrer Situation entspricht, dann sind theoretische Grundlagen doch sehr hilfreich. Manchmal versteht man nicht gleich alles, aber wenn man sich über irgend etwas im unklaren ist, sollte man trotzdem versuchen, sich in die Theorie einzuarbeiten.

Teil 1

Die Grundlagen des Feng Shui

Die ersten Schritte

Die Grundlage jeglicher Feng-Shui-Praxis ist die Kenntnis der neun Grundprinzipien. Diese liefern das begriffliche Grundgerüst für gutes Feng Shui. In ihrer Gesamtheit können diese Grundsätze jedoch manchmal zu scheinbar widersprüchlichen Empfehlungen führen. Dann muß man eine Entscheidung treffen, welcher Grundsatz für den jeweiligen Fall mehr Gewicht hat.

In solchen Fällen zeigt sich der Wert der Erfahrung. Wenn man Zweifel hat, sollte man sich zunächst daran erinnern, daß die physische Umgebung starke Energien aussendet und daß Shar Ch'i, der »tödliche Hauch« (siehe Seite 63 f.), der von einem besonders gefährlichen »Giftpfeil« ausgeht, alle noch so sorgfältig durchgeführten Plazierungen zunichte machen kann. Bevor Sie also darangehen, Energien zu kräftigen, um gutes Feng Shui zu schaffen, sollten Sie sicherstellen, daß kein schlechtes Feng Shui auf Ihren Aufenthaltsort einwirkt. Am besten ist immer eine defensive Haltung.

Der Zustand und die Qualität des äußeren Feng Shui ist wichtiger als die Gestaltung der Innenräume. Die Wirkungen äußerer Situationen im Umkreis von mindestens einem Kilometer können das Wohlbefinden der Familie bedrohen, das Leben öde machen und alle Anstrengungen zu Verbesserungen scheitern lassen. Die Biegung eines Flusses, eine Kurve in einer Straße, die Kontur einer Überführung, ja sogar das Dach des Nachbarhauses – diese und viele andere Strukturen, die »tödlichen Hauch« aussenden, können einzeln oder gemeinsam bei einer entsprechenden bedrohlichen Ausrichtung die Harmonie im Heim zerstören. Dies

> ## Die neun Grundprinzipien des Feng Shui
>
> 1. Das Pa-kua und das Lo-Shu-Quadrat
> 2. Das Aussuchen günstiger Grundstücke
> 3. Die Auswahl und Schaffung regelmäßiger Umrisse
> 4. Die Energetisierung der fünf Elemente
> 5. Die Harmonisierung von Yin und Yang
> 6. Der »kosmische Atem des Drachen«
> 7. Den »tödlichen Hauch« ableiten
> 8. Die Verwendung von Symbolen und Zahlen
> 9. Formales Feng Shui

ist der Fall, wenn die Vorderseite Ihres Hauses und insbesondere die Haupteingangstür direkt gegenüber einem Gebäude, einer Struktur oder einem Objekt liegt, das symbolische »Giftpfeile« auf Ihr Haus aussendet. Es ist daher von äußerster Wichtigkeit, daß die Schulung des Feng-Shui-Bewußtseins mit einer sorgfältigen Betrachtung der Umgebung Ihres Heims beginnt.

Sehen Sie vor sich, hinter sich und sogar über sich. Von den Gebäuden und Strukturen vor Ihnen können nach Feng-Shui-Grundsätzen die stärksten Gefährdungen ausgehen. Auf der Rückseite können fehlendes Land, fehlende Strukturen und fehlende Gebäude schlechtes Feng Shui verursachen. Wenn über Ihnen ein Luftkorridor für startende und landende Flugzeuge liegt, erzeugt der tägliche Lärm Turbulenzen, die ebenfalls als schlechtes Feng Shui gelten.

Wenn Sie auf der Suche nach einem Haus oder einer Wohnung sind, sollten Sie vor dem Kauf unbedingt die Umgebung prüfen. Achten Sie auf gutes Feng Shui, und dies bedeutet: saubere Straßen und Bürgersteige, gesunde Pflanzen, grünes Gras, blühende Blumen, gepflegte Häuser und Wohnungen. Prüfen Sie, ob ringsum Wohlstand und Glück herrschen. Orte mit schlechtem Feng Shui wirken immer heruntergekommen und trostlos. Schlechte Energie läßt das Glück der Bewohner immer mehr schwinden, und es herrscht eine Atmosphäre der Niedergeschlagenheit.

Den Feng-Shui-Blick schulen

Mit den Augen des Feng Shui zu sehen heißt, die Wahrnehmung für die sich bietenden Aussichten und die Gerüche der Umgebung und für die sich hebende und senkende Landschaft zu schulen. Es bedeutet, Wind und Wasser in seiner Umgebung bewußt zu erleben und auf Veränderungen in seiner Umwelt zu achten. Entwickeln Sie ein Gespür für das Vorhandensein neuer Gebäude, neuer Straßen und neuer Entwicklungen. Prüfen Sie immer auch, welche Auswirkungen Neues in Ihrer Umgebung auf Ihr Haus hat.

Das Pa-kua und das Lo-Shu-Quadrat

Man nimmt an, daß die Praxis des Feng Shui vor etwa viertausend Jahren begann, auch wenn man dies nur vermuten kann. Man führt die Ursprünge auf den Einfluß des *I-ching* zurück, des berühmten chinesischen Klassikers. Das *I-ching* ist die Quelle eines großen Teils der Traditionen und kulturellen Praktiken der Chinesen. Seine Ursprünge sind nach wie vor Gegenstand von Forschungen, wobei die Gelehrten inzwischen ein noch älteres Ursprungsdatum annehmen.

Daher findet man bei den wichtigsten Werkzeugen der Feng-Shui-Analyse, die uns aus alter Zeit erhalten geblieben sind, sehr interessante Zusammenhänge mit Zweigen anderer traditioneller chinesischer Praktiken. Hierzu zählen vor allem die acht Trigramme, Zeichengruppen aus drei gebrochenen und drei ungebrochenen Linien, aus denen die großartigen 64 Hexagramme des *I-ching* bestehen. Diese acht Trigramme werden zu einer achteckigen Figur angeordnet, dem sogenannten Pa-kua, und diese Anordnung bildet den Kern aller Feng-Shui-Grundsätze.

Es gibt zwei verschiedene Anordnungen dieser Trigramme im Pa-kua. In alter Zeit, als man sich innerhalb des Feng Shui sowohl mit den Wohnstätten der Lebenden als auch denjenigen der Toten befaßte, wurden beide Anordnungen zur Analyse herangezogen.

Yin-Feng-Shui

Die sogenannte »vor-himmlische Reihenfolge« der Trigramme im Pa-kua diente zur Prüfung des Feng Shui von Gräbern und Friedhöfen. Die Chinesen glaubten, daß dieser Zweig des Feng Shui, das sogenannte Yin-Feng-Shui, von außerordentlicher Bedeutung sei und langfristig das Geschick einer Familie viel stärker beeinflussen könne als jede andere Art von Feng Shui. Manche sagen auch heute noch, daß Yin-Feng-Shui über mindestens fünf Generationen wirkt.

Am eindrücklichsten sieht man seine Anwendung in der Ausrichtung der

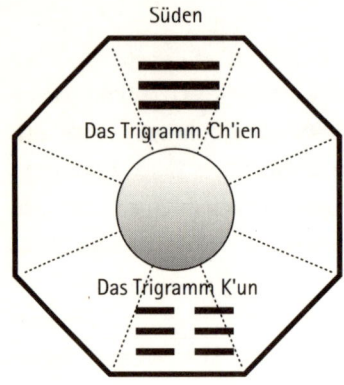

Das Yin-Pa-kua im Haus

Süden

Das Trigramm Ch'ien

Das Trigramm K'un

Das Yin-Pa-kua

Ich rate dringend jedem, der die Empfehlung bekommen hat, »Giftpfeile« mit Hilfe des Yin-Pa-kua abzuwehren, dieses nicht *im* Haus oder Büro aufzuhängen. Dieses Pa-kua sendet »tödliche« Energie aus, die schweres Unglück hervorrufen kann. Bringen Sie es stets außerhalb des Hauses an. Auch dort sollten Sie prüfen, ob nicht andere Feng-Shui-Maßnahmen ausreichen, bevor Sie dieses Pa-kua auf Ihre Nachbarn richten. Achten Sie immer darauf, daß Ihre Maßnahmen anderen keinen Schaden zufügen.

Ming-Gräber vor den Toren von Peking. Die Chinesen verweisen auch auf die günstige Anordnung von Ahnengräbern, die den Aufstieg moderner Herrscher wie Mao Tse Tung und Deng Xiao Ping ermöglichten.

Heute allerdings wird Yin-Feng-Shui kaum mehr praktiziert, da die alten Meister nicht mehr gerne Aufträge zur Gestaltung von Gräbern und Friedhöfen annehmen. In Taiwan, Hongkong, Malaysia und Singapur gibt es jedoch noch eine kleine Gruppe erfolgreicher Geschäftsleute, die ihre Grabstätte bereits gewählt haben und hierfür Yin-Feng-Shui anwenden ließen. Bei der breiten Masse der Bevölkerung dagegen ist Yin-Feng-Shui einfach nicht mehr durchführbar. Es ist einfacher, sich einäschern zu lassen, denn dabei entsteht weder gutes noch schlechtes Feng Shui.

Beim Yin-Pa-kua liegt das Trigramm Ch'ien im Süden, dem Trigramm K'un im Norden gegenüber.

Diese vor-himmlische Reihenfolge der Trigramme soll das Pa-kua zu einem sehr wirksamen Schutzsymbol machen. Sie wird für Schutz-Gegenstände verwendet, die zur Ablenkung von schädlichem Shar-Ch'i, das durch Hindernisse, gerade Straßen und andere schädliche Strukturen erzeugt wird, vor Korridore gehängt werden.

Yang-Feng-Shui

Yang-Feng-Shui findet Anwendung in den Wohnstätten der Lebenden. Das Pa-kua, das hier für die Analyse verwendet wird, folgt der »nach-himmlischen Reihenfolge«, dem Yang-Pa-kua, bei dem die Trigramme völlig anders angeordnet sind als beim Yin-Pa-kua. Auch der Laie sollten den Unterschied zwischen diesen beiden Pa-kuas erkennen können. Am einfachsten läßt sich dies anhand der Lage der beiden Haupt-Trigramme Ch'ien und K'un feststellen.

Beim Yang-Pa-kua liegt das Trigramm Ch'ien im Nordwesten, das Trigramm K'un im Südwesten. Im Feng Shui der Wohnstätten der Lebenden ist der Ort des »Patriarchen« daher im Nordwesten, weshalb diese Himmelsrichtung beziehungsweise dieser Sektor des Hauses besonders wichtig ist. Dort sollte daher möglichst nicht die Küche, die Toilette oder ein Vorratsraum liegen. Entsprechend liegt der Ort der »Matriarchin« im Südwesten, weshalb sich in diesem Sektor des Hauses ebenfalls keine Toilette befinden darf.

In der Praxis des Yang-Feng-Shui ist unbedingt zu beachten, daß das richtige Pa-kua für die Analyse verwendet wird, da sich praktisch alle Feng-Shui-Empfehlungen für Plazierungen auf die Yang-Anordnung der acht Trigramme beziehen. Dies ist ein wesentlicher Grundsatz der Feng-Shui-Theorie.

Die Lo-Shu-Schildkröte

Ein weiteres Hauptsymbol, das an das hohe Alter des Feng Shui erinnert, ist das Quadrat Lo-Shu. Der Sage nach soll vor viertausend Jahren aus dem Fluß Lo eine Himmelsschildkröte aufgetaucht sein, auf deren Rücken sich eine Zahlenanordnung befand, die den Schlüssel zu den Geheimnissen des Pa-kua enthielt. Diese Anordnung der Zahlen Eins bis Neun auf einem Quadrat mit neun Feldern bildet die Grundlage der, wie sie

Die Schildkröte trug auf ihrem Rücken die Lo-Shu-Zahlen.

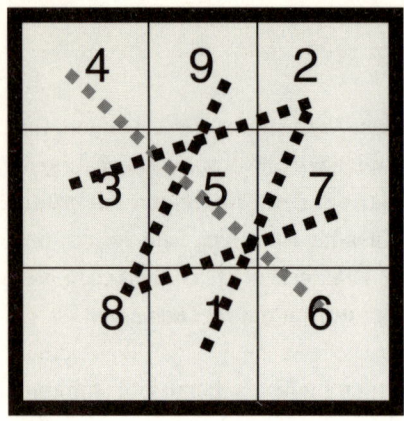

Die Lo-Shu-Anordnung der Zahlen, wobei die gestrichelten Linien die Aufeinanderfolge der Zahlen 1 bis 9 angeben, durch die ein bedeutsames Symbol entsteht.

manchmal genannt wird, Feng-Shui-Magie, oder, um genauer zu sein, des formalen Feng Shui. Gelehrte haben entdeckt, daß die Verbindungslinien der Zahlen im Lo-Shu ein Symbol ergeben, das bedeutsamen Zeichen in der indischen Astrologie ähnelt und sogar genau der Sigille des Planeten Saturn in der hebräischen Mythologie gleicht. Dieses Symbol zeigt die nebenstehende Abbildung (punktierte Linien). Beachten Sie auch, daß die Summe der Zahlen in waagrechter, senkrechter und diagonaler Richtung stets fünfzehn ergibt.

Glückbringende Orte ermitteln

Die Praxis des Feng Shui beginnt immer mit der Suche nach glückbringenden Orten. In alter Zeit war ein günstiger Ort das Allerwichtigste, wobei der Feng-Shui-Experte vor allem auf natürliche Konturen wie Hügel und Wasserläufe achtete. Heute sind in der Praxis des Feng Shui auch von Menschenhand geschaffene Strukturen wie Straßen, Gebäude und ganze Siedlungen und Städte zu berücksichtigen. Dies bedeutet, daß die Analyse der natürlichen Landschaft durch eine Analyse von Gebäuden aus Stahl und Beton, aber auch von Straßen, Überführungen und Autobahnen ergänzt werden muß.

Grüner Drache, weißer Tiger

Bevor wir hier fortfahren, müssen wir zunächst auf die Bedeutung der Begriffe »grüner Drache« und »weißer Tiger« eingehen, von denen es abhängt, ob ein Ort glückbringend ist oder nicht. In Hongkong ist der Begriff »grüner Drache, weißer Tiger« ein Synonym für Feng Shui. Dies bezieht sich auf die Symbolik der »vier himmlischen Geschöpfe«, die die Grundlage der Feng-Shui-Theorie bilden. Diese vier Geschöpfe sind die schwarze Schildkröte, der rote Phönix, der grüne Drache und der weiße Tiger. Sie sind die Parameter des klassischen Feng Shui.

Die schwarze Schildkröte
Auf der Rückseite beziehungsweise im Norden ist der Ort der schwarzen Schildkröte, die das günstige Merkmal der »Rückenstärkung« darstellt. Wenn dieser Hügel fehlt, ist das Feng Shui unvollständig, weil das Glück fehlt, das einen selbst und die Familie von einer Generation zur nächsten unterstützt. Die Hügel der schwarzen Schildkröte sind äußerst wichtig, vor allem für den »Patriarchen« oder Ernährer der Familie. Die Schildkröte ist ein so wirksames Symbol, daß sich

Familien, die eine Art dieses Himmelsgeschöpfs züchten (Landschildkröten oder Batagur-Schildkröten), im Lauf der Jahre eines stetig steigenden Einkommens erfreuen. Die Schildkröte bewirkt langsame, aber stetige Verbesserungen bezüglich des Vermögens und des ganzen Lebensstils. In meiner dreißigjährigen Erfahrung habe ich es bisher nicht erlebt, daß die Anwendung dieser Schildkröten-Symbolik jemals versagt hätte.

Der rote Phönix

Der Ort des roten Phönix, dem man das Glück guter Gelegenheiten verdankt, liegt gegenüber der vorderen Eingangstür beziehungsweise im Süden. Wenn diese Eingangstür nach Süden liegt, ist dies die beste Orientierung, um solches Glück anzuziehen. In der altchinesischen Sage ist der Phönix der mythische König aller gefiederter Tiere. Er soll angeblich alle tausend Jahre und nur zu einer Zeit erscheinen, in der ein großer und gütiger Herrscher das Land regiert. Der Phönix wird daher auch als das Tier der ewigen Wiederkehr verehrt. Er erhebt sich strahlend und prächtig aus der Erde, aus der Asche gescheiterter Träume und Hoffnungen, um einen neuen Versuch zu unternehmen, der zum Erfolg führen wird. Deshalb symbolisiert der Phönix Erfolg im Angesicht der Niederlage und Hilfe aus einer unerwarteten Richtung. Im Rahmen des Feng Shui ist mit dem Phönix eine kleine Anhöhe gemeint, die auch einen Fußschemel für die müden Beine symbolisieren kann. Wenn ein solcher Phönix-Hügel fehlt, kann man ihn sehr einfach schaffen, indem man einen etwa einen Meter hohen Erdhaufen aufschüttet. Alle gefiederten Tiere können den Phönix symbolisieren, zum Beispiel auch Hähne, Flamingos und Pfauen.

Der grüne Drache

Der Platz des glückbringenden grünen Drachen liegt links von der Eingangstür, und es ist besonders günstig, wenn dies Osten ist, da der Drache dann in seinem Element ist. Dieses Geschöpf bringt jegliche Art von materiellem Erfolg: Reichtum, einen guten Arbeitsplatz, Einfluß und Macht. Der Drache gilt als das Glückssymbol schlechthin und ist das wichtigste Himmelsgeschöpf im chinesischen Pantheon. Im Rahmen des Feng Shui sollte die Seite des grünen Drachen etwas höher liegen als die rechte Seite. Dies bewirkt, daß der Drachen-Einfluß in der persönlichen Umgebung vorherrschend ist.

Der weiße Tiger

Rechts von der Eingangstür ist der Ort des weißen Tigers, der als schützende Macht gilt. Ideal ist es, wenn dies der Westen des Hauses ist. Im Feng Shui heißt es, daß der weiße Tiger nur anwesend sein kann, wenn auch der grüne Drache vorhanden ist. Wenn man also keinen Hügel finden kann, der dem Drachen ähnelt oder diesen symbolisiert, dann fehlt auch der Tiger. Der weiße Tiger schützt die Familie vor Einbrüchen, Verletzungen und persönlichen Niederlagen. Man darf auch die Funktion des weißen Tigers nicht unterschätzen.

Günstige Lagen

Der Berg hinter diesem Haus repräsentiert die schützende Schildkröte, der Hügel zur Linken den grünen Drachen.

Am günstigsten sind Geländeformen mit sanft geschwungenen Hügeln und Tälern, einer guten Mischung von Sonnenlicht und Schatten und nicht zu starken Winden. Halten Sie an solchen Orten nach Land Ausschau, an dem das Gras üppig wächst und Wasser fließt. Sie gelten als glückbringend, da an solchen Orten der Drache wohnt.

Vor allem darf man den Tiger nicht reizen, damit er sich nicht gegen die Bewohner wendet. Deshalb sollte das Gelände zur Rechten des Hauses oder Gartens etwas niedriger liegen als dasjenige zur Linken, damit der Drache vorherrschend bleibt und den Tiger unter Kontrolle hält. Wenn das Land auf der Tiger-Seite höher ist als das Land auf der Drachen-Seite, müssen Feng-Shui-Korrekturen vorgenommen werden, um die Macht des weißen Tigers einzudämmen. In diesem Zusammenhang warne ich immer davor, Darstellungen des Tigers im Haus selbst anzubringen. Wenn man nicht gerade im Mondjahr des Drachen oder des Tigers geboren ist (siehe Seite 90 f.), ist man der heftigen Energie des Tigers kaum gewachsen.

Die Korrektur ungünstiger Lagen

Da Feng Shui im weitesten Sinne das Studium der Umgebung darstellt, kann man mit seiner Hilfe die Lage seines Hauses so wählen, daß man den günstigen Einfluß der vier himmlischen Geschöpfe optimal nutzt. Wenn man die wichtigsten Grundsätze verstanden hat, kann man die glückbringenden Energien der Landschaft für sich wirksam werden lassen und sicherstellen, daß ein Haus im harmonischen Einklang mit dieser Energie steht. Oft ist hierfür nicht mehr erforderlich als eine andere Plazierung oder Orientierung der Haupteingangstür. Wenn dies nicht möglich ist und das Haus eine ungünstige Lage hat, bietet Feng Shui dennoch die Möglichkeit, mit Hilfe geeigneter Maßnahmen die ungünstigen Merkmale auszugleichen oder eine häßliche Aussicht zu verdecken.

Halten Sie im Freien zunächst Ausschau nach dem grünen Drachen. Damit sind Orte mit gewellten Konturen gemeint, eine Landschaft mit Hügeln und Tälern. In flachem Land fehlt der Drache – es gibt dort keinen Ort, an dem er sein Lager haben könnte. Deshalb gilt flaches Land als ungünstig; es hat zuviel Yin-Energie. Früher hätte sich niemand auf solchem Land niedergelassen. Heute dagegen ist man gewohnt, daß alles irgendwie machbar ist, und in der Tat kann man durch entsprechende sorgfältige Plazierung von großen Steinen, Aufwerfen von Hügeln, Errichtung hoher Gebäude und anderer Strukturen mit kräftigem Yang-Charakter auch solches Gelände glückbringend umgestalten. Dadurch entsteht in symbolischer Weise der

Vollkommen flaches Land ist ungünstig; schaffen Sie Erhebungen, um das Feng Shui zu verbessern.

Drache, wodurch ein ungünstiger Ort in einen von schwingender Yang-Energie erfüllten vorteilhaften Ort verwandelt wird. Auch sehr steil abfallendes Gelände mit jäh aufragenden Hügeln, die an Feuerzungen erinnern, gilt als ungünstig. Solche Orte, die von Hügeln umgeben sind, die an das Feuerelement erinnern (siehe Seite 52), bieten Drachen ebenfalls keine Bleibe, weil sie zuviel Yang-Energie haben. Unter den Händen geschickter Landschaftsgestalter können jedoch Feuer-Hügel umgeformt und Täler aufgefüllt werden, wodurch eine Umgebung entsteht, die sehr wohl für Drachen anziehend sein kann. Ebenso können künstliche Wasserläufe, die an strategischen Stellen angelegt werden, die dringend benötigte Yin-Energie vermehren. So kann also auch hier durch das Eingreifen des Menschen ein ungünstiger Ort in einen glückbringenden verwandelt werden.

Ebenfalls ungünstig ist zu steiles Land. Hier ist zuviel Yang-Energie vorhanden.

Die wichtigsten Regeln des Landschafts-Feng-Shui

Der Berg muß auf der Rückseite liegen

Damit ist gemeint, daß das eigene Haus bzw. die Wohnung so liegen müssen, daß die Haupteingangstür oder das Gartentor nicht zum Berg weisen. Wenn sich die Haupteingangstür direkt auf einen Berg öffnet, ist dies äußerst schlechtes Feng Shui. Man nennt dies eine Konfrontationssituation.

Das Land zur Linken liegt höher als dasjenige zur Rechten.

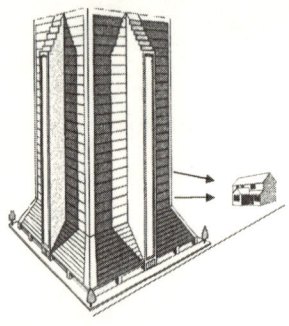

Oben: Dieses Haus ist dem mächtigen Gebäude gegenüber schutzlos ausgesetzt. Die Bewohner können nicht glücklich sein. Die Lösung besteht darin, die Haupteingangstür zu schließen und die rückwärtige Tür zu benutzen, wodurch man das gegenüberliegende Gebäude in einen schützenden Berg verwandelt.

Unten: Wasser am Haus sollte sich möglichst vor der Eingangstür befinden.

In der Stadt wird eine hohe Mauer oder ein großes Gebäude mit einem Berg gleichgesetzt. Wenn Ihr Haupteingang gegenüber einer solchen Struktur liegt, sollten Sie ernsthaft erwägen, Ihre Eingangstür an eine andere Stelle zu verlegen, so daß die große Struktur hinter Ihnen liegt. Die rückwärtige Tür darf sich dagegen zum Berg öffnen. Dadurch kann man dessen schützende Energien nutzen. Seien Sie sich darüber im klaren, daß Sie bei einer »Konfrontation« mit einem Berg immer verlieren müssen.

Wasser vor Ihrem Haus

Wenn es in der Nähe Ihres Hauses ein Gewässer gibt, dann muß es auf der Vorderseite liegen und von der vorderen Eingangstür aus gut zu sehen sein. Wenn ich Wasser sage, dann meine ich damit fließendes Wasser wie. z. B. einen Fluß. Ein Wasserlauf hinter Ihrem Haus zeigt an, daß es Möglichkeiten gibt, die Sie aber nicht nutzen können, auch wenn sie in Reichweite zu sein scheinen. Auch Geschäfte und Versprechungen, auf die Sie sich fest verlassen haben, können sich in nichts auflösen.

Rechts: Ein Fluß sollte an der Haupteingangstür vorbeifließen.

Fünf Arten von Bergen

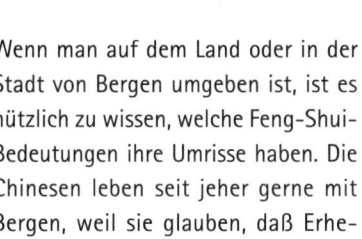

Zackige Gipfel gelten als ungünstig, und das Haus sollte möglichst nicht diesem Anblick ausgesetzt sein.

Wenn man auf dem Land oder in der Stadt von Bergen umgeben ist, ist es nützlich zu wissen, welche Feng-Shui-Bedeutungen ihre Umrisse haben. Die Chinesen leben seit jeher gerne mit Bergen, weil sie glauben, daß Erhebungen die natürliche Heimat der glückbringenden Erddrachen sind. Man kann Hügel und Berge nach fünf verschiedenen Umrißformen gliedern, die den fünf chinesischen Elementen Wasser, Feuer, Metall, Holz und Erde zugeordnet sind (siehe Seite 51f.). Diese Einteilung erfolgt nach ihrem Profil und berücksichtigt die Form der Gipfel und die Steilheit des Hangs. Von den Umrissen eines Berges hängt es ab, ob er als Wohnstätte geeignet ist. Der Feng-Shui-Laie wird zweifellos einige Schwierigkeiten haben, die verschiedenen Berg- und Hügelformen zu erkennen, doch brauchen Sie sich deshalb keine Sorgen zu machen. Wenn Sie einmal über die grundlegenden Unterschiede Bescheid wissen, wird sich mit zunehmender Erfahrung Ihr

Blick hierfür schärfen. Beachten Sie jedoch, daß oft Mischformen vorkommen, deren Wirkung nur der erfahrene Feng-Shui-Meister beurteilen kann. Merken Sie sich vor allem, daß sanft gewellte Hügel immer günstig sind, scharf gezackte Berge dagegen ungünstig. Letztere werden mit »Giftpfeilen« verglichen. Wenn ein solcher Abhang auf Ihr Haus zeigt, dann gilt dies als »tödlicher Pfeil«. Aus der Sicht des Feng Shui sind die drei günstigen Bergformen diejenigen, die den Elementen Holz, Erde und Metall entsprechen. Gezackte Bergformen gehören dem Wasserelement an und gelten als zu sehr Yin-betont, während konisch geformte Gipfel zum Feuerelement gehören und zu Yang-betont sind. Diese beiden Bergformen sind nur für Menschen günstig, die in einem Feuer- bzw. Wasser-Jahr geboren sind (siehe Seite 90f.).

Berge des Elements Wasser.

Erde-Berge haben eine eher viereckige Form. Der Gipfel ist flach und plateauartig. Der diesen Bergen zugeordnete Planet ist Saturn. Menschen, die in einem Jahr des Elements Metall geboren sind, passen am besten zu Bergen mit dieser charakteristischen Form.

Berge des Elements Feuer.

Rechtwinklige Erde-Berge.

Dem Holz zugeordnete Hügel sind rund und hoch. Dieser Bergtyp steht in einer Beziehung zum Reichtumsplaneten Jupiter. Das Holz-Element steht auch für Wachstum. Menschen, die in einem Feuer-Jahr geboren sind, können sehr gut in der Nähe von solchen Bergen leben. In diesen Bergen fühlt sich auch der Drache wohl, weshalb sie glückbringend sind.

Metall-Berge haben eine weich gerundete, langgestreckte Form. Sie sind an der Basis breit, so daß der Eindruck sanfter Anhöhen entsteht. Solche Berge erinnern an Gold und gelten als besonders verheißungsvoll.

Berge des Elements Metall sind besonders günstig.

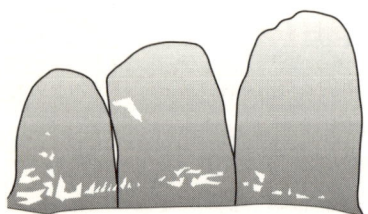

Holz-Hügel fördern den Reichtum.

Wenn das Land zu Ihrer Rechten (der Tigerseite) höher liegt, errichten Sie auf der Drachenseite eine hohe, helle Leuchte, um die Energie zu vermehren und dadurch das Gleichgewicht wiederherzustellen.

Höhenniveaus

Das Land links von Ihrem Haus sollte höher gelegen sein als dasjenige rechts davon. Der Drache (links) muß den Tiger (rechts) beherrschen, wenn günstiges Feng Shui bestehen soll. Falls die Tiger-Seite höher liegt, korrigiert man diese Situation am besten mit einer hohen Leuchte auf der linken (Drachen-)Seite. Dadurch vermehrt man das Ch'i auf dieser Seite, wodurch das nötige Gleichgewicht geschaffen wird. Eine andere Lösung besteht darin, die Konturen künstlich zu verändern, indem man auf der linken Seite einen kleinen Hügel anlegt, wenn dies möglich ist.

In der Stadt besteht der entsprechende Sachverhalt darin, daß links von Ihrem Gebäude ein etwas höheres Gebäude steht. Achten Sie jedoch darauf, daß Ihr Gebäude nicht eingezwängt erscheint. Es ist ungünstig, wenn andere Gebäude zu nahe an dem Ihren stehen.

Wenn Ihr Gebäude in der Mitte liegt, dann ist das Gebäude links davon der grüne Drache. Dies ist ein günstiges Merkmal, sofern es etwas höher ist als Ihres. Das Ge-

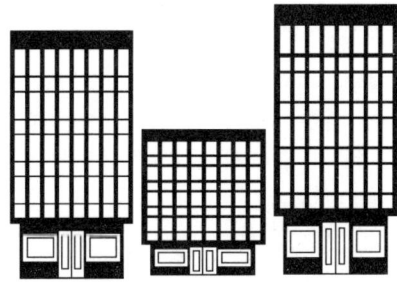

Das Gebäude links symbolisiert den grünen Drachen, dasjenige rechts den weißen Tiger. Der grüne Drache sollte höher sein als der weiße Tiger.

bäude rechts von Ihnen sollte etwas niedriger sein als dasjenige links von Ihnen – dadurch entsteht die ideale Tiger-Symbolik, und Ihr Haus hat glückbringendes klassisches Feng Shui. Solange das in der Mitte stehende Gebäude von seinen Nachbarn nicht »erdrückt« wird, hat dies auch keine negativen Auswirkungen auf das Feng Shui.

Häuser auf Hügeln

Hier ist es wichtig zu wissen, welcher Teil des Hügels glückbringend ist. Diejenigen, die Bescheid wissen, lassen sich weder am Fuß eines Hangs noch am höchsten Punkt eines Hügels nieder. Sie wissen, daß der glückbringendste Teil des Hügels die Mitte ist, wo sie zum Beispiel einerseits den Blick auf das Meer und andererseits den Schutz des hinter ihnen liegenden Hangs haben. Der ungünstigste Teil des Hügels ist der höchste Punkt, vor allem, wenn er oberhalb der Nebelgrenze liegt. Nach Feng-Shui-Grundsätzen ist man an einem solchen Ort scharfen Winden ausgesetzt. Man hat dort weder Schutz noch Rückenstärkung.

Dies gilt analog für Wohnungen auf der Penthouse-Ebene. Man kann auf dem obersten Stockwerk eines Wohngebäudes leben, wenn dies nicht das höchste in der weiteren Umgebung ist; andernfalls würde ich Ihnen davon abraten. Am höchsten Ort zu wohnen ist besonders gefährlich, wenn es dort auch noch Wasser gibt. Penthouse-Wohnungen oder Anwesen oben auf einem Hügel, die mit Swimmingpools ausgestattet sind, sind besonders ungünstig.

Auf einem hohen Hügel zu wohnen ist sehr ungünstig, vor allem am höchsten Punkt.

Die Auswahl regelmäßiger Formen

Das nächste wichtige Prinzip für gutes Feng Shui ist die Regelmäßigkeit der Konturen von Grundstücken, Gebäuden und anderen Strukturen. Diese Regel folgt aus dem Gedanken der Vollständigkeit und Symmetrie. Vollständigkeit bedeutet, daß an Strukturen und Umrissen keine Ecken oder Sektoren fehlen sollten. Symmetrie heißt Gleichgewicht, so daß kein Element und keine Energieform zu stark vorherrschen. Daher gelten im Feng Shui Umrisse, die eine unharmonische Gestalt zur Folge haben, als ungünstig. Dieser Grundsatz gilt für Grundstücke, Gebäude, Räume und Möbel gleichermaßen. Beispiele für günstige Umrisse sind alle regelmäßigen Formen, während bei ungünstigen Formen in der Regel Ecken oder Sektoren fehlen.

Beispiele für günstige Umrisse
Dies sind vor allem die unten abgebildeten zwei- oder dreidimensionalen Umrisse aus einem vertikalen oder horizontalen Blickwinkel.

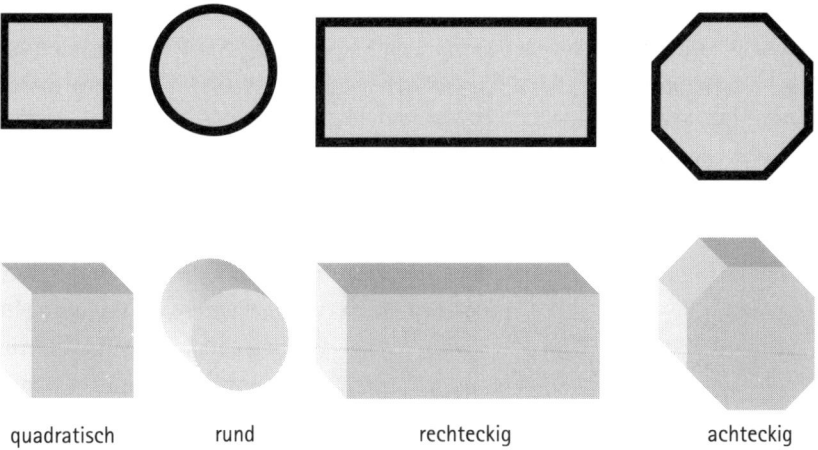

quadratisch   rund   rechteckig   achteckig

Einige glückbringende Formen. Beachten Sie die Gleichmäßigkeit der Konturen.

Beispiele für ungünstige Umrisse

Diese Umrisse weisen aus den verschiedensten Blickwinkeln fehlende Ecken oder unregelmäßige Linien auf. Als ungünstig gelten insbesondre Dreiecksformen. Wenn ein Gebäude einem schädlichen Objekt ähnelt wie beispielsweise einem Messer, dann kommt es auf die Lage der Haupteingangstür an, ob man in diesem Haus glücklich leben kann oder nicht.

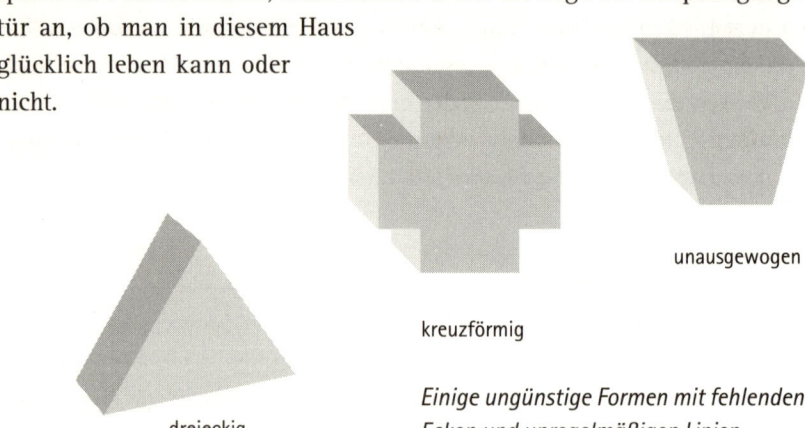

unausgewogen

kreuzförmig

Einige ungünstige Formen mit fehlenden
dreieckig *Ecken und unregelmäßigen Linien.*

Das Problem der »fehlenden Ecken«

Regelmäßige Umrisse sind günstiger als unregelmäßige, weil bei letzteren das Problem der »fehlenden Ecken« auftritt. Dadurch entsteht in aller Regel ein Ungleichgewicht. Fehlende Ecken bedeuten eine Beeinträchtigung des diesen Ecken zugeordneten Lebensbereichs; wie schwer dies wiegt, hängt von der Lebenshaltung der Bewohner ab.

Ein L-förmiges Haus Ein U-förmiges Haus Ein Z-förmiges Haus

Einfache fehlende Ecken,
die sich leicht ausgleichen
lassen.

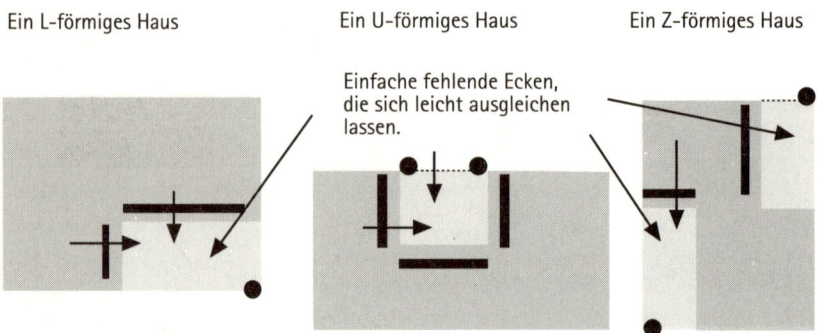

Fehlende Ecken erkennt man daran, daß man den Umriß des Hauses wie in den Beispielen auf Seite 42 in ein Rechteck umformen kann. Man berichtigt sie am besten durch Anbauten im entsprechenden Bereich, so daß die Kontur regelmäßig wird. Alternativ kann man an den durch die Punkte angegebenen Stellen eine hohe Leuchte plazieren.

Bei dem U-förmigen Haus unten auf Seite 42 können diese Leuchten den Eingang zum Zentrum des Hauses wie gezeigt flankieren. Möglich ist auch die Verwendung eines Spiegels, der eine Wand optisch verlängert. Dieses Verfahren ist jedoch nicht anwendbar, wenn der Spiegel die Haupteingangstür, eine Treppe oder eine Toilette reflektiert.

Vorspringende Ecken

So wie man von fehlenden Ecken spricht, so kann man auch von vorspringenden Ecken sprechen. In einem solchen Fall wird die Energie dieser Ecke betont. Beispiele für vorspringende Ecken zeigen die nachfolgenden Abbildungen.

Ob fehlende beziehungsweise vorspringende Ecken für ein Haus Glück oder Unglück bedeuten und welches Familienmitglied hiervon am meisten betroffen ist, läßt sich mittels einer Feng-Shui-Analyse feststellen.

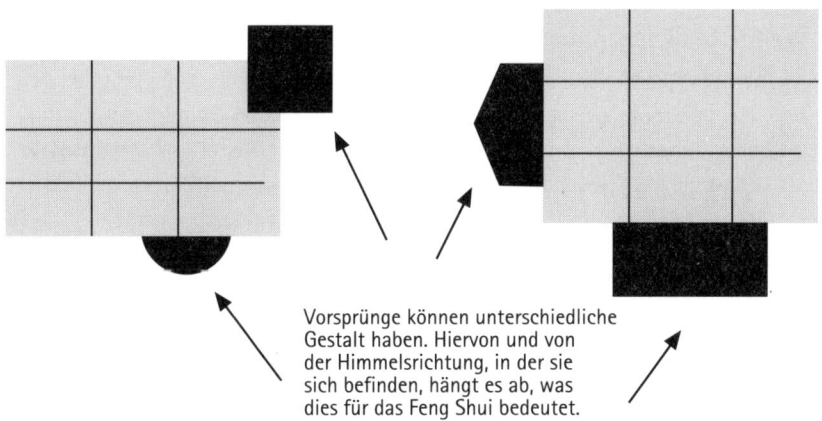

Vorsprünge können unterschiedliche Gestalt haben. Hiervon und von der Himmelsrichtung, in der sie sich befinden, hängt es ab, was dies für das Feng Shui bedeutet.

Die Bestimmung der verschiedenen Bereiche

Investieren Sie zunächst ein wenig Geld in einen guten Kompaß, auch wenn es nicht das teuerste Modell sein muß. Ein guter Wanderkompaß ist völlig ausreichend. Sie brauchen keinen chinesischen Kompaß, und Sie brauchen

Der Unterschied zwischen fehlenden und vorspringenden Ecken

Der Süden wirkt sich auf das Ansehen und die Beliebtheit der Bewohner aus.

Der Südosten hat Einfluß auf den Reichtum. Wenn diese Ecke fehlt, kommt es zu Einkommensverlusten.	Südöstlicher Sektor	Südlicher Sektor	Südwestlicher Sektor	Eine fehlende südwestliche Ecke beeinträchtigt Ehe und Liebesbeziehungen.
Der Osten beeinflußt die Gesundheit.	Östlicher Sektor	Mitte	Westlicher Sektor	Im Westen wird das Glück der Kinder beeinflußt.
Der Nordosten wirkt sich auf das Glück in der Ausbildung aus.	Nordöstlicher Sektor	Nördlicher Sektor	Nordwestlicher Sektor	Der Nordwesten steht für die Unterstützung durch wichtige Menschen.

Der Norden hat Einfluß auf das berufliche Glück.

Am einfachsten identifiziert man fehlende Bereiche beziehungsweise vorspringende Ecken, indem man das Rechteck oder Quadrat als grundlegenden Umriß verwendet, der den vollständigen oder idealen Raum repräsentiert. Legt man diese Form auf eine zweidimensionale Grundrißzeichnung des Hauses, der Wohnung oder des Büros, sieht man sofort, wo eine Ecke fehlt beziehungsweise vorspringt. So fehlt zum Beispiel bei einem L-förmigen Grundriß ein Sektor, während Erkerfenster und Anbauten in der Regel vorspringende Sektoren sind. Ein fehlender Sektor beeinträchtigt den diesem zugeordneten Lebensbereich, während ihn ein vorspringender Sektor stärkt. Welcher Lebensbereich betroffen ist, hängt jeweils von der Himmelsrichtung ab (siehe Abbildung).

auch nicht die Himmelsrichtungen zu vertauschen. Alle Richtungsangaben in diesem Buch gelten für einen im Westen üblichen Kompaß.

Bestimmen Sie nun vom Mittelpunkt des Hauses aus die Himmelsrichtungen, und ermitteln Sie die Bereiche des Lo-Shu-Quadrats, indem Sie über den Grundriß des Hauses ein Raster aus neun gleichen Feldern legen. Arbeiten Sie bei den Messungen und der Bestimmung der Himmelsrichtungen möglichst genau.

Anhand dieses Rasters und mit Hilfe der Kompaßanzeigen können Sie jetzt die Richtungen und die entsprechenden Bereiche des Rasters ermitteln. Die Anwendung des Quadrats auf den Grundriß ermöglicht es, zweierlei zu erkennen:

- In welcher Richtung die übrigen Felder liegen. Wenn man in dieser Weise die acht Himmelsrichtungen ermittelt hat, hat man damit auch die acht Felder des Hauses bestimmt. Dies ist die Grundlage für die weitere Feng-Shui-Analyse. Beachten Sie dabei, daß man dieses Verfahren in den einzelnen Räumen wiederholen kann, um auch dort den nördlichen, südlichen, östlichen und westlichen Sektor zu bestimmen.

- Weiterhin liefert Ihnen dieses Verfahren die Trennlinien zwischen den Feldern. Diese Linien sind zwar nur gedacht, aber weil Sie das Lo-Shu-Quadrat verwenden, um das Haus oder einen Raum in neun gleiche Felder aufzuteilen, ermitteln Sie letztlich mit Hilfe des Lo Shu ebenfalls die Himmelsrichtungen Ihres Zuhauses. Arbeiten Sie auch hier wiederum so genau wie möglich.

Vorspringende Ecken und die Elemente

Mit Hilfe der Elementanalyse kann man feststellen, ob eine vorspringende Ecke glück- oder unglückbringend ist. Prüfen Sie hierzu, welches Element der Umriß repräsentiert (siehe unten) und in welchem Verhältnis er zu dem Element des Sektors steht, in dem er sich befindet. Wenn die Elemente in Harmonie miteinander (das heißt im Hervorbringungszyklus nebeneinander) stehen, dann bedeutet dies Glück. Wenn sie miteinander unverträglich sind, muß man mit einer ungünstigen Wirkung rechnen.

Quadratische Konturen

Diese gehören zum Element Erde. Solche Umrisse fördern alles, was dem Element Metall zugeordnet ist. Quadratische Vorsprünge sind in der nordwestlichen und westlichen Ecke äußerst vorteilhaft. Auch in der südwestlichen und nordöstlichen Ecke bringen sie Glück. Unglückbringend sind sie im nördlichen Sektor oder wenn die Haupteingangstür in der nördlichen Ecke liegt. Der Grund ist, daß Erde und das dem Norden zugeordnete Element Wasser einander zerstören.

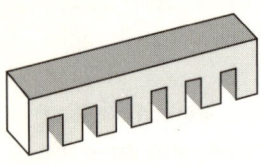

Quadratische Vorsprünge

Runde und halbkreisförmige Konturen

Diese gehören dem Element Metall an. Vorspringende Strukturen dieser Form fördern den nördlichen, nordwestlichen und westlichen Sektor eines Hauses und sind weiterhin vorteilhaft, wenn die Haupteingangstür in einem solchen Sektor liegt. Dagegen können runde Vorsprünge für die östliche und südöstliche Ecke unglückbringend sein oder wenn die Haupteingangstür in diesen Sektoren liegt. Der Grund dafür ist, daß Metall das Element Holz des Ostens und Südostens zerstört.

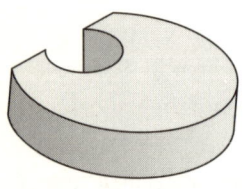

Runde oder halbkreisförmige Vorsprünge

Rechteckige Umrisse

Umrisse dieser Form gehören dem Element Holz an. Sie bringen Glück im südöstlichen, östlichen und südlichen Sektor oder wenn die Eingangstür in diesen Sektoren liegt. Sie bewirken ein ungünstigeres Schicksal, wenn sie im Südwesten oder Nordosten liegen. Holz »zerstört« die Himmelsrichtung Süden.

Rechteckige Vorsprünge

Dreieckige Vorsprünge

Diese gehören dem Element Feuer an und sind im Süden glückbringend. Sie sind günstig für den südwestlichen und nordöstlichen Sektor, während sie im Nordwesten und Westen Unglück bringen.

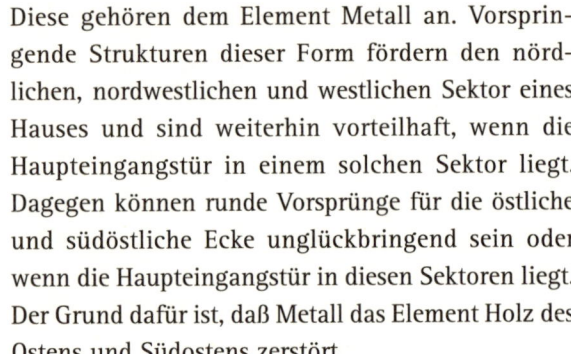

Dreieckige Vorsprünge

Wellenförmige Vorsprünge

Wie die Zeichnung rechts verdeutlicht, erinnern wellenförmige Vorsprünge an das Element Wasser; sie sind im Norden, Osten und Südosten glückbringend, dagegen schädlich im Süden.

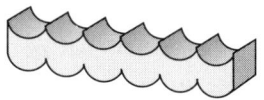

Wellenförmige Vorsprünge

Weitere günstige und ungünstige Umrisse

Feng-Shui-Experten wenden neben der Betrachtung der Regelmäßigkeit eines Umrisses und der Symbolik der Elemente noch andere Verfahren an, um glückbringende von unglückbringenden Formen zu unterscheiden. Sehr häufig wird zum Beispiel geprüft, ob ein Gebäude einem chinesischen Schriftzeichen ähnelt. Hier einige Beispiele, die man auf den Aufriß ebenso wie auf den Grundriß eines Gebäudes anwenden kann:

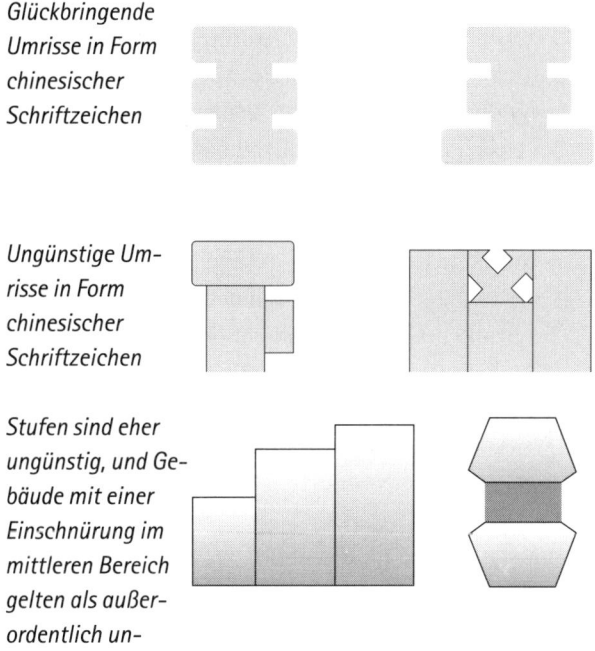

Glückbringende Umrisse in Form chinesischer Schriftzeichen

Der linke Umriß ähnelt dem Wort ji, was »Glück« bedeutet, während derjenige auf der rechten Seite wang ähnelt, was »König« bedeutet. Beide Umrisse gelten als glückbringend.

Ungünstige Umrisse in Form chinesischer Schriftzeichen

Der linke Umriß ähnelt dem Wort xia, was »unten«, derjenige rechts xiong, was »Unglück« bedeutet. Beide Umrisse gelten als äußerst ungünstig.

Stufen sind eher ungünstig, und Gebäude mit einer Einschnürung im mittleren Bereich gelten als außerordentlich unglückbringend.

Bezüglich der Treppenwirkung gehen die Meinungen auseinander. Eine Einschnürung in der Mitte is immer schlechtes Feng Shui

Familienangehörige und fehlende oder vorspringende Ecken

Auf welches Familienmitglied sich eine fehlende oder betonte Ecke am stärksten auswirkt, wird anhand der Lage der Trigramme in der nachhimmlischen Reihenfolge ermittelt (siehe unten).

Am schwerwiegendsten ist es zweifellos, wenn die nordwestliche Ecke fehlt, weil diese für das Glück des »Patriarchen«, das heißt des ältesten männlichen Mitglieds des Hauses steht, erst recht, wenn dieser auch der Ernährer ist. In diesem Sektor ist eine vorspringende Ecke besser als eine fehlende. Wenn dagegen die Mutter die Ernährerin ist, sollte man den südwestlichen Sektor mit einem Vorsprung verstärken. Manche Feng-Shui-Experten behaupten auch, daß die Plazierung der Haupteingangstür in dieser Ecke der »Matriarchin«, also dem ältesten weiblichen Familienmitglied, Glück bringt.

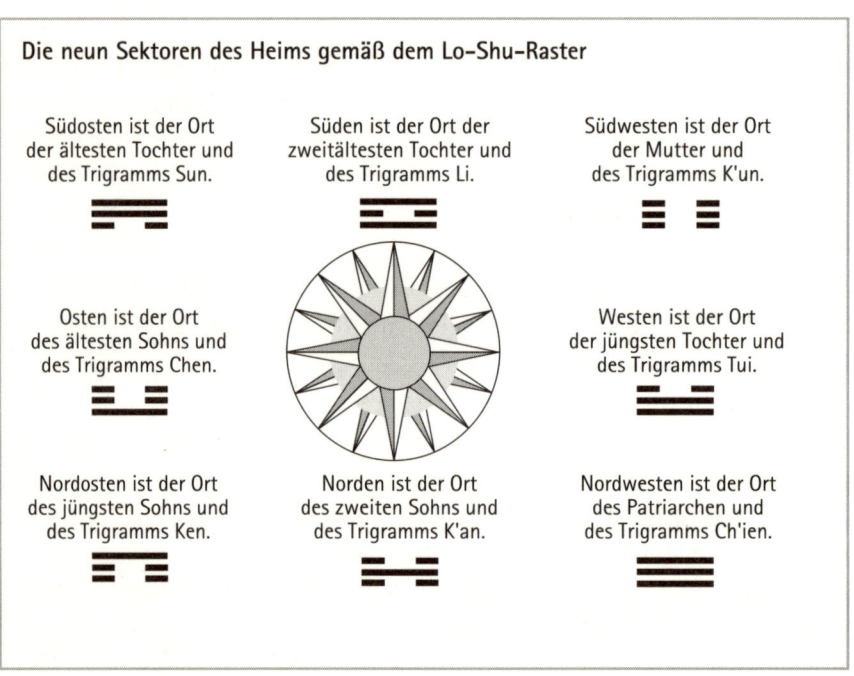

Die neun Sektoren des Heims gemäß dem Lo-Shu-Raster

Südosten ist der Ort der ältesten Tochter und des Trigramms Sun.

Süden ist der Ort der zweitältesten Tochter und des Trigramms Li.

Südwesten ist der Ort der Mutter und des Trigramms K'un.

Osten ist der Ort des ältesten Sohns und des Trigramms Chen.

Westen ist der Ort der jüngsten Tochter und des Trigramms Tui.

Nordosten ist der Ort des jüngsten Sohns und des Trigramms Ken.

Norden ist der Ort des zweiten Sohns und des Trigramms K'an.

Nordwesten ist der Ort des Patriarchen und des Trigramms Ch'ien.

Die günstigen und ungünstigen Richtungen der einzelnen Familienmitglieder sollten auch anhand der Pa-kua-Lo-Shu-Formel ermittelt werden.

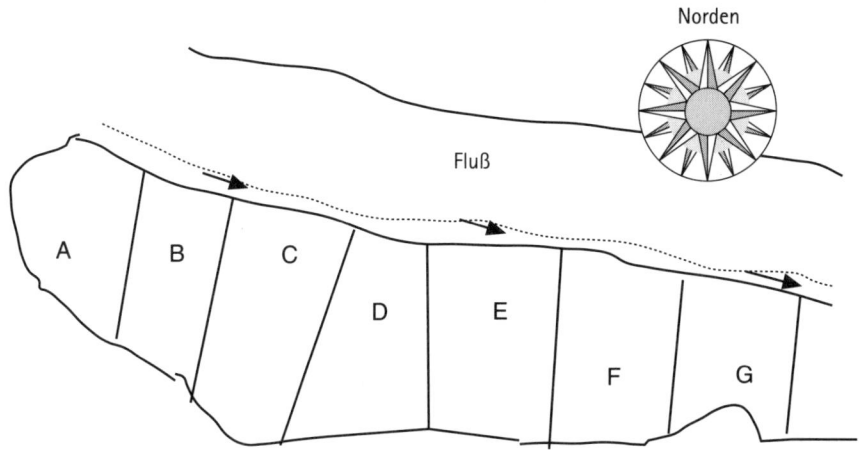

Diese Kompaßformel, die Menschen anhand ihres Geburtsdatums in »westliche« und »östliche« untergliedert, findet sich auf Seite 92. Wenn man festgestellt hat, daß ein Sektor auf der Grundlage der Formel für jemanden glückbringend ist, dann wird dieses Glück in der Regel durch eine fehlende Ecke gemindert, durch einen Vorsprung dagegen vermehrt.

Die Auswahl eines Grundstücks

Die Feng-Shui-Bedeutung von Räumen, Gebäuden und Grundstücken zeigt sich, wenn man sie aus der Luft oder im Grundriß betrachtet. Achten Sie bei der Auswahl eines Bauplatzes auf eine regelmäßige, möglichst quadratische Form; gegebenenfalls sollte das Grundstück eher tief als breit sein. Betrachten Sie einmal die oben dargestellten Grundstücke, die auf den ersten Blick relativ regelmäßig zu sein scheinen.

Grundstück A besitzt im Westen eine vorspringende Ecke.

Grundstück C hat auf der Rückseite eine vorspringende Ecke, während bei Grundstück G eine Ecke fehlt. C besitzt außerdem einen breiten Zugang und ist im hinteren Teil schmaler, was nach Ansicht einiger Feng-Shui-Experten auf eine Unfähigkeit hinweist, sein Geld zusammenzuhalten. Grundstück D ist vorne schmal und hinten breit, und eine solche Form ähnelt im Feng Shui einer Geldbörse mit einer entsprechend glückverheißenden Bedeutung.

Grundstück E und F sind am regelmäßigsten und daher am günstigsten.

Weiterhin empfiehlt es sich, auf die Orientierung zu achten, weil dadurch die Möglichkeiten für die Ausrichtung Ihres Hauses festgelegt sind. Prüfen Sie auch Einflüsse von umliegenden Konturen auf Ihren Bauplatz. In dem oben dargestellten Beispiel ist das Land im Westen höher als im Osten, weil das Wasser von West nach Ost fließt (siehe punktierte Linien). Dies hat für jedes Grundstück und für jedes Haus, das darauf errichtet wird, jeweils unterschiedliche Konsequenzen.

Die fünf Elemente energetisieren

Die Theorie der fünf Elemente bildet die Grundlage für alle Zweige der chinesischen Divinationspraxis. Von der astrologischen Schicksalsdeutung bis zur Zukunftsschau durch Orakel ist das Verständnis des Hervorbringungs- und Zerstörungszyklus der fünf Elemente, das heißt ihre gegenseitige Beeinflussung im Sinne der Erzeugung positiver oder negativer Energie, für die praktische Anwendung von größter Bedeutung.

Im Feng Shui ist den vier Haupt- und den vier sekundären Himmelsrichtungen jeweils ein bestimmtes Element zugeordnet. Das einfachste Verfahren, gutes Feng Shui zu erzeugen besteht daher in einer Energetisierung des Elements eines jeden Kompaßsektors. Hierfür ist natürlich die Kenntnis der Elementeigenschaften notwendig. Neben der Lehre von Himmelsrichtungen gilt im Feng Shui auch, daß alles im Universum unsichtbare Energien besitzt, die ebenfalls mit den Elementen zusammenhängen. Den Jahreszeiten, Farben, Konturen, der Richtung des Energiestroms und sogar den Zahlen ist ein Element zugeordnet. Die Attribute und Zuordnungen der Elemente sollte man sich gut einprägen, weil die Anwendung der Elementetheorie den Hintergrund vieler in diesem Buch dargestellter Feng-Shui-Diagnosen und Feng-Shui-»Heilmittel« bildet. Auch einige der Techniken zur Steigerung des Feng Shui haben ihre Wurzeln in den fünf Elementen.

Die Anwendung der Elementetheorie des Feng Shui ist äußerst wirksam. Allerdings ist dies eine subtile Technik, die einer sorgfältigen Abstimmung bedarf. Vergessen Sie nie, daß Feng Shui immer mit Gleichgewicht und Harmonie zu tun hat und daß jegliches Übergewicht irgendeines Elements immer schädlich ist. Zuviel Wasser »ertränkt« und zuviel Feuer »verbrennt«, gleichgültig, wie sorgfältig man im übrigen arbeitet.

Die fünf Elemente

Für die Arbeit mit den Elementen braucht man Fingerspitzengefühl. Neben der Menge und dem Umfang der vorhandenen Elemente müssen auch noch verschiedene andere Faktoren berücksichtigt werden wie beispielsweise die Jahreszeit, die im Raum vorhandenen Farben und die den Raum umgebenden Konturen. Eine Feng-Shui-Analyse muß immer umfassend sein.

Ein offener Kamin im Süden stärkt das Element Feuer des Südens.

Feuer

Dies ist das Yang-Element schlechthin. Es besitzt außerordentliche Kraft, aber es existiert nicht aus sich selbst, sondern muß erzeugt werden. Im Gegensatz zu den anderen Elementen kann man Feuer nicht aufbewahren. Feuer-Energie bringt Ansehen im öffentlichen Leben, Ruhm, Anerkennung und glänzenden Erfolg, wenn man es versteht, seine Energien richtig zu aktivieren. Andererseits muß man Feuer auch immer unter Kontrolle halten. Ein Übermaß an Feuer-Energie kann tödlich sein. Feuer ist dem Süden zugeordnet.

Ein Wassermotiv im Norden bringt Glück im Beruf.

Wasser

Wasser ist im Feng Shui die Energie der Gesundheit. Wie Feuer ist es ein sehr mächtiges Element, das auch außer Kontrolle geraten kann. Wasser-Energie geht immer nach unten; wenn sie daher überfließt, bewirkt sie Zerstörung und Untergang. Wenn man sie aber richtig aktiviert und in ein angemessenes Verhältnis zu den anderen Energien bringt, so daß ein günstiges Gleichgewicht entsteht, kann man durch Wasser-Energie über alle Maßen reich werden. Wasser ist dem Norden zugeordnet.

Es gibt kein besseres Symbol für die Erde als den Globus. In Erde-Sektoren aktiviert er großartiges Glück.

Erde

Diese »erdende« Energie ist das Feng-Shui-Element schlechthin. Die Aktivierung von Erde-Energie erzeugt Harmonie und Glück in der Familie. Erde ist das Element, das den Südwesten, den Nordosten und den zentralen Sektor des Heims beherrscht.

Holz

Diese Energie bedeutet Wachstum, Ausdehnung und Fortschritt. Holz ist mit den Himmelsrichtungen Osten und Südosten verbunden. Seine Energien bringen das Glück des materiellen Erfolges. Wie die Zweige eines Baums wächst das Glück immer weiter – Holz ist das einzige Element, das lebt. Seine Energie bewirkt außerdem besonderes Glück für die Nachkommenschaft der Familie, vor allem für die Söhne.

Holz kann durch einen Baumstamm repräsentiert werden.

Eine goldene Glocke im Nordwesten bringt außerordentliches Glück.

Metall

Diese Energie bewirkt das Glück der Unterstützung durch mächtige und hilfsbereite Menschen, die die Chinesen als »Menschen vom Himmel« bezeichnen. Metall ist das Element des Westens und des Nordwestens. Es symbolisiert die Kraft des Himmels und die Macht des Patriarchen. Metall steht immer in einer Beziehung zu Gold und Silber, und seine Energie ist dicht und nach innen gerichtet. Wenn man die glückbringende Metall-Energie »anzuzapfen« versteht, hat man in seinem Leben Macht und großen Einfluß. Um das Glück hilfsbereiter Menschen zu schaffen, hängt man am besten eine kleine goldene Glocke in die nordwestliche Ecke des Heims.

Weitere Merkmale der fünf Elemente

Beachten Sie für die weitere Analyse und die kreative Anwendung die nachfolgenden Zuordnungen.

	HOLZ	WASSER	FEUER	METALL	ERDE
Jahreszeit	Frühling	Winter	Sommer	Herbst	dazwischen
Richtung	Osten/SO	Norden	Süden	Westen/NW	SW/NO
Farbe	grün	blau/schwarz	rot	weiß	ocker
Form	rechteckig	wellenförmig	dreieckig	rund	quadratisch
Energie	nach außen	nach unten	nach oben	nach innen	zur Seite
Zahlen	3, 4	1	9	9	2, 5, 8

Die Zuordnung der Elemente zu den Ecken des Hauses

Am erfolgreichsten nutzt man die Elementetheorie zur Steigerung des Feng Shui eines Hauses oder Raums, indem man zunächst die Ecken oder Sektoren definiert. Man kann dieses Verfahren auf das ganze Haus, aber auch auf einzelne Räume und sogar auf einen Tisch oder Schreibtisch anwenden. Die Durchführung der Feng-Shui-Techniken richtet sich immer nach der vorgenommenen Orientierung eines Raums. Wenn wir also beispielsweise vom Süden sprechen, dann kann dies die Südseite Ihres Zimmers, Ihres Hauses, Ihres Grundstücks, Ihrer Stadt oder Ihres Landes sein. Die Wirkung setzt sich nach außen in wachsenden Kreisen fort. Im Feng Shui gehen wir davon aus, daß Richtungen immer nur in bezug auf andere Richtungen eine Bedeutung haben.

Eine einfache Möglichkeit der Anwendung der Elementetheorie auf die eigene Wohnung oder das eigene Haus besteht darin, daß man die entsprechenden Farben und Farbkombinationen für die verschiedenen Ecken und Räume einsetzt. So wäre zum Beispiel Rot in jeder Abstufung eine gute Farbe für Vorhänge an den Südfenstern des Hauses. Derselbe Grundsatz gilt für Teppiche, Bettbezüge, Kopfkissenbezüge und Tapeten. Suchen Sie in der folgenden Tabelle die entsprechenden Farben für die anderen Ecken aus, und wenden Sie dieses Verfahren weiter auf die Gestaltung Ihrer Innenräume an.

Die Elemente energetisieren

SÜDOSTEN Mit Holz energetisieren	SÜDEN Mit Feuer energetisieren	SÜDWESTEN Mit Erde energetisieren
OSTEN Mit Holz energetisieren		WESTEN Mit Metall energetisieren
NORDOSTEN Mit Erde energetisieren	NORDEN Mit Wasser energetisieren	NORDWESTEN Mit Metall energetisieren

Das Glück eines Lebensbereichs kann man auch dadurch aktivieren, daß man in dem entsprechenden Sektor Objekte plaziert, die das zugehörige Element symbolisieren. So kann man zum Beispiel den Süden mit einem offenen Kamin energetisieren, den Südwesten mit einem Kristall, den Westen mit einem Hufeisen, den Nordwesten mit einem Glockenspiel, den Norden mit einer Schale Wasser, den Nordosten mit einem Keramiktopf und den Südosten und Osten mit einer Topfpflanze.

Diese Gegenstände sind nur Vorschläge; mit ihnen erziele ich allerdings stets die besten Erfolge.

Die Zyklen der Elemente

Die Energien der Elemente sind nicht statisch, sondern stehen in einem beständigen Austausch mit anderen Objekten der Umgebung. Diese Objekte senden Energien aller fünf Elemente aus. Es findet daher eine dynamische und ständig sich ändernde Wechselwirkung zwischen den Elementen in der Atmosphäre statt. Diese Wechselwirkung ist bei manchen Elementen produktiv, wodurch der sogenannte »Hervorbringungszyklus« entsteht, bei anderen ungünstig, woraus sich der »Zerstörungszyklus« ergibt.

Bei der Anwendung der Elementanalyse auf die Umgebung ist es sehr wichtig, diese Zyklen der Harmonie beziehungsweise Unverträglichkeit zu berücksichtigen. Ihre Wirkung kommt zum Beispiel in Farbkombinationen in den verschiedenen Sektoren eines Raums, in der Verwendung und Zusammenstellung von Materialien und in der Gestaltung von Umrissen und Linienführungen in der Innendekoration zum Tragen.

Farbkombinationen

Es gibt günstige und ungünstige Farbkombinationen. Zu den ungünstigen Kombinationen zählen:

- Rot und Blau oder Rot und Schwarz (sehr ungünstig in einem südlichen Sektor);
- Rot und Metallic (sehr ungünstig in einem westlichen oder nordwestlichen Sektor);
- Grün und Gelb (besonders schädlich im Südwesten und Nordosten);

- Gelb und Blau (sehr ungünstig im Norden);
- Grün und Metallic (besonders ungünstig im Osten und Südosten).

Zu den günstigen Kombinationen zählen:
- Grün und Rot (hervorragend im Süden, gut im Osten und Südosten während der Wintermonate);
- Rot und Gelb (sehr gut im Südwesten und Nordosten);
- Gelb und Metallic (sehr gut im Westen und Nordwesten);
- Metallic und Blau (hervorragend für den Norden);
- Blau und Grün (sehr gut im Osten und Südosten).

Kombinationen von Umrissen
Günstige Kombinationen sind:
- Dreieck und Quadrat im Südwesten und Nordwesten;
- Quadrat und runde Form im Nordwesten und Westen;
- Rechteck und Dreieck im Süden;
- Wellenform mit Rechteck im Südosten und Osten.

Der Hervorbringungszyklus der Elemente
Bei diesem Zyklus bringen die Elemente einander in einem unaufhörlichen Zyklus hervor. Diese günstigen Wechselwirkungen ziehen das vorteilhafte Sheng Ch'i (siehe Seite 62) an. Ein Element erzeugt das andere in einem Kreislauf von Energien. Es versteht sich, daß wir bestrebt sein sollten, in unserer Lebensumgebung einen solchen Zyklus zu erzeugen.
Der Hervorbringungszyklus des Feng Shui entsteht aus den folgenden Eigenschaften der Elemente:
- Wasser ist gut für Holz (aber Holz macht Wasser zunichte);
- Holz ist gut für Feuer (aber Feuer macht Holz zunichte);
- Feuer ist gut für Erde (aber Erde macht Feuer zunichte);
- Erde ist gut für Metall (aber Metall macht Erde zunichte);
- Metall ist gut für Wasser (aber Wasser macht Metall zunichte).

Nachfolgend zur Verdeutlichung ein Beispiel dafür, wie man konstruktiv mit den Elementen arbeiten kann:
Um das dem Südosten zugehörige Element Holz zu kräftigen, kann man in

dieser Himmelsrichtung ein Gestaltungselement mit Wasser plazieren (zum Beispiel einen Springbrunnen oder ein Vogelbad). Dadurch fügt man dem Südosten nützliche Energie hinzu. Um umgekehrt das dem Norden zugehörige Element Wasser zu energetisieren, darf man jedoch nicht mit Holz arbeiten (zum Beispiel einer Pflanze), da dieses das Wasser des Nordens gerade verbrauchen würde. Damit würde man die innere Energie des nördlichen Sektors schwächen, auch wenn die Elemente Holz und Wasser nicht grundsätzlich in Disharmonie miteinander stehen.

Richtig und nützlich wäre es vielmehr, das Element Wasser im Norden mit einem Behältnis aus Metall zu kräftigen, das symbolisch Wasser festhält. Der Grund hierfür ist, daß Metall Wasser hervorbringt, während Holz Wasser verbraucht.

Der Zerstörungszyklus der Elemente

Dies ist die Umkehrung des Hervorbringungszyklus. Mit dieser Beziehung ist im Feng Shui gemeint, daß die scharfe Gegensätzlichkeit bestimmter Elemente zu Zerstörung führen kann. Es ist klar, daß man solche Elementkombinationen stets vermeiden muß.

Der Zerstörungszyklus gibt an, welche Elemente miteinander unverträglich sein können. In der Praxis bedeutet dies zum Beispiel, daß ein Objekt aus Metall in einem Holz-Sektor ungünstig ist, weil Metall Holz zerstört. Dabei sind allerdings die Proportionen zu berücksichtigen; ein wenig Metall kann einer großen Masse aus Holz nicht schaden. In diesem Fall besteht vielmehr eine positive Beziehung zwischen Metall und Holz, weil kleines Metall (zum Beispiel in Form von Werkzeugen) den Wert von Holz (wenn es zu Möbeln verarbeitet wird) steigern kann.

Ebenso verhält es sich mit Feuer und Metall. Es heißt, daß Feuer Metall zerstört, aber ohne Hitze könnte zum Beispiel kein Schmuck entstehen.

Im Fall von Feuer und Wasser heißt es, daß Wasser Feuer löscht und deshalb für dieses schädlich ist, weshalb man die beiden Elemente nicht zusammenbringen sollte. Aber wenn man erwägt, daß Feuer Wasser in Dampf verwandelt, der für Energie steht, dann kann unter gewissen Umständen die Beziehung von Feuer und Wasser auch vorteilhaft sein.

Yin und Yang harmonisieren

In der Praxis des Feng Shui spielt die Yin-Yang-Kosmologie der Chinesen eine große Rolle. Das Ideal ist, daß alles in einem Gleichgewichtszustand sein sollte. Dann geht alles seinen ruhigen Gang. Probleme treten auf, wenn die Energien der Erde nicht aufeinander abgestimmt sind. Yin und Yang sind für die Chinesen Urkräfte mit polaren Merkmalen.

Trotzdem oder gerade deshalb bringt der eine Pol den anderen hervor. Ohne Yin gibt es kein Yang und umgekehrt.

Die Merkmale von Yin und Yang

YIN ist Dunkelheit, Stille, Leblosigkeit und Tod.
YIN ist der Mond, die Nacht, das Negative.
YIN ist die Kälte, das Tal und stehendes Wasser.
YIN ist das Weibliche, Passive, Schwache, Weiche und Nachgiebige.

YANG ist Helligkeit, Licht, die Sonne.
YANG ist Aktivität, Geräusche, Feuer, Kraft, Entschlossenheit.
YANG ist Bewegung, Leben, landschaftliche Erhebungen, Berge, der Drache.
YANG ist das Männliche, Beherrschende, Harte, Warme, Heiße.

Yin und Yang stehen in einem beständigen Austausch und erzeugen dadurch den Wandel. So weicht der Sommer (Yang) dem Winter (Yin), der wiederum in den Sommer übergeht. Die Nacht wird zum Tag. Der Mond macht der Sonne Platz. Die Finsternis weicht dem Licht und so weiter. Zur richtigen Anwendung von Yin und Yang auf die Umgebung und zum Verständnis der Kräfte, die im Feng Shui wirksam sind, braucht man grundlegende Kenntnisse über die Natur und das Wesen der Yin- und Yang-Energien. Grundsätzlich gilt, daß weder das eine noch das andere schlecht ist. Man muß beides immer in Beziehung zueinander betrachten.

Im Feng Shui der Wohnstätten der Lebenden sollte im Gegensatz zu demjenigen der Wohnstätten der Toten die Yang-Energie überwiegen (wiewohl diese auch nicht so sehr dominieren soll, daß die Yin-Energie völlig unterdrückt wird). Dies gilt insbesondere für Räume, in denen sich Kinder im Wachstumsalter aufhalten, weil diese immer eine gesunde Dosis Yang-Energie brauchen. In Räumen, in denen sich Genesende befinden, kann die Anwesenheit von Yang-Energie ebenfalls dem Körper helfen, sich zu regenerieren.

Yang-Energie ist die Fülle vibrierenden Lebens. Sie glänzt und leuchtet und bringt Glück. Sobald aber Yang Yin völlig überwältigt, bringt es sich um seinen eigene Existenz. Yang darf in Räumen und Häusern dominieren, aber die Yin-Energie nicht ganz und gar unterdrücken, insbesondere nicht in Schlafzimmern. Letztere sind Orte der Ruhe und Entspannung, an denen ein Übergewicht von Yin vorteilhaft ist. Umgekehrt darf natürlich auch Yin nicht so stark sein, daß Yang völlig ausgelöscht wird.

Das Geheimnis besteht also darin, Yin und Yang je nach der Nutzung des Raums richtig auszubalancieren. Was jeweils das richtige Gleichgewicht ist, hängt ganz vom Verwendungszweck des Zimmers oder Gebäudes ab.

Yin und Yang im Büro

Firmengebäude und Geschäfte müssen Yang-betont sein, indem kräftige Farben, Aktivität, eine entsprechende Geräuschkulisse und positive Energie vorherrschen. An solchen Orten bewirkt die Yang-Energie geschäftlichen Erfolg. Die Chinesen verleihen ihren Geschäften und Restaurants durch die Verwendung der Farbe Rot stets eine kräftige Dosis Yang. Weiterhin sorgen sie dafür, daß der Eingangsbereich ihrer Geschäftslokale immer gut beleuchtet ist, da Licht ebenfalls Yang ist.

Auch Büros profitieren von Yang-Energie. Stellen Sie also sicher, daß die Innenarchitekten dem Büro nicht so viel Yin geben, daß die Geschäfte darunter leiden. Dies geschieht zum Beispiel, wenn es zu still ist, wenn man graue Stahlschränke aufstellt, die Wände mit dunklen Farben hält und wenn es viele dunkle Ecken gibt. Büros mit solchen Merkmalen symbolisieren den Tod, und es gibt viele Beispiele dafür. Lange Korridore, an deren Ende Zimmer liegen, die Zellen ähneln, fügen dem übermäßigen Yin auch noch Shar

Ch'i (siehe Seite 64f.) hinzu. Es ist klar, daß ein solches Büro kein gutes Feng Shui hat.

Yang-Büros dagegen sind immer hell und luftig; die Energie ist dort niemals verbraucht oder statisch. Außerdem sind solche Büros sauber und wirken durch gesunde Yang-Pflanzen lebendig. Hintergrundmusik kräftigt ebenfalls die Yang-Energien und verbessert das Feng Shui weiter. Sitzungszimmer sollten nie fensterlos sein; es muß Licht hereinströmen können. Topfpflanzen schaffen eine Atmosphäre der Lebendigkeit und Aktivität. All dies sind Yang-Merkmale, die das Feng Shui eines Büros verbessern.

Yin und Yang zu Hause

In seinem privaten Zuhause braucht man nicht soviel Yang-Energie wie in seiner Arbeitsumgebung. Trotzdem sollte auch hier Yang dominieren. Zuviel Yin kann Krankheit, Verluste und sogar den Tod bringen. In einem Haus, in dem es zu still ist, vor allem tagsüber, wenn alle in der Arbeit oder in der Schule sind, sammelt sich Yin an. In einem solchen Fall ist es gut, sich Haustiere zu halten. Die Gegenwart von Leben in Gestalt von Katzen oder Hunden, Pflanzen, Goldfischen oder plätscherndem Wasser bringt die Yang-Energie zum Fließen, so daß das Gleichgewicht von Yin und Yang gewahrt bleibt. Man kann auch zu Hause eine Lampe angeschaltet lassen, solange man in der Arbeit ist, um sich ansammelndes Yin zu zerstreuen.

Natürlich kann auch ein Übermaß an Yang ein Ungleichgewicht hervorrufen. Wenn die heiße Nachmittagssonne in ein Zimmer brennt, dann bedeutet dies zuviel Yang. Vermeiden Sie dies, indem Sie die Jalousien oder Rolläden herunterlassen. Zuviel Lärm von zu vielen Menschen, aufdringliche Farben und dröhnende Musik aus überdimensionierten Lautsprechern kann ebenfalls zu übermäßiger Yang-Energie führen. Die Folge sind Gereiztheit, Schreien und ähnliche Äußerungen überschießender Energie. Begegnen Sie dem übermäßigen Yang mit dunkleren Farben. Dämpfen Sie das Licht und schließen Sie die Vorhänge.

Auf »tödliche Energien« achten

Wie gut die Anwendung von Feng Shui im Büro ist, hängt weitgehend auch von einem Gespür für die am Arbeitsplatz herrschenden Energien ab. Ich erinnere mich noch daran, wie wir vor einigen Jahren das Feng Shui des Besprechungszimmer der Wertpapierabteilung unserer Bank korrigierten. Ich konnte dabei miterleben, wie der Feng-Shui-Meister in dem kleinen und beengten Raum einen »Giftpfeil« nach dem anderen identifizierte. Oft herrschen im ganzen Raum negative Energien mit einem erheblichen Überschuß an Yin.

Wir reinigten also das Besprechungszimmer, ließen es neu streichen, stellten die Möbel um, so daß keiner der Teilnehmer unter dicken Balken oder in der Zielrichtung scharfer Kanten saß. Und plötzlich wurde im Besprechungszimmer von stabilen und teilweise ganz hervorragenden Ergebnissen auf dem Geld- und Devisenmarkt berichtet. Erfahrungen wie diese bestärkten mich in meiner Überzeugung, daß Feng Shui ein äußerst nützliches Management-Werkzeug ist.

Yang-Energie steht für Wachstum, Leben und Aktivität, während Yin-Energie Tod, Dunkelheit und fehlende Aktivität symbolisiert. Im Geschäftsleben ist Yang-Energie für das Überleben praktisch unerläßlich. Deshalb ist Rot eine so günstige Farbe, denn es symbolisiert die kostbare Yang-Energie. Achten Sie also sehr gut auf die Qualität Ihres Arbeitsplatzes. Wenn die Luft durch jahrelange Klimatisierung muffig und feucht geworden ist, öffnen Sie die Fenster und lassen Sie die Sonne herein. Wechseln Sie alte Vorhänge aus, die niemals gewaschen wurden. Solche Bedingungen erzeugen immer einen Überschuß an Yin. Oft ist es schon ausreichend, einfach die Fenster zu öffnen und das Licht hereinzulassen.

Feng Shui ist aber auch die Kunst des Gleichgewichts. Yang-Energien dürfen auch nicht so stark werden, daß sie schädlich sind. Wenn also Ihr Büro der vollen Mittags- oder Nachmittagssonne ausgesetzt ist, lädt sich durch das grelle Licht und die Hitze die Atmosphäre zu sehr mit »tödlicher Energie« auf. Es ist überhaupt kein Yin mehr vorhanden, wodurch ein krasses Ungleichgewicht entsteht. In solchen Fällen gibt es zwei Möglichkeiten, die Situation zu bereinigen: Verwenden Sie Vorhänge oder schwere Jalousien, um die Nachmittagssonne zu dämpfen, oder bringen Sie eine Reihe geschliffener Kristallkugeln an, die die Sonnenstrahlen zu gesunden und harmonisierenden Regenbögen brechen. Das vollständige Farbenspektrum stellt das Gleichgewicht von Yin und Yang wieder her. Darüber hinaus ziehen die Regenbogenfarben kostbares Sheng Ch'i an, die Wachstumsenergie, und dies ist für das Feng Shui im Geschäft besonders günstig.

Der kosmische Atem des Drachen

Der Atem des Drachen ist das zentrale Thema des Feng Shui. Symbolisch wird damit die günstige Energie bezeichnet, die nach chinesischer Auffassung die Umgebung erfüllt. Dieses als »magische Lebenskraft« bezeichnete Ch'i durchdringt jeden Winkel des Universums, und das Ziel des Feng Shui besteht letztlich darin, natürliche Umgebungen zu finden, in denen Ch'i reichlich vorhanden ist, und Häuser und Gebäude zu schaffen, die Ch'i anziehen.

Glückbringendes schwingendes Ch'i.

Für letzteres braucht man große Erfahrung bei der Beurteilung natürlicher Landschaftsformen, und um Ch'i erzeugen oder anziehen zu können, muß man zunächst wissen, was Ch'i eigentlich ist.

Günstiges und schädliches Ch'i

Sheng Ch'i

Zunächst ist wichtig, daß günstiges Ch'i, das im Chinesischen als *Sheng Ch'i* bezeichnet wird, sich immer langsam und auf einer gewundenen Bahn bewegt. Es verläuft niemals längs einer geraden Linie. Es sammelt sich bevorzugt an Orten, an denen Yin und Yang in einem guten Gleichgewicht stehen. Außerdem braucht Ch'i eine frische und saubere Luft. An Orten, die zu feucht, zu naß, zu trocken oder zu heiß sind, ist das Ch'i verbraucht. An schmutzigen Orten »verdirbt« es ebenfalls.

Günstiges Ch'i wird als energiegeladen und kraftvoll beschrieben. Es ist nicht dasselbe wie Wind, aber es bewegt sich mit dem Wind. Es ist in der Luft vorhanden, unter der Erde, im Wasser und im Körper des Menschen. »Menschen-Ch'i« ist die Lebenskraft, die zum Beispiel Kämpfern ihre besondere Kraft und Künstlern und Kunsthandwerkern ihre speziellen Fähigkeiten verleiht. In der chinesischen Heilkunde werden mittels einer Analyse Blockierungen des Ch'i-Stroms im menschlichen Körper aufgedeckt.

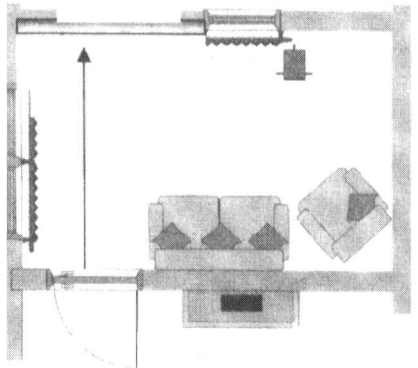

Im Feng Shui gilt der Grundsatz, daß das Ch'i in einem Haus nicht blockiert sein darf. Wenn Abwasserleitungen verstopft sind, sollte man dies so schnell wie möglich beheben, da das Glück der Familie darunter leiden könnte. Ebenso sollten Türen und Fenster, über die das Ch'i von einem Raum zum anderen fließt, so angeordnet sein, daß es in eine gewundene Bahn gezwungen wird und nicht den geraden und kürzesten Weg nehmen kann.

Spiegel müssen im Haus sorgfältig positioniert werden. Hängen Sie niemals einen Spiegel direkt hinter der Eingangstür auf, da eintretendes Ch'i sofort wieder zurückgespiegelt wird.

Wenn Ch'i zu schnell wird, wirkt es schädlich. Aus diesem Grund gilt es als besonders schlechtes Feng Shui, wenn drei Türen in einer Linie hintereinander liegen (siehe Seite 117). Ganz ähnliches gilt für den »tödlichen Spiegel«, der das Bild der Haupteingangstür wiedergibt. Hierdurch wird, wie es heißt, in das Haus eintretendes Ch'i sofort wieder abgewiesen. Während also Spiegel das Allheilmittel für die verschiedensten Feng-Shui-Probleme sein können, müssen sie andererseits sehr sorgfältig eingesetzt werden (siehe Seite 115). Andernfalls wird der »Patriarch« mit Krankheit geschlagen sein.

Im Feng Shui heißt es, daß Ch'i durch Wasser abgebremst wird, weshalb Wasser-Gegenstände als günstig gelten. Wasser steht immer für Geld, und die Anwesenheit dieses Elements in der Nähe eines Hauses zieht Glück durch die Eingangstür herein. Allerdings mußt das Wasser die richtige Orientierung haben, damit diese Wirkung eintreten kann.

Shar Ch'i

Feng Shui befaßt sich aber auch mit der Gegenwart schädlicher Energien in der Lebensumgebung. Diese Energien, die als *Shar Ch'i* bezeichnet werden,

Die Kante dieses Gebäudes stellt einen »tödlichen Giftpfeil« dar. Alles Scharfe, Spitze und Gerade kann zu einem »Giftpfeil« werden.

können großes Unglück hervorrufen. Sie können angeblich sogar tödlich für die Bewohner von Gebäuden oder Benutzer von Räumen sein, die einem solchen »tödlichen Hauch« ausgesetzt sind. Dem Feng Shui zufolge geht Shar Ch'i von natürlichen und künstlichen Strukturen aus, die, wie es heißt, in ihrer geraden Verlängerung »Giftpfeile« aussenden. Feng Shui hält Mittel bereit, wie man solche negativen Energien vermeiden, unschädlich machen oder ablenken kann. Verschiedenstes Unheil von häufiger Krankheit bis zum Verlust des Arbeitsplatzes, Einkommenseinbußen, Vermögensverlusten, Streitigkeiten und Beziehungsproblemen kann entstehen, wenn das Feng Shui des Heims nicht in Ordnung ist. Sehr oft sind die Ursachen schädliche Energien, die unbemerkt durch »Giftpfeile« entstanden sind. Wenn solche Pfeile direkt auf Ihre Haupteingangstür weisen, kann schwerstes Unglück entstehen, vor allem wenn die Struktur, die den »Giftpfeil« darstellt, sehr wuchtig, massiv und spitz und dadurch sehr »aggressiv« ist. Beispiele hierfür sind die Kante eines großen Gebäudes, eine lange, gerade Straße oder einfach auch die dreieckige Dachlinie eines benachbarten Hauses. In solchen Fällen muß man Maßnahmen zur Abwehr dieses Pfeils ergreifen. Eines der wichtigsten Anliegen von Feng Shui ist es, solche »Giftpfeile« in der Umgebung zu entdecken und abzulenken.

Mit dem Strom des Ch'i leben

Die physischen Merkmale der Umgebung haben Auswirkungen auf die Natur des Ch'i. Ob dieses günstig ist oder nicht, hängt unter anderem davon ab, ob die umgebenden Hügel und Berge es sammeln oder aber zerstreuen. Von Menschenhand geschaffene Strukturen haben in der gleichen Weise Einfluß auf den Strom des Ch'i. Wenn sich Gebäude, Straßen und Autobahnen harmonisch in die natürliche Umgebung einfügen, wird dadurch die Bewegung des Ch'i angeregt, und seine günstigen Eigenschaften werden verstärkt. In der Nähe schädlicher scharfer oder spitzer Strukturen dagegen verwandelt sich das Ch'i in unglückbringende Energie.

Wohngebäude an Straßen

Vermeiden Sie es möglichst, am Ende einer Straße zu wohnen, da dort das Ch'i stockt. Wenn sich Ihr Schicksal zum Schlechteren wendet, wird durch eine solche Lage das Unglück noch vermehrt, weil Sie hier symbolisch keinen Ausweg aus Ihren Problemen finden. Solange Sie in einer Glücksphase leben, schadet es Ihnen auch nicht, wenn Sie am Ende einer Sackgasse wohnen. Sobald Sie aber in Schwierigkeiten geraten, werden diese durch eine solche Wohnsituation verschärft.

Ein weiterer zu beherzigender Feng-Shui-Rat lautet, daß man möglichst nicht in einem Haus leben sollte, auf das eine schnurgerade Straße zuläuft. Dies ist die klassische T-Kreuzung, die als so schädlich gilt, daß das in Ihr Heim eindringende schlechte Ch'i regelrecht als »Killer« bezeichnet wird. Die Wirkung kann buchstäblich tödlich sein!

Leben Sie in der Nähe geschwungener Straßen oder an einer Straßen-

Oben: Am Ende einer Sackgasse herrscht schlechtes Feng Shui.
Rechts: Das tödliche Ch'i einer geraden Straße kann mit einer Hecke, einer Mauer oder einer Baumgruppe abgewehrt werden.

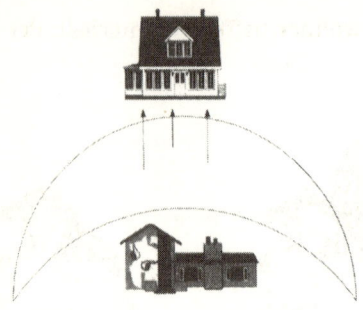

Es hat Konsequenzen für das Feng Shui Ihres Heims, ob Sie innen oder außen an einer Kurve wohnen. Das Haus auf der Innenseite dieser Straßenbiegung genießt »günstigen Hauch«. Das Haus an der Kurve hat ungünstiges Feng Shui.

biegung, dann ist eine Lage auf der Innenseite der Kurve günstiger als eine solche auf der Außenseite. Wenn Ihr Haus am äußeren Radius liegt, wird die Straße zu einem Messer, das symbolisch in Ihr Haus einschneidet. Das Ch'i auf dieser Seite der Straße ist unglückbringend, dasjenige auf der anderen glückbringend. Achten Sie also immer darauf, daß eine Straße möglichst um Ihr Haus herum verläuft. In der hat das von der Straße eingeschlossene Haus wesentlich besseres Feng Shui als das Haus auf der gegenüberliegenden Seite.

Höhenniveau eines Hauses

Gerade Straßen und T-Kreuzungen schaden Ihnen jedoch nicht, wenn Ihr Haus erhöht steht. Das »tödliche« Ch'i kann Häuser nicht erreichen, die über der Straße liegen. Wenn dagegen Ihr Haus außerhalb der Straße liegt, müssen Sie das Ch'i Ihres Hauses symbolisch durch Leuchten vermehren. Noch besser wäre es, das Haus aufzustocken, so daß das Dach über der Straße liegt. Am besten ist es natürlich, wenn man beides tut!

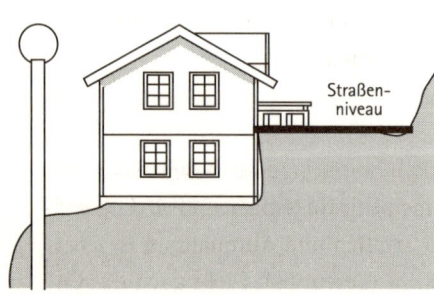

Straßenniveau

Ch'i, das unterhalb der Straßenebene bleibt, ist niemals günstig. Aus diesem Grund wohnen Chinesen, die in den Westen ausgewandert sind, höchst ungern im Kellergeschoß. Wenn sie keine andere Wohnung bekommen können, dann achten sie darauf, daß diese ungünstige Situation wenigstens durch einen Garten auf Straßenebene ausgeglichen wird. Auch dies kann allerdings das unglück-

Wenn Ihr Haus an abfallendem Gelände liegt, sollten Sie zur Verbesserung des Ch'i hinter dem Haus eine Leuchte installieren.

bringende Ch'i nicht ausgleichen, das Bewohner trifft, die unterhalb der Straßenebene schlafen.

Benachbarte Gebäude

Weiterhin ist es nicht zu empfehlen, in einem einstöckigen Haus zu wohnen, das zwischen zwei wuchtigen mehrstöckigen Gebäuden eingezwängt ist. Solche Häuser blockieren den Zustrom von günstigem Ch'i zu Ihrem Haus und beeinträchtigen damit Ihr Feng Shui. Dasselbe gilt für Firmengebäude in der Stadt. Um dieses Problem zu beheben, kann man neben dem Haus einen zum Himmel weisenden Strahler installieren.

Ein Haus zwischen zwei höheren Häusern kann unter schlechtem Feng Shui leiden, weil diese Shar Ch'i auf das kleinere Haus aussenden.

Sie sollten auch nicht in unmittelbarer Nähe von Strukturen leben, die höher oder massiger sind als Ihr Haus und direkt gegenüber der Haupteingangstür liegen. Dabei kann es sich um eine hohe Mauer, die Kante eines großen Gebäudes oder einfach um höher gelegenes Gelände handeln. Alle derartigen Strukturen halten jegliches günstiges Ch'i von Ihrem Heim fern. Wenn Sie zur Zeit in einem solchen Haus leben, könnte es sein, daß Sie seit längerem nicht sehr viel Glück haben. Je näher eine solche schädliche Struktur liegt, desto schwerwiegender das Unglück, das Sie treffen kann, sei es in Gestalt von Krankheit, Verlust von Einkommen und Arbeitsplatz oder ständigen Mißgeschicken zu Hause und in der Arbeit.

Verkehrsströme

Wenn man einmal weiß, wie das Ch'i fließt, kann man auch beurteilen, wie Straßen das Feng Shui des eigenen Heims beeinflussen. Grundsätzlich sollte man es immer vermeiden, zu nahe an Straßen und Autobahnen zu leben, an denen der Verkehr sehr schnell fließt. In diesem Fall fließt auch das Ch'i zu schnell, wodurch großes Unglück entstehen kann. Dagegen gilt es als sehr günstig, neben einer stark befahrenen Straße zu wohnen, wenn der Verkehr ruhig fließt, ohne aber andererseits wiederum zu stocken.

In Wohngebieten ist der Verkehr meist nicht so schnell, daß er schädlich sein könnte, sofern sich nicht in der Nähe eine Überführung befindet. Von solchen erhöhten Straßen kann außerordentlich schlechtes Feng Shui ausgehen. Die einzige Empfehlung lautet für Menschen, die zu nahe – zum Beispiel näher als fünfhundert Meter – an einer solchen Überführung leben, starke, hochwachsende Bäume zwischen dem Haus und der Straße zu pflanzen. Und falls Sie die Möglichkeit dazu haben, ziehen Sie am besten aus.

Den »tödlichen Hauch« ableiten

Man kann unmöglich alles aufzählen, was einen »Giftpfeil« darstellen kann. Andererseits sollte man bezüglich dieses Feng-Shui-Aspekts auch nicht in Panik geraten und überall »Giftpfeile« sehen, wo keine sind. Merken Sie sich einfach, daß Strukturen in Ihrer Umgebung nur dann für Sie und Ihr Heim schädlich sein können, wenn sie die nachfolgenden Merkmale aufweisen. Andernfalls können Sie ganz beruhigt sein.

- Ist die Struktur scharfkantig, spitz oder gerade?
- Weist sie in gerader Linie auf Ihre Haupteingangstür?
- Ist sie größer und höher als Ihr Haus?
- Hat sie die Gestalt eines bedrohlichen Objekts, das verletzen kann, wie zum Beispiel diejenige eines wilden Tiers, etwa eines Tigers, oder die Form eines Messers, eines Gewehrs oder von Pfeil und Bogen? Alles, was irgendwie feindselig wirkt, ist schädlich.
- Ist sie in irgendeiner Weise geneigt, so daß sie auf Ihr Haus zu stürzen scheint?

Wohnen gegenüber scharfen Kanten

Die gefährlichsten »Giftpfeile« gehen von künstlichen Strukturen aus, und dies können die wuchtigen Wolkenkratzer in den Innenstädten, aber auch Fabriken, Supermärkte und Einkaufszentren sein, wie man sie heute überall in den Vorstädten findet. Solche Gebäude sind zwar nicht grundsätzlich schädlich, stellen aber dann eine Bedrohung für Sie und Ihr Heim dar, wenn die Haupteingangstür direkt den scharfen Ecken solcher Strukturen ausgesetzt ist. In Feng-Shui-Begriffen ist wenig so gefährlich wie die schar-

Beachten Sie die Dreiecksform dieser Dachlinie. Sie wird zu einem »tödlichen Giftpfeil«, wenn sie direkt gegenüber Ihrer Haupteingangstür liegt.

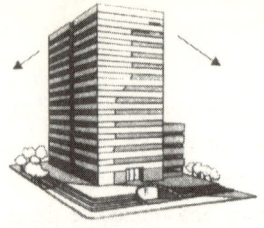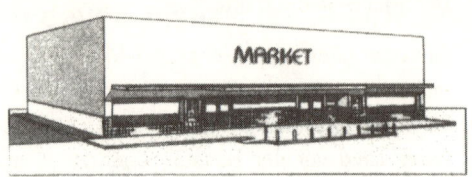

Die scharfen Kanten von Gebäuden senden »tödlichen Hauch« aus. Achten Sie darauf, daß Ihre Haustür keiner solchen Kante ausgesetzt ist. In der Stadt senden die vier Ecken von Bürotürmen Shar Ch'i aus, während Ihnen in den Vorstädten die Ecken von Einkaufszentren gefährlich werden können.

fen Ecken eines massigen Gebäudes. In Taiwan sind sie bei vielen Gebäuden in der Innenstadt von Taipeh aus Rücksicht gegenüber den Nachbarn abgerundet – und natürlich vermeidet man dadurch auch eine Vergeltung mittels eines entsprechend angebrachten Pa-kua-Spiegels!

Kaum weniger schädlich als eine scharfe Kante ist die dreieckige Dachlinie eines großen benachbarten Gebäudes. Ich habe schon äußerst bedrohlich aussehende Dachlinien gesehen, die großes Unglück auf jeden aussenden, der das Pech hat, in ihrer Nähe zu leben. Sie sind spitz zulaufend, wobei die Spitze genau auf die Eingangstür weist.

Das beste Gegenmittel gegen die oben dargestellten »Giftpfeile« besteht darin, eine Barriere zu schaffen, die das eigene Heim wirkungsvoll vor der schlechten Energie schützt. Ein vorzüglicher Schutzwall sind hohe, mächtige Bäume, da das raschelnde Laub eine Art »Energievorhang« schafft, der das tödliche Shar Ch'i auflöst und zerstreut. Wenn der »Giftpfeil« von der Dachlinie eines relativ kleinen benachbarten Hauses ausgeht, dann genügt bereits die Anbringung eines Glockenspiels.

Wohnen gegenüber großen oder hohen Strukturen

Dabei haben Sie es gewissermaßen mit etwas zu tun, das Sie zu überwältigen droht. Die üblichen Beispiele hierfür sind Ziegelmauern, die Flanke eines Hügels, ein großes Gebäude oder vor allem ein mächtiger Berg. Versuchen Sie in einem solchen Fall, die Tür nicht mehr zu benutzen, die einem

70

Der »Helle-Saal-Effekt«

Eines der günstigsten Feng-Shui-Merkmale, deren man sich erfreuen kann, ist ein Park, ein Fußballplatz oder anderes freies Land vor der Haustür. Dadurch entsteht der, wie Feng-Shui-Meister es nennen, »Helle-Saal-Effekt«, der außerordentlich günstig ist. Wenn Ihr Heim gegenüber einem solchen »hellen Saal« liegt, können Sie eine Fülle von Glück erwarten.

Dieses Haus liegt gegenüber einem außerordentlich glückbringenden »hellen Saal«. Wenn vor der Tür jedoch ein Hindernis wie eine Statue steht, dann hebt diese die glückbringende Wirkung auf.

Steht dagegen eine Statue wie die hier skizzierte vor der Eingangstür, bildet diese einen »tödlichen Giftpfeil«, der das vom »hellen Saal« erzeugte Glück zunichte machen kann. In diesem Fall müssen Sie die Sicht auf die Statue versperren oder die Tür verlegen, selbst wenn Sie dadurch auf Ihren so überaus glückbringenden »hellen Saal« verzichten müssen. Dieses Beispiel zeigt, wie Feng Shui praktiziert werden kann und muß.

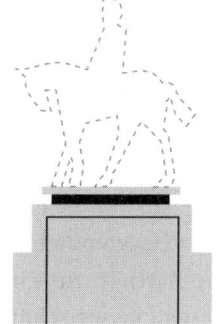

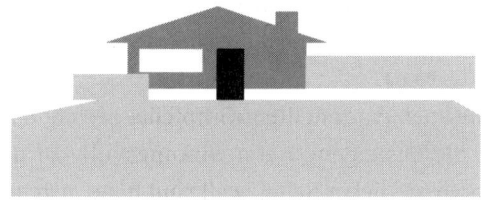

solchen Einfluß ausgesetzt ist. Gehen Sie durch eine andere Tür, was den Vorteil hat, daß Sie die ganze Ausrichtung Ihres Hauses in der Weise ändern können, daß sich die bedrohliche Struktur in eine rückwärtige Unterstützung verwandelt. Kurz gesagt: Bringen Sie »es« hinter sich!

Sollte eine Verlegung der Tür nicht möglich sein, bringen Sie davor eine helle Leuchte an, um die Yang-Energie zu stärken. Lassen Sie diese Leuchte vom frühen Abend bis spät in die Nacht brennen. Hilfreich ist es auch, die Tür in einem kräftigen Rot zu streichen, da dieses ebenfalls wertvolle Yang-Energie erzeugt, die der negativen Energie von der anderen Straßenseite erfolgreich entgegenwirkt. Eine andere Möglichkeit ist das Anbringen eines

*Vermeiden Sie es, daß sich Ihre Hauptein-
gangstür auf eine nahegelegene Ziegelmauer
öffnet.*

Auch eine Brücke kann schädlich sein.

Glockenspiels, das die gestaute Energie in eine weniger negative Form verwandelt.

Hohe Strukturen, die weiter entfernt sind, haben eine weniger starke
Wirkung, vor allen Dingen, wenn zwischen dem eigenen Haus und diesen
Strukturen Bäume stehen. Bäume sind hervorragende Ableiter schädlicher
Ch'i-Energie. Trotzdem senden Objekte wie Funkmasten oder Fabrikschlote
intensives Shar Ch'i aus, das krank machen kann. Hochspannungsmasten
sind besonders gefährlich, und man sollte möglichst nicht in ihrer Nähe
wohnen.

Weitere potentiell schädliche Strukturen, die Feng-Shui-Probleme hervorrufen könnten, sind Brücken, Kraftwerke und andere massive Stahlbeton-
bauten. Seien Sie im Zusammenhang mit solchen von Menschenhand
geschaffenen Strukturen sehr vorsichtig. Gegenüber Ihrem Heim
können sie eine große Bedrohung darstellen. Versuchen Sie es so
einzurichten, daß sie hinter Ihnen liegen, und pflanzen Sie
immer einige Bäume, deren Laub einen Schutzwall zwischen
Ihnen und solchen Strukturen bildet.

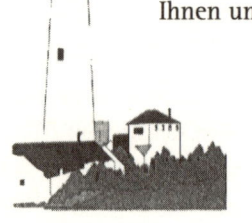

*Der Blick auf einen solchen Turm bringt Unglück. Bäume
eignen sich vorzüglich zur Abwehr schädlicher Ch'i-Energie; pflanzen Sie sie zwischen Ihrem Zuhause und einer
solchen hohen Struktur.*

Wohnen an schädlichen Kreuzungen

Dies ist eine sehr ungünstige Situation, vor allem, wenn dabei eine Straße im rechten Winkel auf Ihre Eingangstür zuläuft. Im Feng Shui spricht man hier von einem »Nacht-Tiger, der das Haus angreift«. Die Scheinwerfer ankommender Autos haben in der Tat etwas von der wilden Energie eines Tigers in der Nacht. Betrachten Sie einmal die beiden klassischen schädlichen Kreuzungen. Es ist deutlich zu erkennen, wie die Gebäude und vor allem ihre Haupteingangstüren genau in der Linie der schädlichen, von der Straße ausgehenden Energien liegen.

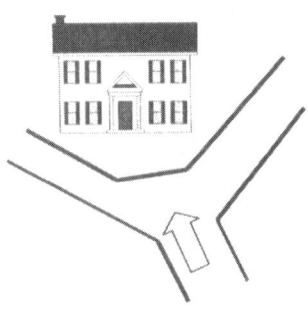

Gabelungen können ebenso »tödlich« sein wie T-Kreuzungen.

Falls Sie in einer solchen Situation leben und Ihre Haupteingangstür (oder Ihr Eingangstor) solchem »giftigem« Shar Ch'i ausgesetzt ist, rate ich Ihnen dringend zu Korrekturmaßnahmen. Errichten Sie, wenn Sie es irgendwie einrichten können, einen Schutzwall in Form einer Hecke, einer Baumgruppe oder einer niedrigen Mauer.

Am Ende einer T-Kreuzung zu leben ist gefährlich.

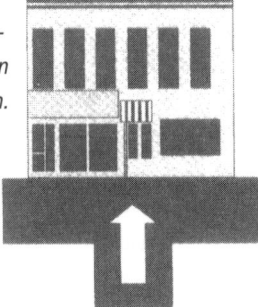

Fünf wirksame Heilmittel

Nachfolgend fünf sehr wirksame Heilmittel gegen eine schädliche Kreuzung vor Ihrem Haus. Diese Verfahren beruhen auf den Kompaßformeln.

1. Hängen Sie ein Messer mit gekrümmter Klinge auf, wenn die Straße von Osten oder Südosten kommt.
2. Plazieren Sie einen großen Felsblock zwischen Ihrer Tür und der Straße, wenn diese von Norden kommt.
3. Bringen Sie einen hellen, nach außen gerichteten Strahler über Ihrer Tür an, wenn die Straße von Westen oder Nordwesten kommt.
4. Plazieren Sie ein Wassergefäß vor Ihrem Haus, wenn die gefährliche Straße von Süden kommt.
5. Pflanzen Sie eine Baumgruppe vor dem Haus, wenn die Straße von Südwesten oder Nordosten her auf Ihr Heim zuläuft.

73

Wohnen an Orten mit zuviel Yin

Als Orte mit zuviel Yin gelten solche, die mit dem Tod zu tun haben. Es ist also besonders ungünstig, in der Nähe von beispielsweise Friedhöfen, Krankenhäusern, Schlachthöfen, Aussegnungshallen, Polizeiposten zu leben. Die Nähe solcher Orte umgibt Ihr Heim mit zuviel Yin-Energie, so daß Sie und Ihre Familie den schwächenden Wirkungen eines Yin-Überschusses ausgesetzt sind, weshalb Sie sich matt, antriebsschwach und negativ fühlen.

Das Gegenteil in solchen Situationen ist der Einsatz von Yang-Energie. Streichen Sie also Ihre Haupteingangstür in einer kräftigen Yang-Farbe (Rot, Gelb, Orange, Weiß), lassen Sie tagsüber das Radio laufen, um das Yang von Geräuschen und Musik zu erzeugen, und installieren Sie überall helle Leuchten. Sie brauchen nicht umzuziehen, nur weil Sie zum Beispiel in der Nähe eines Friedhofs wohnen. Aber versperren Sie die Aussicht auf den Friedhof und gleichen Sie dann die negativen Energien mit Yang-Energie aus.

Ein weiteres sehr bewährtes Mittel, um kostbare Yang-Energie zu sammeln, sind viele Pflanzen im Garten. Alles, was Wachstum und Aktivität symbolisiert, ist Yang; so wäre es zum Beispiel eine gute Idee, sich einen Hund ins Haus zu nehmen. Nichts strahlt soviel lebenskräftige Yang-Energie aus wie Haustiere.

Wer direkt gegenüber einem Krankenhaus wohnt, pflanzt am besten gegen die negative Energie eine Baumgruppe, die den Anblick verdeckt. Zusätzlich kann man eine nach oben gerichtete Leuchte installieren. Damit vermehrt man die Energie im Bereich seines Hauses und wirkt negativer Energie in Richtung des Hauses oder in dessen Umgebung entgegen.

Die Farbe Rot

Die Farbe Rot ist für die Chinesen immer eine glückbringende Farbe. Rot ist das Symbol für alle glücklichen Ereignisse im Leben eines Menschen und wird daher bei wichtigen Anlässen wie Neujahr und Hochzeiten und Geburten vielfältig benutzt. Am chinesischen Neujahrstag tragen die Chinesen Rot, weil sie an diesem besonders wichtigen Tag in Yang-Energie eingehüllt sein wollen. Aus demselben Grund tragen Bräute Rot, und Geburten werden mit tiefrot gefärbten Eiern gefeiert, die das Symbol beständiger Fruchtbarkeit sind.

Wohnen an Orten mit »üblem Hauch«

Gutes Feng Shui kann es nur in einer gesunden, dynamischen und sauberen Umgebung geben, in der alles »funktioniert«. Wenn mich also Freunde fragen, wie sie für gutes Feng Shui sorgen können, empfehle ich ihnen als erstes, ihr Haus in Ordnung zu halten. Dies klingt vielleicht wie eine Selbstverständlichkeit, aber abblätternde Farbe und schadhafte sanitäre und elektrische Einrichtungen zeigen stockende und verbrauchte Energien an, und es gibt im Feng Shui nichts Schlimmeres.

Weitere Dinge, die im Heim »üblen Hauch« erzeugen, sind verstopfte Abwasser- und Regenrohre. Achten Sie stets darauf, daß Wasser in, um und nahe Ihrem Haus niemals gestaut und behindert wird. Auch verschmutzte Abwasserleitungen erzeugen »üblen Hauch« und manchmal im ganz wörtlichen Sinne Gestank. Dies beeinträchtigt die das Haus umgebenden Energien und muß behoben werden. Machen Sie es sich zur Gewohnheit, Leitungen und Rohre mindestens einmal im Monat zu überprüfen. Feng Shui ist nicht mit einmaligen Maßnahmen erledigt. Wenn Sie das ganze Jahre über gutes Feng Shui haben wollen, müssen Sie regelmäßig ein Auge auf Abwasserleitungen, Bäume und Pflanzen sowie auf sonstige Veränderungen haben, die in Ihrer Umgebung auftreten.

Die schlimmste Form von »üblem Hauch« ist es, wenn Ihre Haupteingangstür direkt gegenüber einem Abfallhaufen oder einer Mülltonne liegt. Einer Nachbarin sagte ich immer wieder, daß sie den schrecklichen Mülleimer entfernen solle, den sie direkt vor ihre Haupteingangstür stellte. Ich sagte es ihr jedes Mal, sooft sie mich bat, etwas für ihr Feng Shui zu tun. Aber sie schlug meinen Rat immer wieder in den Wind. Es überraschte mich also nicht, als ich hörte, daß ihr Mann bankrott gegangen war und daß sie selbst sich eine Krankheit zugezogen hatte. An dieser Stelle möchte ich wiederum darauf hinweisen, daß Feng Shui nichts Schwieriges oder Geheimnisvolles ist. Schon etwas ganz Einfaches wie die Gewohnheit, den Mülleimer nicht vor die Eingangstür zu stellen, ist Feng Shui!

Kann dies etwas anderes bedeuten als schlechtes Feng Shui?

Die Feng-Shui-Werkzeuge zur Ableitung von Shar Ch'i

In diesem Abschnitt möchte ich mich ausführlich damit beschäftigen, wie man mit Hilfe alltäglicher Gegenstände häufige Feng-Shui-Probleme beseitigen kann. Im Feng Shui gilt etwas als weitgehend abgeleitet, was nicht mehr zu sehen ist, sofern nicht das Objekt, von dem die schädliche Energie ausgeht, sehr groß und daher sehr wirksam ist. Unter normalen Umständen kann man jedoch Wandschirme, Pflanzen, Möbel und andere alltägliche, ohne weiteres zu beschaffende Gegenstände als vorzügliche Feng-Shui-Werkzeuge betrachten. Sie brauchen durchaus keine speziellen Pa-kua-Spiegel, Glockenspiele oder komplizierten chinesischen Kompasse zu kaufen, um den »tödlichen Hauch« schlechter Energie abzuwehren. Natürlich ist es großartig, wenn Sie diese Dinge bekommen können, aber sie sind nicht zwingend notwendig.

Ein Pa-kua-Spiegel außen über einer Haupteingangstür zur Abwehr des Shar Ch'i einer Straßenkreuzung. Bringen Sie einen solchen Spiegel niemals im Haus an.

Pa-kua-Spiegel

In den letzten Jahren hat das Interesse an dem großartigen Pa-kua-Achteck sprunghaft zugenommen. Beachten Sie jedoch, daß Sie ein Pa-kua benutzen müssen, bei dem die Trigramme in der vorhimmlischen Reihenfolge angeordnet sind (siehe Seite 27 f.). Wenn es in Ihrer Nähe einen chinesischen Laden gibt, können Sie sich einen solchen Spiegel besorgen. Das schützende Pa-kua ist heute überall als das höchste wirksame Feng-Shui-Werkzeug bekannt und geschätzt. Vor einem Büro und über Eingangstüren weist es die unterschiedlichsten schädlichen Energien ab. Besonders nützlich ist es zur Abwehr des »tödlichen Hauchs« von bestimmten Bäumen, geraden Straßen, ungünstigen Kreuzungen und schädlichen Dachlinien.

Allerdings muß das Pa-kua mit Bedacht angewandt werden. Es ist ein äußerst wirksames Werkzeug, weil es seine eigene starke negative Energie aussendet, die schlechte Energie an Ihrer Haustür ausgleicht. Man nimmt an, daß seine Wirkung nicht nur auf seiner Form beruht, sondern auch auf dem in der Mitte angebrachten Spiegel sowie den diesen umgebenden Trigrammen.

Beachten Sie aber unbedingt, daß dieses Pa-kua niemals im Inneren des Büros oder Heims eingesetzt werden darf. Falls Sie Probleme mit dem Feng Shui Ihrer Innenräume haben, können Sie eines oder mehrere der nachfolgend beschriebenen Mittel benutzen, aber niemals das Pa-kua. Andernfalls wird im Heim oder im Büro jeder mit jedem zu streiten beginnen. Die Beziehungen und die Produktivität werden beeinträchtigt, und wo Sie erst kleine Probleme hatten, bekommen Sie jetzt große. Ich rate in aller Regel von der Verwendung des Pa-kua ab, weil durch die Ableitung von Feng-Shui-Problemen ungewollt andere geschädigt werden. Viel besser ist es, harmlosere Feng-Shui-Mittel einzusetzen.

Desgleichen sollte man im Schlafzimmer weder an den Wänden noch an der Decke Spiegel anbringen, es sei denn, daß sie eine ganz bestimmte Funktion haben, wie zum Beispiel den Ausgleich einer fehlenden Ecke (siehe Seite 43). Beim Einsatz von Spiegeln sollte man immer entsprechende Umsicht walten lassen und sicherstellen, daß man nicht ein Problem löst und zugleich ein neues schafft.

Spiegel im Wohnzimmer könnten versehentlich die Haupteingangstür reflektieren, was für diesen Raum ungünstig wäre, da er mit dem Reichtum zu tun hat. Spiegelfliesen sollten nirgendwo im Haus verwendet werden, weil sie ein gebrochenes Spiegelbild liefern. Meiden Sie sie unbedingt, weil sie Menschen »zerstückeln«, wodurch negative Energie entsteht.

Pflanzen

Pflanzen sind großartige Feng-Shui-Heilmittel und wirken im Sinne einer positiven Anregung. Beachten Sie jedoch bei ihrem Einsatz einige Richtlinien.

Wählen Sie Pflanzen sorgfältig aus. Für Büros empfehlen sich eher robuste Gewächse, weil sie dort oft zuwenig Pflege und Sonnenlicht haben. Unter diesen Umständen sollten Sie nicht erwarten, daß sie besonders gut gedeihen. Möglicherweise ist es besser, sie regelmäßig zu ersetzen, zum Beispiel jeden Monat. Beauftragen Sie hiermit eine Firma. Kranke Pflanzen stellen schlechtes Feng Shui dar!

Stellen Sie eine gesunde Kletterpflanze an die scharfe Ecke einer quadratischen Säule, eine vorspringende Ecke oder die Ecke zweier aneinanderstoßender Wände. Damit können Sie den »tödlichen Hauch« einer solchen Kante wirksam abwehren.

Eine Kaktuspflanze vor der Bürotür wirkt dem schlechten Ch'i von Treppen und Aufzügen entgegen, die der Tür direkt gegenüberliegen.

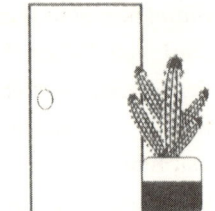

Lebende Pflanzen sind Imitationen vorzuziehen. Man kann künstliche Pflanzen zwar als Feng-Shui-Werkzeuge einsetzen, doch senden echte Pflanzen mehr Yang-Energie aus. Wenn Sie aber unbedingt professionell hergestellte Seidenpflanzen haben wollen, weil diese pflegeleichter sind, dann sind diese ebenfalls akzeptabel. Ich selbst setze Ficus- und Ahornpflanzen aus Seide seit Jahren mit großem Erfolg ein. Wenn Sie Seide mögen, sollten Sie Pflanzen mit harmonisch verteiltem Laub verwenden. Bitte beachten Sie, daß auch unechte Pflanzen jährlich ersetzt werden sollten, denn wenn das »Laub« nicht mehr schön aussieht, bedeutet dies auch bei diesen Pflanzen eine Einbuße an Yang-Energie. Auch Trockenblumen, die ganz offensichtlich tot sind, geben zuviel Yin-Energie ab, weshalb man sie aus seiner Wohnung und seinem Büro entfernen sollte.

Meiden Sie im Büro unbedingt Pflanzen mit Dornen oder Stacheln. Ich rate immer von Kakteen als Zierpflanzen ab. Selbst wenn man sie zur Zierde auf Fensterbretter stellt, senden diese kleinen Schönheiten winzige Splitter von »tödlichem Hauch« aus, der Ihnen unbemerkt schadet. Andererseits kann man Kakteen sehr gut als Feng-Shui-Mittel vor der Haupteingangstür des Büros verwenden. Dabei können Sie zum Beispiel die schädlichen Wirkungen von gegenüberliegenden Treppenhäusern, Aufzügen und Aufzugtüren ableiten. Damit sie eine solche Wirkung haben, sollte man jedoch große Pflanzen nehmen.

Bambusstäbe

Bambusstäbe sind eine weitere wirksame und leicht erhältliche Feng-Shui-Hilfe, von der in diesem Buch immer wieder die Rede sein wird. Sie haben eine ähnliche Wirkung wie Glockenspiele und Flöten. Es fehlt lediglich das klingelnde Geräusch beziehungsweise die Musik, an die Flöten symbolisch erinnern. Aus diesem Grund empfehle ich, eine rote Schnur oder ein rotes Band um den Bambus zu schlingen. Dadurch werden symbolisch die kanalisierenden Eigenschaften des Bambusstabs aktiviert, und zwar in der Weise, daß schädliches Ch'i durch den hohlen Stab fließt, in diesem verlangsamt wird und als positive Energie wieder austritt. Der Bambus gilt als sehr wirksames Symbol für ein langes Leben und Harmonie, und Feng-Shui-Texte weisen ihm oft einen wichtigen Platz in der praktischen Anwendung zu.

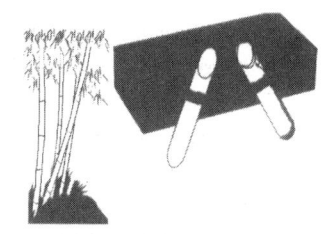

Umschlingen Sie ein Paar Bambusstäbe mit einem roten Band oder einer roten Schnur und hängen Sie sie wie dargestellt auf, um dem starken »tödlichen Hauch« freiliegender Deckenbalken zu begegnen.

Glockenspiele

Glockenspiele gibt es in verschiedenen Ausführungen. Die stark gestiegene Popularität des Feng Shui in den letzten Jahren hat die Phantasie der Glockenspielhersteller beflügelt, und man bekommt diese Instrumente heute mit dem wunderbar ätherischen Klang in jeder Geschenkboutique oder in guten Einrichtungsgeschäften.

Glockenspiele sind keine Mobiles. Neben den Klangkörpern sollten nicht auch noch Fische oder sonstige Objekte an ihnen hängen. Diese könnten sogar schädlich sein, wenn sie scharfkantig oder spitz sind. Nehmen Sie am besten ein klassisches Modell. Sehr gut sind chinesische Glockenspiele mit Pagoden und dem doppelten Glückssymbol (siehe Kasten Seite 153). Zudem sind sie preiswert und handlich. Dabei sind sie nicht weniger wirkungsvoll und erfüllen ihre Aufgabe ganz ausgezeichnet. Befestigen Sie das Glockenspiel hoch an der Decke, damit das Ch'i durch die Röhren nach oben fließen und seine positive Wirkung im ganzen Haus entfalten kann.

Was Sie über Glockenspiele wissen sollten

1. Die Klangkörper des Glockenspiels müssen hohl und an beiden Enden offen sein. Massive Glockenspiele haben keine Feng-Shui-Wirkung, weil hierbei das Kanalisierungsprinzip nicht wirksam sein kann, bei dem Ch'i durch den Hohlraum geleitet und schlechte Energie in gute verwandelt wird.

2. Glockenspiele können aus Holz, Metall (Kupfer, Aluminium, Stahl oder auch Silber) sowie aus Porzellan sein. Wählen Sie das Material entsprechend dem Sektor aus, in dem Sie das Glockenspiel aufhängen wollen.
Wenn das Glockenspiel als Schutzmaßnahme gegen die Wirkungen einer ungünstigen Ecke oder eines Deckenbalkens benötigt wird:
   - Befestigen Sie ein Glockenspiel aus Metall im Osten oder Südosten.
   - Bringen Sie ein Glockenspiel aus Holz im Nordosten oder Südwesten an.
   - Hängen Sie ein Glockenspiel aus Keramik im nördlichen Sektor auf.

Wenn das Glockenspiel nicht als »Heilmittel« eingesetzt werden soll, sollten Sie anders vorgehen:
   - Hängen Sie ein Glockenspiel aus Holz im Osten und Südosten auf.
   - Bringen Sie ein Glockenspiel aus Keramik im Nordosten und Südwesten an.
   - Plazieren Sie ein Glockenspiel aus Metall im Westen und Nordwesten.

3. Berücksichtigen Sie auch die Zahl der Klangkörper des Glockenspiels. Wenn es zur Abwehr von Shar Ch'i dienen soll, muß es immer fünf Klangkörper haben. Glockenspiele für die Kräftigung bestimmter Sektoren sollten die folgende Zahl von Klangkörpern haben:

Für den Südwesten: zwei Röhren
Osten: drei Röhren
Südosten: vier Röhren
Nordwesten: sechs Röhren
Westen: sieben Röhren
Nordosten: acht Röhren
Süden: neun Röhren

Wandschirme und Raumteiler

Normalerweise benötigt man diese Raumelemente in einem Büro nicht unbedingt, doch sind sie in Räumen mit einem schlechten Grundriß vorzüglich zur Durchführung von Korrekturen geeignet. So lassen sich zum Beispiel in einem L-förmigen Raum Wandschirme oder Raumteiler sehr gut dafür verwenden, zwei Raumabschnitte mit regelmäßigem Grundriß zu schaffen. Berücksichtigen Sie bei der Verwendung von Schirmen jedoch folgendes.

- Nehmen Sie Schirme, die mit positiven dekorativen Objekten geschmückt sind. Chinesische und japanische Wandschirme sind meist mit Darstellungen glückbringender Kraniche, Lotospflanzen und Gottheiten oder von Glücksbäumen, -früchten und -blumen versehen. Solche Wandschirme sind die idealen symbolischen Glücksbringer für Ihr Büro. Wenn Sie lieber etwas Modernes möchten, sollten Sie dabei auf Figuren mit spitzen Winkeln verzichten. Manche Art-déco-Gegenstände können durchaus schädlich sein; wesentlich besseres Feng Shui hat der Jugendstil mit seinen geschwungenen Linien.
- Wenn Sie Wandschirme als Raumteiler verwenden wollen, sollten Sie sie nicht in einer Zickzacklinie aufstellen, auch wenn dies vom Hersteller so gedacht war. Befestigen Sie sie vielmehr in gerader Linie an der Decke oder verankern Sie sie in derselben Anordnung sicher am Boden. Die Aufstellung in einer Zickzacklinie erzeugt zu viele Ecken, die Shar Ch'i in den Raum schicken und zu »Giftpfeilen« werden.

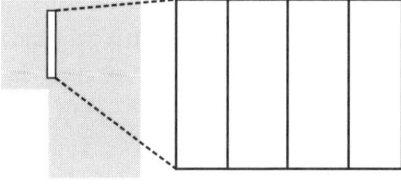

Setzen Sie einen Wandschirm mit einer ansprechenden Darstellung als Raumteiler ein, um einen L-förmigen Büroraum in eine regelmäßige Form zu verwandeln. Achten Sie darauf, daß der Schirm aufrecht und gerade steht, das heißt nicht in einer Zickzackform aufgestellt ist. Solche Schirme würden im Raum »Giftpfeile« erzeugen.

Die Verwendung von Symbolen und Zahlen

Symbole sind ein wichtiges Element des Feng Shui. In alten Zeiten liebten es die Menschen, Dinge in Symbolen zu verschlüsseln und mitzuteilen. Feng Shui nutzt eine Fülle glückbringender Zeichen und Darstellungen, die von Blumen, Früchten und Bäumen bis zu Vögeln und vierbeinigen Tieren reichen. Weiterhin kennen die Chinesen ein ganzes Pantheon von Gottheiten, in denen all die Tugenden und Hoffnungen einer rechtschaffenen Lebensweise Gestalt angenommen haben. Es gibt Götter des Reichtums und des langen Lebens und solche, die eine Schutzfunktion haben. Aus der Welt der Tiere symbolisieren Hirsch und Kranich ein langes Leben, der Elefant Kraft und gutes Geschick sowie Tiger und mythische Löwenhunde Schutz und Sicherheit.

Weiterhin gibt es himmlische Tiere, die außerordentlich glückbringend sind, Geschöpfe, deren Existenz mythisch und legendär ist. Im Feng Shui heißt es, daß der Drache und der Phönix symbolisch anwesend sind, wenn es in der näheren Umgebung Erhebungen gibt. Neben ihnen werden in den umgebenden Bergen und Hügeln auch Tiger und Schildkröte wahrgenommen. Drei Hügel in Sichtweite des Hauses sollten für den ältesten Sohn der Familie besonders glückbringend sein. Natürlich kann man bestreiten, daß es Drachen und Phönixe wirklich gibt. Für die Chinesen ist dies aber keine besonders wichtige Frage. Entscheidend ist für sie vielmehr, daß ihre symbolische Gegenwart in Bergen und Hügeln ein gutes Schicksal sicherstellen kann.

Glückbringende Objekte wie Blumen und Tiere können in Form von Gemälden an der Wand oder auch als keramische Kunstobjekte symbolisch gegenwärtig sein. Aus diesem Grund stellen Kunstwerke aus China fast immer glückbringende Blumen, Tiere und Gottheiten dar, oder sie illustrieren Legenden, deren Thema ein Aspekt eines glücklichen Lebens ist. Vor allem die Legenden von den acht Unsterblichen sind sehr beliebt, weil langes Leben oder Unsterblichkeit seit jeher zu den größten Lebenswünschen der Chinesen zählen.

In fast jedem chinesischen Heim findet man symbolische Darstellungen von

Reichtum und langem Leben, und zwar meist in Gestalt der drei Götter Fuk, Luk und Sau (die Götter des Reichtums, der Gesundheit und des langen Lebens). Diese drei Götter, die selten verehrt, aber immer irgendwo aufgestellt werden, sollen den Bewohnern Wohlergehen und ein hohes Alter sichern. In China sind sie in jedem Supermarkt erhältlich, weil sie eben nur Symbole sind, keine Andachtsobjekte.

Sau, der Gott des langen Lebens, wird meist mit zwei weiteren Symbolen für diesen Lebenswunsch dargestellt: dem Hirsch und dem Pfirsich. Auf chinesischen Gemälden findet man oft auch noch zusätzlich die Kiefer.

Zahlen und ihre Bedeutungen

Die Symbolik der Zahlen bereichert die Praxis des Feng Shui um eine weitere Dimension. Die Chinesen messen in ihrem beruflichen und geschäftlichen Leben Zahlen sehr große Bedeutung bei. Wenn es irgendwie möglich ist, versuchen sie, eine Telefon- und Faxnummer zu bekommen, die entweder auf eine Acht oder eine Neun endet.

- Die Zahl Acht gilt als ganz besonders glückbringend. Im kantonesischen Chinesisch beruht dies darauf, daß das Wort für »acht« ganz ähnlich klingt wie das Wort für »wachsenden Reichtum«. Aber auch in der Lo-Shu-Numerologie des Feng Shui ist die Acht eine günstige Zahl, die für die Zukunft materielles Wohlergehen verheißt.
- Eine weitere Glückszahl ist die Neun, die für manche einen noch höheren Stellenwert hat als die Acht, weil sie die einzige Zahl ist, deren Vielfache immer die Quersumme neun ergeben. So ist zum Beispiel dreimal neun 27, und zwei und sieben ergibt neun. Versuchen Sie dies mit jedem beliebigen Vielfachen von neun! Es ist also eine Zahl, die sich immer selbst gleichbleibt.
- Auch die Zahl Sieben verheißt für die Chinesen Glück, weil wir zur Zeit nach dem chinesischen Kalender in einer Epoche der Sieben stehen. Diese dauert noch bis zum Jahr 2003, in dem der Übergang zur Acht erfolgt. Ab dem Jahr 2003 wird diese Zahl doppelt glückbringend sein.
- Sehr geschätzt sind Kombinationen der Zahlen Sieben, Acht und Neun. Chinesische Ladenbesitzer lassen ihre Preise gerne mit einer 8 enden, zum

Beispiel 388 Dollar, 28 Dollar 88 oder 3899 Dollar. Sie glauben, daß dies ihnen und dem Käufer gleichermaßen Glück bringt.

- Dagegen gilt die Zahl Vier als unglückbringend. Alle Zahlen, die mit einer Vier enden, verheißen Tod, Verluste und Schwierigkeiten. Der vierzehnte Stock in einem Hochhaus wird von Chinesen noch mehr gemieden als bei uns der dreizehnte (während, nebenbei bemerkt, für die Chinesen die Zahl Dreizehn eher eine Glückszahl ist).

- Häuser, deren Nummer auf eine Vier endet, sind sehr schwer zu verkaufen, ebenso Wohnungen im vierten Stockwerk. Interessanterweise aber gelten die 44 und die 48 wieder als äußerst glückbringend. Als Grund hierfür wird angegeben, daß zweimal die Vier die großartige Acht ergibt, und 48 enthält eine ganze Menge von dieser glückbringenden Acht (ich weiß – die chinesische Logik ist nicht immer sehr einleuchtend!).

Formales Feng Shui

Die Lo-Shu-Zahlen bilden die Grundlage für die Berechnung der günstigen und ungünstigen Daten, wie sie im *Tong Shu* oder *Chinesischen Almanach* wiedergegeben sind, einem Verzeichnis der guten und schlechten Tage des Jahres, das in Hongkong und Taiwan alljährlich ein Bestseller ist. Es wird dort und andernorts zur Planung der verschiedenen Aktivitäten herangezogen, von der Aufnahme neuer Geschäftstätigkeiten bis zur Unterzeichnung von Verträgen, von Umzügen bis zu Reisen. Kaum ein chinesischer Geschäftsmann würde eine wichtige Entscheidung fällen oder ein neues Projekt in Angriff nehmen, ohne zuvor seinen *Tong Shu* zu konsultieren. Weiterhin enthält der Almanach wichtige Berechnungen für das »Feng Shui des fliegenden Sterns«, eine fortgeschrittene Formel, die bei den Meistern in Hongkong sehr beliebt ist. Das Feng Shui des fliegenden Sterns ist eine hervorragende Technik zur Bestimmung der glückbringenden und unglückbringenden Sektoren eines Hauses oder Gebäudes an jedem Tag, in jeder Woche und in jedem Monat des Jahres. Angeblich können Spezialisten mittels dieser Methode in Verbindung mit der Lage der vorderen Eingangstür vorhersagen, wann einen Bewohner, dessen Bett in einem bestimmten Sektor steht, eine schwere Krankheit treffen oder wann in sein Haus eingebrochen werden wird. Auch Vorhersagen über schwere Unglücksfälle einer Familie sollen möglich sein, wenn zu einer ungünstigen Lage der Haustür eine besonders ungünstige Kombination fliegender Sterne hinzukommt.

Das »Feng Shui des fliegenden Sterns«

Dieser Zweig des Feng Shui basiert auf der Zahlenreihenfolge des Lo-Shu-Quadrats. Es ist eine fortgeschrittene Form des Feng Shui, und die Berechnungen sind sehr komplex. Am besten läßt man sich von einem Feng-Shui-Meister eine Berechnung der »fliegenden Sterne« erstellen und wendet dann die Ergebnisse auf sein Haus oder seine Wohnung an. Eine vereinfachte Beschreibung dieser Berechnungen ist im folgenden angegeben.

Das Feng Shui des fliegenden Sterns ist eine beliebte Methode, die sich mit den zeitlichen Aspekten des Feng Shui befaßt. Insofern ist es eine Ergänzung der räumlichen Dimension der bisher beschriebenen Konzeptionen. Es stellt ein Verfahren zur Berechnung des Glücks in allen Sektoren eines jeden Raums in jedem beliebigen Jahr, Monat oder Zeitraum von zwanzig Jahren dar. Darüber hinaus beinhaltet diese Technik auch eine spezifische Methode zur Erstellung des Geburtshoroskops eines Gebäudes oder einer Wohnung.

Ein in dieser Kunst bewanderter Feng-Shui-Meister kann für jedes beliebige Haus ein Geburtshoroskop erstellen, und durch die bloße Prüfung der Zahlen und Zahlenkombinationen kann er das in allen Sektoren des Hauses zu erwartende Schicksal ermitteln. Damit kann er vorhersagen, mit welchen unerfreulichen Ereignissen die Bewohner bestimmter ungünstiger Räume rechnen müssen, und rechtzeitig davor warnen, in bestimmten ungünstigen Räumen zu schlafen oder zu arbeiten. Die Zahlen und Zahlenkombinationen verraten dem Feng-Shui-Meister, welches Unglück die fliegenden Sterne bringen können.

Laien brauchen sich nicht mit den technischen Einzelheiten dieser Berechnungen auseinanderzusetzen. Nützlich ist aber eine Tabelle, anhand deren der Leser die Auswirkung der fliegenden Sterne auf sein eigenes Feng Shui prüfen und vor Sternen auf der Hut sein kann, die schweres Unglück wie Krankheit und Verluste bringen können.

Beachten Sie jedoch, daß nicht jeder Feng-Shui-Experte die Technik der fliegenden Sterne beherrscht. Es ist ein sehr fortgeschrittener und schwieriger Zweig dieser Wissenschaft, und man kann nur damit umgehen, wenn man mit den Berechnungsmethoden vertraut ist und Erfahrung mit der Beurteilung und Interpretation hat. Für die Ausübung des Feng Shui des fliegenden Sterns braucht man einerseits Formelkenntnisse und andererseits jahrelange praktische Übung.

Was sind die fliegenden Sterne?

Mit den Sternen sind die im magischen Quadrat Lo Shu angeordneten Zahlen 1 bis 9 gemeint. Die Zahlen in diesem Raster »fliegen«, das heißt, sie wechseln im Lauf der Zeit ihren Platz. In welcher Weise dies geschieht, macht die ganze Schwierigkeit dieses Feng-Shui-Verfahrens aus. Für jeden Tag und Monat und für jedes Jahr und jeden Zeitraum von zwanzig Jahren gibt es bestimmte Anordnungen der Zahlen im Quadrat. Jede Zahl besitzt ihre eigenen Bedeutungen, die dem kundigen Feng-Shui-Meister sehr viel sagen. Um auf Gefahren aufmerksam zu werden, genügt es jedoch schon, nur auf die »Sterne« des Zeitraums und des Jahres zu achten.

Im ursprünglichen Quadrat Lo Shu steht die Zahl 5 in der Mitte. Die übrigen Zahlen sind so angeordnet, daß die Summe in jeder beliebigen Richtung 15 ergibt.

Süden

4	9	2
3	5	7
8	1	6

Das ursprüngliche Lo-Shu-Quadrat.

Dies ist die Zahl der Tage, die zwischen Neumond und Vollmond vergehen. Dadurch drücken diese Zahlen in gewisser Weise das Vergehen der Zeit aus. Im Feng Shui des fliegenden Sterns wandern die Zahlen von einem Feld zum anderen und werden dann entsprechend interpretiert. Jedes Feld des Gitters steht für einen Sektor eines Hauses, wobei traditionsgemäß Süden oben ist. Nehmen Sie zur Bestimmung der richtigen Sektoren Ihres Hauses einen Kompaß, und folgen Sie den Anweisungen auf Seite 43. Drehen Sie dann das Quadrat entsprechend.

Die Epoche der Sieben

Wir leben heute in der Epoche der Sieben, die 1984 begann und 2003 enden wird. In diesem Zeitraum gilt die Sieben als besondere Glückszahl. Das Lo-Shu-Quadrat für diese Epoche ist nebenstehend gezeigt; die entsprechende Interpretation der Zahlen ergibt die glückbringenden und weniger glückbringenden Sektoren bis zum Jahr 2003.

Während der Epoche der Sieben liegt der »Unglückstern«, die Zahl 5, im Osten. Dies wird so interpretiert, daß man während des derzeitigen Zeitraums von zwanzig Jahren, der im Jahr 2003 endet, besonders auf der Hut sein muß, wenn die Haupteingangstür nach Osten liegt. Es bedeutet weiterhin, daß diejenigen, die in nach Osten gelegenen Schlafzimmern schlafen, sich vor »Dolchstößen« in acht nehmen müssen. Der Unglücksstern 2 liegt während dieser Epoche im Süden. Glückssternzahlen sind in der Abbildung mit einem Sternchen (*) gekennzeichnet.

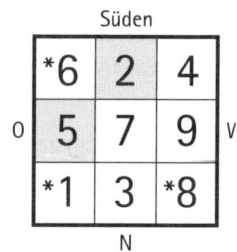

Süden

*6	2	4
5	7	9
*1	3	*8

O ... V

N

Das Lo-Shu-Quadrat der Epoche der Sieben.

Der Zeitpunkt von Verlusten und Schicksalsschlägen kann genauer bestimmt werden, wenn man nicht nur die Sternenzahl des Jahres, sondern auch diejenige des Monats prüft; sind zwei oder alle drei Sternenzahlen Fünfen oder Zweien, oder stehen die 5 und die 2 im selben Sektor, dann müssen Menschen, deren Schlafzimmer in demjenigen Sektor liegt, in dem die Unglückszahlen stehen, mit schwerem Unglück rechnen. Wenn man aber die Unglückszeiten seines Hauses kennt, dann kann man solchem Unglück zum Beispiel dadurch entgehen, daß man während des problematischen Zeitraums einfach Urlaub macht und so seinem Unglück »davonläuft«.

Die Jahrestabelle

Aus der folgenden Tabelle ist ersichtlich, wo die Sterne 5 und 2 in bestimmten Jahren zusammenstehen können. Bei einem Zusammenstand von Zweien und Fünfen droht in dem betreffenden Sektor Gefahr, und wer ein Zimmer in einem solchen Sektor hat, sollte besser ausziehen oder vielleicht Urlaub machen. Besondere Vorsicht ist geboten, wenn die Sternenzahlen 2 und 5 in den östlichen Sektor fallen, da dieser Sektor bereits unter dem Einfluß der Fünf des fliegenden Sterns der Epoche von zwanzig Jahren steht. Dasselbe gilt für den südlichen Sektor, weil hier die Zahl 2 desselben Zeitraums liegt.

Gemäß der Tabelle unten droht also zum Beispiel im Jahr 1999 in Südzimmern Krankheit, und im Jahr 2002 sollte man Räume im Süden und Osten meiden.

Jahr*	Sternzahl 2 liegt im	Sternzahl 5 liegt im
1998	Mitte	Nordosten
1999	Nordwesten	Süden*
2000	Westen	Norden
2001	Nordosten	Südwesten
2002	Süden*	Osten*
2003	Norden	Südosten

(*nach Maßgaben des Mondkalenders)

Die Monatstabelle

Die nachfolgende Tabelle zeigt die gefährlichen Sektoren während der zwölf Mondmonate in den kommenden nächsten fünf Jahren. Dies sind wiederum die Sektoren, in denen während der betreffenden Monate die Sternzahlen 2 oder 5 liegen. Prüfen Sie, wann in diesen Sektoren auch die Sternzahlen 2 oder 5 aus der Tabelle der Jahreszahlen und der Zahlen der zwanzigjährigen Epoche liegen.

Wenn der Leser grundsätzlich auf die in der nachfolgenden Tabelle angegebenen ungünstigen Richtungen achtet und entsprechende Vorsichtsmaßnahmen ergreift, indem er zum Beispiel zu den angegebenen Zeiten nicht an den unglückbringenden Orten schläft, kann er sich vor Unheil schützen. Wenn die Haupteingangstür eines Hauses während eines bestimmten Monats in einem ungünstigen Sektor liegt, dann bleibt man während dieses Monats am besten mit seiner ganzen Familie außer Haus, indem man zum Beispiel Urlaub macht.

Jahr*	Monat											
	1	2	3	4	5	6	7	8	9	10	11	12
1998	NO*	NW S*	W N	NO SW	S* O*	S* O*	N SO	SW	O NW	SO W	NO*	NW S
1999	NO SW	S* O*	N SO	SW	O* NW*	SO W	NO	NW*S*	W N	NO SW	S* O*	N SO
2000	SW	O* NW	SO W*	NO	NW S*	W N	NO SW	S* O*	N SO	SW	O* NW	SO W*
2001	NO	NW S*	W N	NO*SW*	S* O*	N SO	SW*	O* NW	SO W	NO	NW S*	W N
2002	SW NO	S* O*	N* SO	NW	O* NW	SO W	NO	S NW	N W	NO SW	O* S*	SO N
2003	SW*	O NW	SO* W	NO	S NO	N* W	SW NO	S O	SO N*	SW*	O NW	SO* W

(*nach Maßgaben des Mondkalenders)

Ermittlung von Richtungen mit Kompaßformeln

Am besten bestimmt man günstige Richtungen und Orientierungen mittels der Kompaß-Formel. Dieses sogenannte Pa-kua-Lo-Shu-Verfahren ist ebenso wirkungsvoll wie einfach.

Außerdem ist es genauer als die allgemeinen Empfehlungen im *Klassiker des Yang-Wohnens*.

Tier	von	bis	Jahres-element	Kua-Zahl für Männer	Kua-Zahl für Frauen
Ratte (Wasser)	18. Februar 1912	5. Februar 1913	Wasser	7	8
Ochse (Erde)	6. Februar 1913	25. Januar 1914	Wasser	6	9
Tiger (Holz)	26. Januar 1914	13. Februar 1915	Holz	5	1
Hase (Holz)	14. Februar 1915	2. Februar 1916	Holz	4	2
Drache (Erde)	3. Februar 1916	22. Januar 1917	Feuer	3	3
Schlange (Feuer)	23. Januar 1917	10. Februar 1918	Feuer	2	4
Pferd (Feuer)	11. Februar 1918	31. Januar 1919	Erde	1	5
Schaf (Erde)	1. Februar 1919	19. Februar 1920	Erde	9	6
Affe (Metall)	20. Februar 1920	7. Februar 1921	Metall	8	7
Hahn (Metall)	8. Februar 1921	27. Januar 1922	Metall	7	8
Hund (Erde)	28. Januar 1922	15. Februar 1923	Wasser	6	9
Schwein (Wasser)	16. Februar 1923	4. Februar 1924	Wasser	5	1
Ratte (Wasser)	5. Februar 1924	24. Januar 1925	Holz	4	2
Ochse (Erde)	25. Januar 1925	12. Februar 1926	Holz	3	3
Tiger (Holz)	13. Februar 1926	1. Februar 1927	Feuer	2	4
Hase (Holz)	2. Februar 1927	22. Januar 1928	Feuer	1	5
Drache (Erde)	23. Februar 1928	9. Februar 1929	Erde	9	6
Schlange (Feuer)	10. Februar 1929	29. Januar 1930	Erde	8	7
Pferd (Feuer)	30. Januar 1930	16. Februar 1931	Metall	7	8
Schaf (Erde)	17. Februar 1931	5. Februar 1932	Metall	6	9
Affe (Metall)	6. Februar 1932	25. Januar 1933	Wasser	5	1
Hahn (Metall)	26. Februar 1933	13. Februar 1934	Wasser	4	2
Hund (Erde)	14. Februar 1934	3. Februar 1935	Holz	3	3
Schwein (Wasser)	4. Februar 1935	2. Januar 1936	Holz	2	4
Ratte (Wasser)	24. Januar 1936	10. Februar 1937	Feuer	1	5
Ochse (Erde)	11. Februar 1937	30. Januar 1938	Feuer	9	6
Tiger (Holz)	31. Januar 1938	18. Februar 1939	Erde	8	7
Hase (Holz)	19. Februar 1939	7. Februar 1940	Erde	7	8
Drache (Erde)	8. Februar 1940	26. Januar 1941	Metall	6	9
Schlange (Feuer)	27. Januar 1941	14. Februar 1942	Metall	5	1
Pferd (Feuer)	15. Februar 1942	4. Februar 1943	Wasser	4	2
Schaf (Erde)	5. Februar 1943	24. Januar 1944	Wasser	3	3
Affe (Metall)	25. Februar 1944	12. Februar 1945	Holz	2	4
Hahn (Metall)	13. Februar 1945	1. Februar 1946	Holz	1	5
Hund (Erde)	2. Februar 1946	21. Februar 1947	Erde	9	6
Schwein (Wasser)	22. Januar 1947	9. Februar 1948	Feuer	8	7
Ratte (Wasser)	10. Februar 1948	28. Januar 1949	Erde	7	8
Ochse (Erde)	19. Februar 1949	16. Februar 1950	Erde	6	9
Tiger (Holz)	17. Februar 1950	5. Februar 1951	Metall	5	1
Hase (Holz)	6. Februar 1951	26. Januar 1952	Metall	4	2
Drache (Erde)	27. Februar 1952	13. Februar 1953	Wasser	3	3
Schlange (Feuer)	14. Februar 1953	2. Februar 1954	Wasser	2	4
Pferd (Feuer)	3. Februar 1954	23. Februar 1955	Holz	1	5
Schaf (Erde)	24. Februar 1955	11. Februar 1956	Holz	9	6
Affe (Metall)	12. Februar 1956	30. Februar 1957	Feuer	8	7
Hahn (Metall)	31. Januar 1957	17. Februar 1958	Feuer	7	8
Hund (Erde)	18. Februar 1958	7. Februar 1959	Erde	6	9
Schwein (Wasser)	8. Februar 1959	27. Februar 1960	Erde	5	1

Tier	von	bis	Jahres-element	Kua-Zahl für Männer	Kua-Zahl für Frauen
Ratte (Wasser)	28. Februar 1960	14. Februar 1961	Metall	4	2
Ochse (Erde)	15. Februar 1961	4. Februar 1962	Metall	3	3
Tiger (Holz)	5. Februar 1962	24. Januar 1963	Wasser	2	4
Hase (Holz)	25. Januar 1963	12. Februar 1964	Wasser	1	5
Drache (Erde)	13. Februar 1964	1. Februar 1965	Holz	9	6
Schlange (Feuer)	2. Februar 1965	20. Februar 1966	Holz	8	7
Pferd (Feuer)	21. Januar 1966	8. Februar 1967	Feuer	7	8
Schaf (Erde)	9. Februar 1967	29. Februar 1968	Feuer	6	9
Affe (Metall)	30. Januar 1968	16. Februar 1969	Erde	5	1
Hahn (Metall)	17. Februar 1969	5. Februar 1970	Erde	4	2
Hund (Erde)	6. Februar 1970	26. Februar 1971	Metall	3	3
Schwein (Wasser)	27. Januar 1971	15. Februar 1972	Metall	2	4
Ratte (Wasser)	16. Januar 1972	2. Februar 1973	Wasser	1	5
Ochse (Erde)	3. Februar 1973	22. Januar 1974	Wasser	9	6
Tiger (Holz)	23. Januar 1974	10. Februar 1975	Holz	8	7
Hase (Holz)	11. Februar 1975	30. Januar 1976	Holz	7	8
Drache (Erde)	31. Januar 1976	17. Februar 1977	Feuer	6	9
Schlange (Feuer)	18. Februar 1977	6. Februar 1978	Feuer	5	1
Pferd (Feuer)	7. Februar 1978	27. Februar 1979	Erde	4	2
Schaf (Erde)	28. Februar 1979	15. Februar 1980	Erde	3	3
Affe (Metall)	16. Februar 1980	4. Februar 1981	Metall	2	4
Hahn (Metall)	5. Februar 1981	24. Februar 1982	Metall	1	5
Hund (Erde)	25. Februar 1982	12. Februar 1983	Wasser	9	6
Schwein (Wasser)	13. Februar 1983	1. Februar 1984	Wasser	8	7
Ratte (Wasser)	2. Februar 1984	19. Februar 1985	Holz	7	8
Ochse (Erde)	20. Februar 1985	8. Februar 1986	Holz	6	9
Tiger (Holz)	9. Februar 1986	28. Februar 1987	Feuer	5	1
Hase (Holz)	29. Januar 1987	16. Februar 1988	Feuer	4	2
Drache (Erde)	17. Februar 1988	5. Februar 1989	Erde	3	3
Schlange (Feuer)	6. Februar 1989	26. Januar 1990	Erde	2	4
Pferd (Feuer)	27. Januar 1990	14. Februar 1991	Metall	1	5
Schaf (Erde)	15. Februar 1991	3. Februar 1992	Metall	9	6
Affe (Metall)	4. Februar 1992	22. Februar 1993	Wasser	8	7
Hahn (Metall)	23. Januar 1993	9. Februar 1994	Wasser	7	8
Hund (Erde)	10. Februar 1994	30. Februar 1995	Holz	6	9
Schwein (Wasser)	31. Januar 1995	18. Februar 1996	Holz	5	1
Ratte (Wasser)	19. Februar 1996	7. Februar 1997	Feuer	4	2
Ochse (Erde)	8. Februar 1997	27. Februar 1998	Feuer	3	3
Tiger (Holz)	28. Februar 1998	15. Februar 1999	Erde	2	4
Hase (Holz)	16. Februar 1999	4. Februar 2000	Erde	1	5
Drache (Erde)	5. Februar 2000	23. Januar 2001	Metall	9	6
Schlange (Feuer)	24. Februar 2001	11. Februar 2002	Metall	8	7
Pferd (Feuer)	12. Februar 2002	31. Januar 2003	Wasser	7	8
Schaf (Erde)	1. Februar 2003	21. Januar 2004	Wasser	6	9
Affe (Metall)	22. Februar 2004	8. Februar 2005	Holz	5	1
Hahn (Metall)	9. Februar 2005	28. Februar 2006	Holz	4	2
Hund (Erde)	29. Februar 2006	17. Februar 2007	Feuer	3	3
Schwein (Wasser)	18. Februar 2007	6. Februar 2008	Feuer	2	4

Der erste Schritt zur Anwendung dieses Verfahrens ist die Berechnung der Kua-Zahl auf der Grundlage des Geburtsjahres und Geschlechts. Die Tabelle auf den vorigen Seiten enthält die Kua-Zahlen für Männer und Frauen, die zwischen 1912 und 2008 geboren sind.

Ermittlung der Zugehörigkeit zur östlichen oder westlichen Gruppe

Wenn Ihre Kua-Zahl 1, 3, 4 oder 9 lautet, gehören Sie zur östlichen Gruppe. Ihre glückbringenden und unglückbringenden Richtungen sind in der unmittelbar nachfolgenden Tabelle angegeben. Diese gilt für Männer und

Die Richtung der östlichen Gruppe

Kua-Zahlen	1	3	4	9
Beste Richtung	Südosten	Süden	Norden	Osten
Richtung der Gesundheit	Osten	Norden	Süden	Südosten
Richtung der Liebe	Süden	Südosten	Osten	Norden
Richtung des persönlichen Wachstums	Norden	Osten	Südosten	Süden
Richtung des Unglücks	Westen	Südwesten	Nordwesten	Nordosten
Richtung der fünf Geister	Nordosten	Nordwesten	Südwesten	Westen
Richtung der sechs Todesfälle	Nordwesten	Nordosten	Westen	Südwesten
Richtung des Untergangs	Südwesten	Westen	Nordosten	Nordwesten

Die Richtung der westlichen Gruppe

Kua-Zahlen	5	5	2	6	7	8
für	Männer	Frauen	beide	beide	beide	beide
Beste Richtung	Nordosten	Südwesten	Nordosten	Westen	Nordwesten	Südwesten
Richtung der Gesundheit	Westen	Nordwesten	Westen	Nordosten	Südwesten	Nordwesten
Richtung der Liebe	Nordwesten	Westen	Nordwesten	Südwesten	Nordosten	Westen
Richtung des persönlichen Wachstums	Südwesten	Nordosten	Südwesten	Nordwesten	Westen	Nordosten
Richtung des Unglücks	Osten	Süden	Osten	Südosten	Norden	Süden
Richtung der fünf Geister	Südosten	Norden	Südosten	Osten	Süden	Norden
Richtung der sechs Todesfälle	Süden	Osten	Süden	Norden	Südosten	Osten
Richtung des Untergangs	Norden	Südosten	Norden	Süden	Osten	Südosten

Frauen. Wenn Ihre Kua-Zahl 5, 2, 6, 7 oder 8 lautet, gehören Sie zur westlichen Gruppe, für die die entsprechenden Zahlen in der unteren Tabelle enthalten sind.

Wie man mit den Tabellen arbeitet

Die Himmelsrichtungen der östlichen Gruppe sind Osten, Süden, Norden und Südosten, diejenigen der westlichen Gruppe Westen, Südwesten, Nordwesten und Nordosten. Welche Richtung Glück bringt, hängt davon ab, ob man der östlichen oder der westlichen Gruppe angehört. Versuchen Sie immer, Ihr Haus so auszurichten, das die Haupteingangstür in der günstigsten Richtung gemäß der entsprechenden Tabelle liegt. Wenn Sie der östlichen Gruppe angehören, dann sind alle westlichen Richtungen für Sie ungünstig. Wie groß das Unglück ist, das Ihnen drohen könnte, hängt von der Kua-Zahl ab. Wenn Sie der westlichen Gruppe angehören, gilt das Entsprechende umgekehrt.

Ermitteln Sie anhand der obigen Tabelle, welche Richtungen Sie für welches günstige Schicksal besonders aktivieren müssen, und stellen Sie ebenfalls fest, wie schlecht die Richtungen der entgegengesetzten Gruppen für Sie sind.

Beachten Sie zum Beispiel, daß Sie eventuell mit Unglück rechnen müssen, wenn Ihre Haupteingangstür in der Richtung des »Untergangs« liegt. Wenn Sie einmal wissen, wo Ihre Unglücksrichtungen liegen, können Sie sofort sagen, ob ein bestimmtes Haus für Sie günstig oder ungünstig ausgerichtet ist. Prüfen Sie einfach, in welcher Richtung die Haupteingangstür liegt (von innen nach außen gesehen).

Vergessen Sie auch nicht, daß Sie neben der Anwendung des formalen Verfahrens für die Orientierungen zugleich auch darauf achten müssen, daß Sie keinen negativen Einwirkungen physischer Strukturen in Ihrer Umgebung ausgesetzt sind. Formales Feng Shui kann Ihnen auf sehr wirksame Weise Glück bringen, indem es Ihr persönliches Ch'i in Einklang mit demjenigen der Umgebung bringt, aber es ist nicht so wirksam, daß es das von schädlichen physischen Strukturen wie Gebäuden, Überführungen und Bergen ausgehende Shar Ch'i aufheben könnte. Solche Strukturen machen, wenn sie einen negativen Einfluß aussenden, das beste formale Feng Shui zunichte.

Berücksichtigen Sie bei der Anwendung formaler Methoden auch, daß zur Bestimmung der günstigen und ungünstigen Richtungen die Haupteingangstür, niemals die rückwärtige Tür heranzuziehen ist. Anhand der so ermittelten Richtungen kann man die ganze Ausrichtung des Hauses wie auch diejenigen einzelner Zimmer entsprechend planen. Daneben gibt es noch weitere Einsatzmöglichkeiten, die in den weiteren Kapiteln behandelt werden.

Fragen zu den Grundlagen von Feng Shui

Ist das Pa-kua ein religiöses oder spirituelles Symbol?

Ich betrachte es nicht als religiöses Symbol, doch ist seine Verwendung als Schutzsymbol möglicherweise in einem spirituellen Zusammenhang zu sehen. Ich weiß, daß die Chinesen ihr Pa-kua oft im Tempel segnen lassen, bevor sie es über ihrer Eingangstür anbringen. Ich persönlich benutze das Pa-kua nur als äußerstes Mittel.

Welche Bedeutung wird der Tatsache beigemessen, daß aus der Lo-Shu-Anordnung der Zahlen die Sigille des Saturn entsteht?

Dies hat Spekulationen genährt, daß es eventuell Zusammenhänge zwischen Feng Shui und ähnlichen Praktiken in der hebräischen und anderen Kulturen gibt. Ich glaube nicht, daß die Chinesen als einzige Kenntnis von dieser so verheißungsvollen geomantischen Technik haben. In anderen Kulturen könnte es durchaus etwas Vergleichbares geben, das aber vielleicht nicht so gut dokumentiert ist.

Haben die Trigramme noch weitere Bedeutungen, die in diesem Buch nicht erwähnt werden?

O ja! Wenn Sie das *I-ching* sorgfältig lesen und sich mit den vielfältigen Bedeutungen der Trigramme und Hexagramme auseinandersetzen, werden Sie eine reiche Wissenschaft entdecken. Ich empfehle Ihnen die Übersetzung von Richard Wilhelm, da diese am ausführlichsten ist. Begnügen Sie sich nicht mit einer vereinfachten Version des *I-ching* – dieser tiefgreifende Text ist für eine oberflächliche Lektüre viel zu schade.

Was kann ich tun, wenn ich mir die Veränderungen nicht leisten kann, die für eine Verbesserung meines Feng Shui notwendig wären?

Falls einschneidende Veränderungen an der Einrichtung oder der Bausubstanz erforderlich sind, sollten Sie nur mit dem formalen Feng Shui arbeiten. Nur wenn das Problem ein dem Haus genau gegenüber liegender Berg ist, ist eine vollständige Umorientierung unvermeidlich. In allen anderen Fällen können Sie einfach dadurch, daß Sie die Richtung ändern, in der Sie üblicherweise sitzen oder schlafen, schon erstaunlich gute Ergebnisse erzielen.

Wie stelle ich fest, wo die Drachen- und die Tigerseite meines Hauses ist?

Hierfür gibt es zwei Verfahren: Das erste besteht darin, daß Sie sich einfach in Ihre Haupteingangstür stellen und nach draußen schauen. Die Landschaft zu Ihrer Linken ist die Drachenseite, die zu Ihrer Rechten die Tigerseite. Das zweite Verfahren bezieht die Himmelsrichtungen mit ein. Diesem zufolge ist die Ostseite Ihres Hauses, die Seite der Morgensonne, die Drachenseite, die Westseite die Tigerseite. Die meisten praktizierenden Feng-Shui-Meister benutzen beiden Methoden. Ideal wäre es natürlich, wenn die linke Seite zugleich Osten wäre – dann bräuchten Sie sich nicht für eines der beiden Verfahren zu entscheiden. Umgekehrt entstehen Probleme, wenn die linke Seite im Westen und die rechte Seite im Osten liegt. In solchen Fällen würde ich persönlich das Verfahren der Himmelsrichtungen anwenden, aber ich möchte ausdrücklich betonen, daß es Feng-Shui-Experten gibt, die anderer Meinung sind als ich.

Wie beurteile ich die Gestalt meines Hauses richtig, wenn es völlig unregelmäßig ist, wenn Vierecke, Kreise und Dreiecke vorkommen? Welche Perspektive ist die richtige – der Grundriß oder Aufriß?

Man kann entweder eine künstliche Aufgliederung der Teile vornehmen und dann eine entsprechende Analyse vornehmen oder – und dies empfiehlt die Mehrzahl der Meister – die gesamte Gestalt des Hauses als Ganzes bewerten. Ich persönlich bevorzuge ebenfalls die letztere Methode, weil ich mich bei diesem Verfahren nur mit dem Problem fehlender Ecken auseinanderzusetzen brauche. Die Rechtecke, Kreise und Dreiecke stehen für unterschiedliche Elementenergien, und man prüft einfach in den jeweiligen Sektoren, ob die Energien entsprechend der Lage der Konturen miteinander harmonieren. Auf die Frage, ob man mit dem Grundriß oder dem Aufriß arbeiten soll, würde ich antworten: mit beidem. Beide Perspektiven sind wichtig, aber wenn ich mich für eine entscheiden müßte, dann für den Aufriß.

Wie kann ich feststellen, ob das Gleichgewicht zwischen Yin und Yang in meinem Haus gut ist? Muß ich mit jedem Jahreszeitenwechsel meine Möbel umstellen?

Wenn die Energie von Yin und Yang im Gleichgewicht ist, fühlt man sich entschieden wohler, als wenn dies nicht der Fall ist. Manche Menschen nennen dies Intuition. Möglicherweise genügt das. Ich bin aber eher der Meinung, daß alle Yang-Wohnstätten der Lebenden mehr Yang- als Yin-Energie haben sollten. Das Problem besteht meist in einem Mangel an Yang-Energie. Anders ausgedrückt: Oft ist zuviel Yin-Energie vorhanden, wenn das Haus zum Beispiel schlecht beleuchtet, schmutzig, voller Gerümpel, feucht oder muffig ist. In solchen Fällen genügt es oft schon, die Fenster zu öffnen und die Sonne hereinzulassen. Machen Sie gelegentlich Türen und Fenster weit auf, damit frische Energie die verbrauchte eines Ortes ersetzen kann, der zu lange abgeschlossen war. Die Frage, ob man auf die Klimaveränderungen der Jahreszeiten reagieren muß, ist zu bejahen, aber Sie brauchen deshalb nicht die Möbel umzustellen. Regulieren Sie die Yin- und Yang-Energien in der erforderlichen Weise mit Leuchten, offenen Kaminen und Ventilatoren. Kreativität und Einfallsreichtum sind auch hier gute Ratgeber.

Was kann ich tun, wenn meine Haupteingangstür einem »Giftpfeil« ausgesetzt ist und es keine Möglichkeit gibt, die Tür zu verlegen?

Sie können versuchen, sie etwas zu drehen. Schon einige wenige Grad helfen. Oder schaffen Sie eine Barriere zwischen Ihrer Tür und der aggressiven Struktur. Sehr wirksam ist eine Baumgruppe mit dichtem Laub oder das Anbringen eines Pa-kua-Spiegels.

Woher weiß ich, ob mein Haus schlechtes Feng Shui hat?

Ein Hinweis darauf könnte etwa sein, wenn Sie nach dem Einzug in ein neues Haus ständig mit Problemen zu kämpfen haben, wenn zum Beispiel ein Familienmitglied nach dem anderen krank wird oder wenn Sie aus undurchsichtigen Gründen Ihre Stelle verlieren. Oder Sie werden in einen Unfall verwickelt oder ausgeraubt. Eine Pechsträhne kann natürlich auch astrologische Ursachen haben, aber wenn alle in einem Haushalt Lebenden immer wieder Unglück haben, dann ist es vielleicht doch sinnvoll zu prüfen, ob irgend etwas das Feng Shui Ihres Hauses beeinträchtigt.

Normalerweise treten solche Veränderungen auch während des Wechsels der Feng-Shui-Epochen auf, meist zu Beginn des Mondneujahres. Der nächste große Wechsel ist für das Jahr 2003 zu erwarten.

Was ist von Swimmingpools zu halten?

Normalerweise rate ich vom Bau eines Swimmingpools in Privathäusern ab. Eine so große Wassermasse so nahe am Haus kann zu schweren Feng-Shui-Problemen führen. Sofern das Grundstück nicht sehr groß ist, besteht eine ganz konkrete Gefahr, daß das Schwimmbecken das Haus »erschlägt«. Außerdem ist es schwierig, einem Swimmingpool den richtigen Platz zu geben. Wenn er sich zum Beispiel rechts von der Haupteingangstür befindet, schadet dies der Ehe der Bewohner. Wenn er südlich davon liegt, kann der gute Ruf der Bewohner darunter leiden.

Teil 2

Feng Shui im und um das Haus

Harmonische Grundrisse

Häuser haben gutes Feng Shui, wenn die Elemente und Energien in Harmonie miteinander stehen. Solche Häuser stehen unter dem Schutz der himmlischen Geschöpfe, der Schildkröte, des Phönix, des Drachen und des Tigers, weil sie von Bergen und ausgleichendem Wasser umgeben sind, die ebenfalls glückbringend sind. Die fünf Elemente stehen dann in einer harmonischen Wechselwirkung, und die Yin- und Yang-Energien sind stets im Gleichgewicht. Man findet solche Häuser an sanften Hängen in einer vor »Giftpfeilen« geschützten Lage, wo sie der kosmische Atem des Drachen einhüllt.

Innen sind glückbringende Häuser so gestaltet, daß das Sheng Ch'i in harmonisch geschwungenen Linien langsam von Raum zu Raum fließen kann. Man achtet darauf, daß kein schädliches, weil zu schnelles Ch'i entstehen kann, und daß es andererseits auch nicht gestaut wird. Deshalb gibt es in solchen Häusern keine scharfen Ecken, keine geraden Korridore und keine fluchtenden Türen. Weil das Haus gepflegt und gut erhalten ist, fließt dort lebendige Energie.

Häuser und Grundrisse sind glückbringend, wenn das Ch'i ungehindert in das Haus eindringen und dort in geschwungenen Linien von einem Raum zum anderen fließen kann. Achten Sie zumindest auf die Grundregeln des Feng Shui: Türen und Fenster dürfen nicht so angeordnet sein, daß das Ch'i eintreten und sofort wieder entweichen kann. Alle »Giftpfeile« müssen entweder abgelenkt oder unschädlich gemacht werden. Wenn dann noch der Grundriß in Ordnung ist, kann man mit einer hohen Wahrscheinlichkeit davon ausgehen, daß man gutes Feng Shui hat.

Für einen guten Grundriß gelten die folgenden Richtlinien:
- Die Haupteingangstür darf nicht in einen beengten Raum öffnen und nicht genau gegenüber einer Toilette, einem Fenster, einem Treppenhaus, einer Säule, einer Ecke oder einem Spiegel liegen.
- Das Wohnzimmer sollte in der äußeren Hälfte des Hauses näher an der Haupteingangstür als an der rückwärtigen Tür liegen.

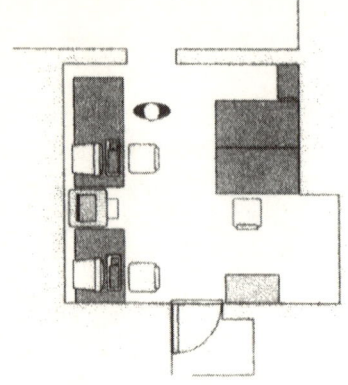

Das Ch'i sollte möglichst in geschwungenen Linien durch den Raum fließen, weshalb die Haupteingangstür und die rückwärtige Tür nicht miteinander fluchten sollten.

- Eß- und Aufenthaltsräume sollten im mittleren Teil des Hauses angeordnet sein. Dies fördert die Harmonie in der Familie.
- Die Küche muß im inneren Teil des Hauses und näher an der rückwärtigen als an der vorderen Tür liegen.
- Toiletten müssen klein und immer geschlossen sein, und Toilettentüren dürfen niemals gegenüber einer anderen Tür, einer Treppe, einem Bett oder dem Eßtisch liegen. Ungünstige Orte für Toiletten sind der Nordwesten und Südosten eines Hauses.
- Wenn ein Haus mehrere Ebenen hat, muß der Eßbereich höher liegen als der Wohnbereich, während der Schlafbereich am höchsten liegen sollte. Häuser mit mehreren Stockwerken sind in Ordnung, während Halbgeschoßhäuser als unharmonisch gelten. Sie könnten zu schweren finanziellen Verlusten führen.
- In einem Haus sollte es möglichst keine langen Korridore geben, da diese Shar Ch'i erzeugen, das wiederum zu Streitigkeiten und Mißverständnissen führen kann.
- Tragende Säulen und Balken sollten unter Putz liegen. Sichtbare Balken und Ecken erzeugen massives Shar Ch'i.
- Türen und Fenster sollten einander nicht gegenüberliegen.
- Haupteingangstüren, Eß- und Arbeitstische dürfen niemals unmittelbar unter Toiletten liegen. Um dies zu vermeiden, sollten Toiletten möglichst übereinander angeordnet sein.

Anmerkung zu Halbgeschoßhäusern und Mezzaninen

Aus der Sicht des Feng Shui sind dies keine günstigen Bauweisen. Halbgeschoße erzeugen Verwirrung und Verunsicherung, während ein Mezzanin als »Raum ohne Fundament« gilt.

Ein Wort zu Toiletten

Im Feng Shui sagt man, daß Toiletten »üblen Hauch« erzeugen, der unterschiedlichstes Unglück hervorrufen kann. Welcher Art es genau ist, hängt von der Lage der Toiletten ab. Im alten China hatten die wenigsten Häuser Toiletten. Die reichen Mandarine und der kaiserliche Hof ließen sich täglich von Sklaven Bäder und Toiletten hereinbringen. Die ärmeren Schichten und auch die Allerärmsten, nämlich die Bauern, errichteten ihre Toiletten in einiger Entfernung von ihren Behausungen, da ihrer Auffassung nach der Ort, an dem sie schliefen, aßen und arbeiteten, niemals zu nahe an dem Ort liegen durfte, an dem sie sich reinigten. Diese Forderung des Feng Shui ist in unserer heutigen Zeit fast nicht mehr zu erfüllen, weshalb ich so großen Nachdruck darauf lege, daß Toiletten möglichst klein und die Tür stets verschlossen sein sollten. In den späteren Kapiteln werden wir uns noch mit weiteren Einschränkungen bezüglich der Lage der Toilette und damit befassen, wie von Toiletten ausgehendes Unglück abgemildert werden kann.

Günstige und ungünstige Häuser

Wenn man in einem Haus mit gutem Feng Shui lebt, fühlt man sich wohl. Man ist gesund und voller Energie. Man hat beruflichen Erfolg, und es bieten sich Aufstiegschancen. Das Einkommen wächst ständig, und in seinen Beziehungen hat man keine Probleme. Man fühlt sich insgesamt positiv gestimmt. Die Kinder bringen gute Zeugnisse nach Hause, und Mann und Frau finden in ihrem (gemeinsamen) Leben Erfüllung und Befriedigung.

Wenn man das Unglück hat, in einem Haus mit schlechtem Feng Shui zu wohnen, ist das Leben unerfreulich und negativ. Alles, was mißlingen kann, mißlingt auch. Möglichkeiten bieten sich kaum, und wenn sie einmal vorhanden sind, kann man sie aus irgendeinem Grund nicht nutzen. Es gibt Streit und Mißverständnisse, Krankheit und Gebrechen. Ständig ereignen sich irgendwelche Unfälle. Die Beziehungen der Familienangehörigen untereinander und zu ihrer Umgebung sind schlecht. Die Einkommensverhältnisse sind unbefriedigend, und in schlimmen Fällen kann es zu finanziellen Verlusten kommen. Krankheiten können tödlich ausgehen. Die Kinder sind unmotiviert und ungehorsam, und Mann und Frau stecken tief in einem Sumpf von Problemen. Das Leben ist eigentlich unerträglich.

Ein Haus zwischen zwei schützenden Bergen hat gutes Feng Shui.

Eine Lage dicht unter einer einzelnen Felsenanhöhe bringt Unglück.

Wer unter schlechtem Feng Shui zu leiden hat, kann und muß etwas unternehmen. Unterziehen Sie Ihr Haus einer systematischen Überprüfung, und stellen Sie fest, wo die Ursachen Ihres Unglücks liegen können. Meist ist es nicht besonders schwierig, die Problembereiche zu identifizieren und geeignete Maßnahmen zu ergreifen. Oft gibt es eine ganz einfache Lösung. Sie brauchen nicht einmal einen Feng-Shui-Experten hinzuzuziehen, weil Feng Shui – jedenfalls der größte Teil davon – so einfach ist, daß man sich selbst helfen kann. Lassen Sie sich nicht von Leuten verwirren, die Ihnen einreden wollen, daß Feng Shui etwas Spirituelles sei, daß man dafür psychische oder intuitive Fähigkeiten brauche und so weiter. Feng Shui ist vielmehr eine alte Praxis, die wunderbar wissenschaftlich ist. Ebendeshalb ist es heute ja so beliebt. Jeder kann Feng Shui praktizieren – auch Sie.

Die Chinesen wenden Feng Shui seit Jahrtausenden an. Es ist Teil ihrer kulturellen Tradition, und viele Chinesen mit westlicher Erziehung, deren Vorfahren emigrierten, praktizieren nach wie vor Feng Shui. In Hongkong und auf Taiwan ist Feng Shui ein Lebensstil. Geschäftsleute würden niemals in ein neues Haus einziehen, dessen Feng Shui sie nicht vorher gründlich geprüft haben, und viele »alte Hasen« ziehen niemals um, und wenn sie noch so reich werden, weil sie überzeugt sind, daß sie ihr Glück dem guten Feng Shui ihres Hauses verdanken.

Der neue Regierungschef von Hongkong, Tung Chee-hwa, soll sich angeblich deshalb nach einem neuen Amtssitz und einer neuen Wohnung umgesehen haben, weil er überzeugt war, daß diejenigen des letzten britischen Gouverneurs ungünstiges Feng Shui hatten.

Auch in Singapur und Malaysia ist Feng Shui bei der chinesischen Bevölkerung sehr populär. Schließlich ist es auch in den Westen gelangt, wo es einfach wegen seiner großen Wirksamkeit auf großes Interesse stößt. Richtig angewandtes Feng Shui verbessert unzweifelhaft Ihr Glück – und es muß nicht einmal viel kosten.

Die Bedeutung der Orientierung

Das Feng Shui eines Hauses kann nur dann optimal sein, wenn es richtig in die umliegende Landschaft eingebettet ist. Dies bedeutet, daß ein Haus entsprechend geplant werden muß, so daß die umliegenden Ebenen und Erhöhungen glückbringendes Ch'i in Richtung des Hauses senden, statt es von ihm abzuziehen.

Weiterhin muß sichergestellt werden, daß die Haupteingangstür des Hauses vor »tödlichem Hauch« geschützt ist, der in der Umgebung vorhanden sein kann. Die wichtigste Aufgabe besteht immer darin, das Haus zunächst vor schlechtem Feng Shui zu bewahren.

Auch die acht Himmelsrichtungen senden unterschiedliche Arten von Ch'i aus, und von der Qualität dieses Ch'i hängt es ab, ob sich die Bewohner im Glück sonnen können oder aber ständig mit Unglück und Widrigkeiten zu kämpfen haben. Grundsätzlich gibt es zwei Möglichkeiten festzustellen, ob ein Haus glückbringend ausgerichtet ist oder nicht. Das erste Verfahren kann von jedermann durchgeführt werden und wird hier vorgestellt; das zweite Verfahren beruht auf den Formeln des Pa-kua-Lo-Shu, wie es auf den Seiten 108 ff. beschrieben ist.

Die Orientierung der Haupteingangstür

Die wichtigste Abhandlung über die Richtungen findet sich im *Klassiker des Yang-Wohnens,* und in diesem Buch wird nachdrücklich empfohlen, daß die Haupteingangstür – der »Mund« des Hauses – nach Süden liegen soll. Dieser Rat hängt mit den Merkmalen dieser Himmelsrichtungen zusammen: Ihr Element ist das Feuer, ihr Trigramm Li, und beides zeigt kraftvolle Yang-Energie an.

Süden ist in der Symbolik des Feng Shui der Ursprung vieler guter Dinge. Wenn also Ihr Haus nach Süden liegt und im Rücken von einem Hügel oder einer sonstigen Erhebung unterstützt wird, dann ist Ihr Feng Shui hinsichtlich der Richtungen bereits als grundsätzlich günstig zu bewerten. Durch die

Lage nach Süden entspricht Ihr Haus zugleich der anderen klassischen Feng-Shui-Forderung, der zufolge es dem Ort des roten Phönix (siehe Seite 32) gegenüberliegen sollte, da Sie dann die vielen Möglichkeiten eines Aufstiegs nutzen können, die dieses Himmelsgeschöpf bereithält, denn der Ort des Phönix ist wiederum der Süden.

Daneben gibt es noch weitere Empfehlungen bezüglich glückbringender und unglückbringender Richtungen. Einige Feng-Shui-Schulen warnen nachdrücklich vor dem Südwesten, weil dies für sie der »Eingang zur Hölle« ist. Ich persönlich bin hiervon nicht überzeugt, weil dies die Richtung der »Matriarchin« und der Ort des Trigramms K'un ist, das einfach das Gegenstück des Trigramms Ch'ien, des »Patriarchen«, ist.

Der rote Phönix bringt Chancen für den Aufstieg.

Natürlich ist Südwesten der Sektor, der am stärksten mit Yin aufgeladen ist, und dies dürfte der Grund für den negativen Ruf dieser Himmelsrichtung sein. Mein eigenes Haus, in dem ich nun schon seit zwanzig Jahren wohne, liegt in dieser Richtung, und ich habe nicht das Gefühl, daß ich dadurch Probleme bekommen hätte. Der Südwesten ist in meinem Fall gerade glückbringend – aber zur Sicherheit habe ich trotzdem zwei Kristalleuchter angebracht, einen innen und einen außen an der Tür. Dies empfehle ich allen, deren vordere Eingangstür nach Südwesten, Süden oder Nordosten liegt.

Der Nordwesten ist der Ort des »Patriarchen«. Wenn Ihre Haupteingangstür in dieser am stärksten mit Yang-Energie aufgeladenen Richtung liegt, sollten Sie Ihre Haupteingangstür mindestens einmal in der Woche offenstehen lassen, damit die, wie es heißt, vom Himmel kommende Energie hereinströmen kann. Nordwesten ist die Richtung des Trigramms Ch'ien, das den Himmel symbolisiert.

Kronleuchter im Heim

Kronleuchter ziehen kostbare Yang-Energie an, die einen Ausgleich zu Yin schafft, und sie stellen zugleich die so wichtige Harmonie der Elemente her. Licht ist dem Element Feuer zugeordnet; dieses bringt das Element Erde hervor, das die innere Energie eines Sektors darstellt. Ich bin eine große Freundin von Kristalleuchtern, und wenn Sie es sich leisten können, dann sollten Sie einen solchen unbedingt in der Mitte Ihres Wohnzimmers aufhängen. Kronleuchter erzeugen ganz hervorragende Schwingungen und ziehen für alle Mitglieder der Familie Geld, Erfolg und Glück an. Kristalleuchter bringen besonders viel Glück, wenn sie im Feuer- oder Erde-Sektor des Hauses oder Zimmers angebracht sind, das heißt also im Süden, Südwesten oder Nordosten.

Beispiele für Menschen der östlichen und der westlichen Gruppe

Die Paläste der Verbotenen Stadt in Peking wurden längs der Nord-Süd-Achse errichtet, wobei der Eingang im Einklang mit dem *Klassiker des Yang-Wohnens* nach Süden liegt. Der Palastkomplex brachte daher der letzten Kaiserin von China, Tzu Hsi, außerordentliches Glück, die gemäß ihrem Geburtsdatum zur »östlichen Gruppe« gehörte. Sie stieg von einer einfachen Konkubine zur Kaiserwitwe auf, und sie war bis zu ihrem Tod die mächtigste Persönlichkeit in ihrem Land.

Mao Tse Tung wiederum, der charismatische Führer der kommunistischen Partei Chinas, gehörte dagegen zur westlichen Gruppe. Man hatte ihm gesagt, daß ihm der Palastkomplex Unglück bringen würde. Daher setzte Mao während seiner gesamten Zeit in Peking niemals einen Fuß in die Verbotene Stadt. Er ließ statt dessen in einem anderen Teil der Stadt spezielle Gebäude errichten, bei denen die Haupteingangstür entsprechend seiner persönlichen Glücksrichtung angeordnet war.

Die Pa-kua-Lo-Shu-Formel

Gemäß dieser Formel ist die Nord-Süd-Ausrichtung entweder sehr günstig oder sehr ungünstig. Wenn man zur östlichen Gruppe gehört (siehe Seite 92 f.), ist es äußerst vorteilhaft, wenn die Haupteingangstür nach Norden oder Süden liegt. Wenn Sie jedoch gemäß der Pa-kua-Lo-Shu-Formel zur westlichen Gruppe gehören (siehe Seite 92 f.), bekommen Sie bei einer solchen Orientierung viele Probleme, insbesondere, wenn die Tür nach Norden liegt, dem Ort des Gefahren anzeigenden Trigramms K'an.

Straßen und Zufahrten

Mit dem schlechten Feng Shui von Kreuzungen, die schädlichen »tödlichen Hauch« erzeugen, mit geraden Straßen, die Tod und Unglück herbeiführen, und mit Überführungen, die bedrohlich auf Wohnungen und Häuser weisen, haben wir uns bereits befaßt (siehe Seite 65ff.). Daneben gibt es jedoch noch weitere am Haus gelegene äußere Elemente, die ebenfalls schlechtes Feng Shui verursachen. Nachfolgend einige häufige Formen solcher Probleme, auf die man stets achten muß.

- Ein Haus und insbesondere eine Haupteingangstür, die direkt gegenüber einer engen, von zwei hohen Gebäuden gebildeten Gasse liegen, und Häuser, die zwischen zwei hohen Gebäuden eingezwängt sind, leiden unter schlechtem Feng Shui. Dieses bewirkt großen Druck am Arbeitsplatz, Krankheit und einen Mangel an Energie und Schwung. Wenn Sie nicht ausziehen können, verlegen Sie am besten den Haupteingang, der dieser schmalen Gasse gegenüberliegt, bzw. installieren Sie eine helle Leuchte auf dem Dach Ihres Hauses, wenn Sie zwischen hohen Gebäuden eingeklemmt sind. Dies vermehrt das Ch'i und sollte Erleichterung bringen. Eine andere Lösung besteht darin, einen großen Konkavspiegel auf dem Dach anzubringen, wodurch das Abbild der benachbarten Gebäude zurückgeworfen wird.

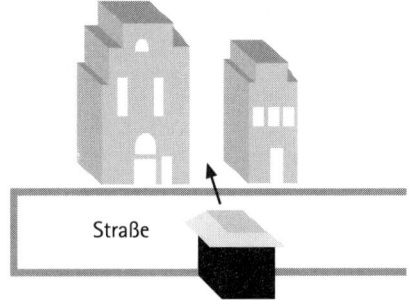

Von einer engen Gasse zwischen zwei hohen Gebäuden geht schlechtes Feng Shui aus.

Eine Lage zwischen zwei hohen Gebäuden bringt Unglück.

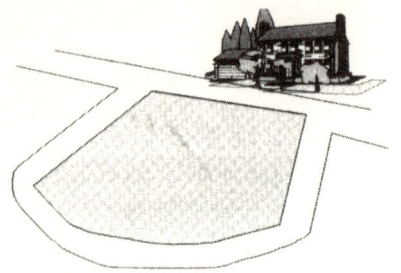

Eine so verlaufende Straße erinnert an ein Grab. Pflanzen Sie wie angegeben eine Gruppe von Bäumen.

- Häuser und insbesondere Haupteingangstüren, die am Ende einer Sackgasse liegen oder, schlimmer noch, genau gegenüber einer kreisförmigen Zufahrt, die einem chinesischen Grab ähnelt, können bei den Bewohnern zu Krankheitsanfälligkeit führen. Außerdem wird es sehr viel Unfrieden geben. Die Kinder haben darunter zu leiden und werden aufsässig. Der Überschuß an Yin-Energie führt zu schlechter Laune, Streitsucht und ständigem Scheitern aller Unternehmungen. Wer sich einer Sackgasse gegenübersieht, sieht keinen Ausweg. Die Lösung besteht in solchen Fällen darin, die Tür in einem kräftigen Rot zu streichen, zwei helle Torleuchten mindestens drei Meter über dem Erdboden anzubringen und eine Baumgruppe zu pflanzen, so daß man die Straße nicht mehr sieht.
- Zufahrten dürfen niemals direkt auf die Haupteingangstür zulaufen. Dies ist ebenso ungünstig wie die T-Kreuzung und hat eine ähnliche Wirkung. Sie sollten vielmehr in Richtung der Haupteingangstür geschwungen sein, aber nicht *an* dieser Tür. Kreisförmige Zufahrten gelten als glückbringend,

Diese Zufahrt ist ungünstig.

Zufahrten sollten geschwungen oder kreisförmig sein.

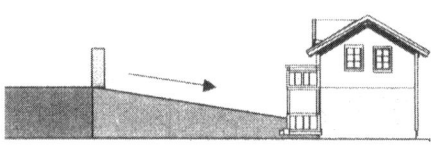 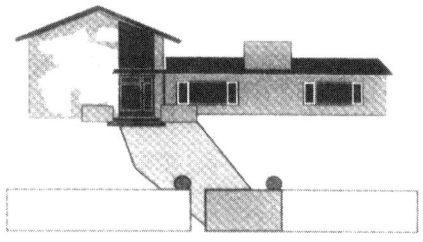

Von einer zum Haus hin abfallenden Zufahrt ist abzuraten. Dies bedeutet zugleich, daß das Haus unter dem Straßenniveau liegt. Die Zufahrt sollte auf derselben Ebene wie die Straße liegen.

Eine sich nach außen verjüngende Zufahrt ist unglückbringend.

aber nur dann, wenn sie wirklich kreisförmig sind und nicht nur wie die Klinge eines Dolchs geschwungen sind. Als besonders günstig gelten kreisförmige Zufahrten, in deren Mitte sich ein Springbrunnen befindet. Zufahrten mit einem einzigen Tor sind besser als zwei Tore, sofern man nicht ein wirklich großes Anwesen besitzt. Zwei Zufahrtstore an einem durchschnittlichen Anwesen können ein Ungleichgewicht verursachen und dazu führen, daß Geld hinausfließt, weshalb Feng-Shui-Meister davon abraten.

- Zufahrten sollten horizontal sein. Wenn die Straße zu steil zum Haus hin abfällt, ist das Feng Shui nicht in Ordnung. Wenn die Straße zum Haus hin ansteigt, ist das Feng Shui weniger schlecht, aber am besten ist es immer noch, wenn die Zufahrt in einer Ebene mit der davorliegenden Zugangsstraße liegt.

- Zufahrten kann und sollte man immer mit Leuchten aufwerten. Ein Leuchtenpaar links und rechts davon hält die Energie im Gleichgewicht. Außerdem sollten sie auch eine gleichmäßige Breite haben. Wenn sie sich zum Haus hin verjüngen oder verbreitern, entsteht ein Ungleichgewicht, das Unglück hervorruft, weil Möglichkeiten nicht wirklich reifen können und es nicht gelingt, das Geld zusammenzuhalten. Sooft Geld hereinkommt, muß man es gleich wieder ausgeben. Zufahrten sollten möglichst parallel zur Haupteingangstür verlaufen. Noch besser wäre es, wenn sie gewunden verlaufen.

Zäune und Tore

Von der Einfriedung eines Hauses hängt es ab, in welcher Weise Energien auf das Haus einwirken. Daher gibt es wichtige Feng-Shui-Regeln für Zäune und Tore, die beachtet werden sollten. Diese betreffen die Höhe, die Form, das verwendete Material und die Ausführung.

- Ein Zaun sollte möglichst rings um das Haus dieselbe Höhe haben, vor allem aber im Bereich des vorderen Eingangs. Wenn eine Seite des Zauns höher ist, gilt dies als Ungleichgewicht. Man kann sich dadurch einem ständig wechselnden Geschick aussetzen.
- Massive Einfriedungen sind besser als solche mit Zwischenräumen. Daher sind Ziegelmauern und Bretterwände Latten- und Drahtzäunen vorzuziehen. Allerdings empfehlen die Experten für die Planung von Einfriedungen immer die Durchführung einer Elementanalyse. Wände im Süden, Südwesten und Nordosten sind glückbringender, wenn sie aus Ziegeln oder Beton ausgeführt sind. Die Einfriedung im Westen, Nordwesten und Norden wiederum sollte am besten aus Eisen oder einem anderen Metall sein. Für den Osten und Südosten dagegen empfiehlt sich Holz.
- Bei der Planung von Gitterzäunen und Bretterwänden ist sorgfältig vorzugehen. Unbedingt zu vermeiden sind spitze Pfeile, die nach innen (auf Sie selbst oder nach außen auf Ihre Nachbarn) weisen und schädliche Wirkung haben können. Bringen Sie niemals Eisenspitzen an, es sei denn, sie weisen nach oben. Bei Holzzäunen sollte man Kreuze oder nach unten weisende Pfeile vermeiden, weil diese dem Haus Schaden zufügen können.
- Für Tore gelten die für Zäune angegebenen Richtlinien. Wählen Sie das Material entsprechend der Himmelsrichtung des Haupteingangstors.

Kreuzförmige Muster sind nicht zu empfehlen, da sie Shar Ch'i auf das Haus aussenden. Ebenso ist von spitzen, rautenförmigen Mustern abzuraten. Alles Spitze erzeugt Shar Ch'i.

Die Haupteingangstür

Nachdem wir uns nun mit den wichtigsten äußeren Strukturen befaßt haben, die dem Feng Shui Ihrer Haupteingangstür schaden können, müssen wir uns nun auch mit Anordnungen und Objekten auseinandersetzen, die vom Innern des Hauses her Feng-Shui-Probleme an der Haustür verursachen können. Objekte können die Harmonie in einem Haus stören, indem sie entweder kein Sheng Ch'i in das Haus eintreten lassen oder aber den ungehinderten Fluß des Ch'i im Haus blockieren. Die Eingangstür hat im Feng Shui klare Priorität – wenn hier alles in Ordnung ist, sind Ihre Feng-Shui-Probleme weitestgehend gelöst. Natürlich gilt umgekehrt auch, daß schlechtes Feng Shui der Haupteingangstür besonders weitreichende Folgen hat und großes Unglück verursachen kann. Beachten Sie daher unbedingt die nachfolgend angegebenen Grundregeln für Ihre Haustür.

Die Haustür und Toiletten

Im ersten Stock direkt über der Haupteingangstür darf sich keine Toilette befinden. Dies bringt schweres Unglück. Sorgen Sie also dafür, daß Bäder und Toiletten im ersten Stock nicht ungewollt das Feng Shui Ihrer Haustür

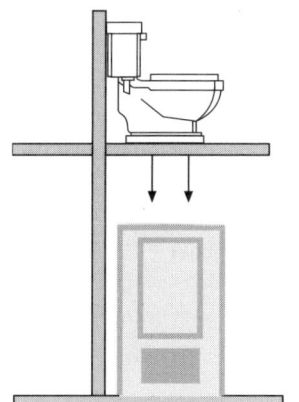
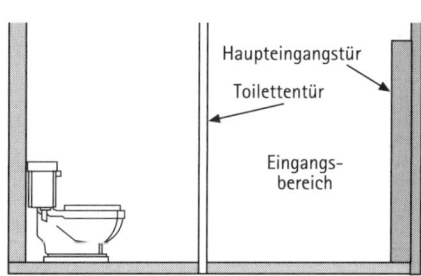

Links: Vermeiden Sie eine Toilette direkt über der Haupteingangstür.
Rechts: Ebenso darf eine Toilettentür nicht direkt gegenüber der Haustür liegen.

beeinträchtigen. Wenn solche Räume direkt über dem Eingang liegen, müssen Sie die Haustür verlegen oder eine andere Tür als Haupteingangstür benutzen. Falls dies nicht möglich ist, sollten Sie die Toilette im ersten Stock möglichst nicht benutzen und an der Decke des Hausflurs eine starke Leuchte anbringen. Dies kann der schädlichen Energie in gewissem Umfang entgegenwirken.

Außerdem darf die Eingangstür nicht direkt auf eine Toilette öffnen. Wenn dies der Fall ist, wird alles gute Glück, das durch Ihre Haustür hereinkommt, »fortgespült«. Dies ist eine äußerst ungünstige Anordnung, der man eigentlich nur damit begegnen kann, indem man die Toilette ständig verschlossen hält. Wenn die Toilettentür der Haustür nicht genau gegenüberliegt, könnte man auch einen Spiegel an dieser Tür anbringen, so daß die Toilette symbolisch »verschwindet«.

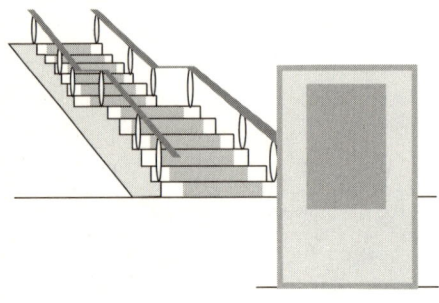

Die Haustür und Treppen

Die Haupteingangstür darf auch niemals genau gegenüber einer Treppe liegen. Dabei spielt es keine Rolle, ob die Treppe nach oben oder nach unten führt – dies ist immer eine ungünstige Anordnung, und je

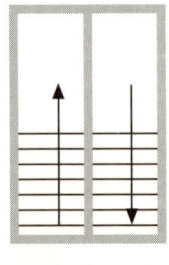

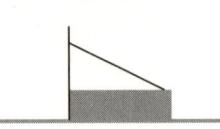

Oben: Es bedeutet schwerstes Unglück, wenn die Treppe direkt gegenüber der Haustür liegt und mit einem roten Teppich bedeckt ist.

Links: Wenn eine Treppe nach oben und eine danebenliegende nach unten führt, entsteht eine sehr unharmonische Wirkung. In einem solchen Haushalt kann nichts gelingen. Die beste Lösung wäre es hier, eine Abtrennung zu schaffen, entweder in Form einer Trennwand, wenn genügend Platz vorhanden ist, oder in Form eines Schirms zwischen Haupteingangstür und Treppe.

länger die Treppe ist, desto schädlicher ist dies für das Haus. Aber gerade diese Anordnung ist in vielen westlichen Ländern sehr häufig. Allerdings liegt die Treppe der Eingangstür nicht immer genau gegenüber. Oft sind die letzten drei Stufen geschickt von der Treppe weg verlegt. Man kann dies nur als äußerst gelungenes Feng-Shui-Heilmittel bezeichnen. Chinesische Restaurants begegnen diesem Problem, indem sie eine klare Abgrenzung zwischen der Haupteingangstür und der Treppe schaffen, damit ihr Geschäft nicht unter schlechtem Feng Shui leidet. Falls nichts anderes hilft, kann man immer noch an der Außenwand über der Tür ein Glockenspiel anbringen und eine helle Leuchte installieren, um wenigstens einen Teil des schlechten Ch'i zu zerstreuen, das die Treppe erzeugt. Die beste Lösung bleibt es aber immer, in irgendeiner Weise den Blick auf die Treppe überhaupt zu versperren.

Die Treppe des Zaren Nikolaus

Das schrecklichste Beispiel dafür, daß Treppen gegenüber einer Haupteingangstür tödlich sein können, ist die große Treppe im Palast in St. Petersburg, in dem Zar Nikolaus mit seiner Familie lebte. Der Palast ist heute eine Sehenswürdigkeit für Touristen, in der abends Volkstänze aufgeführt werden, weshalb ich ihn auch einmal besuchte. Der Haupteingang ist sehr großzügig, aber die Treppe ist noch mächtiger. Sie beginnt ganze zwei Meter hinter der Tür und zieht sich über zwei Stockwerke hinauf, wo sie sich nach links und rechts gabelt. Diese Treppe war früher sicher mit einem roten Teppich belegt, was Blut bedeutet. Eine solche Treppe ist die tödlichste aller »Giftpfeile«. Ich kann mir kaum vorstellen, daß es bloßer Zufall gewesen sein könnte, daß Zar Nikolaus mit seiner ganzen Familie ermordet wurde. Im Feng Shui bezeichnet man dies als »Chueh Ming«: völliger Untergang.

Die Haustür und Spiegel

Fast alle Feng-Shui-Experten, die ich konsultiert habe, sind mit mir bezüglich des Problems von Spiegeln, die der Haupteingangstür direkt gegenüberliegen, einer Meinung, daß dies nicht nur dem allgemeinen Wohlergehen des Haushalts schadet, sondern insbesondere die Gesundheit des Haushaltsvorstands beeinträchtigt. Mit Spiegeln muß man grundsätzlich sehr vorsichtig umgehen. Ich empfehle Ihnen, immer zuerst zu prüfen, was im Spiegel zu sehen ist.

Wenn im Spiegel die Haupteingangstür zu sehen ist, verläßt alles Glück, das durch den Eingang hereinkommen möchte, das Haus praktisch sofort wieder. Dies geschah mir durch ein Versehen sogar selbst einmal. Ich hatte einen großen Wandspiegel an einer Seite meines Eßzimmers angebracht, weil dies ein günstiges Merkmal ist. Leider übersah ich dabei, daß sich die Haupteingangstür in ihm spiegelte (vermutlich deshalb, weil mein Eßzimmer gut zehn Meter von meiner Haupteingangstür entfernt war). Dies war allerdings eine höchst unerfreuliche Entdeckung, denn so mußte all mein Glück durch die Tür im Spiegel entweichen. Ich brachte also unverzüglich einen großen Wandschirm zwischen dem Spiegel und der Tür an, und mein Feng Shui war gerettet.

Lassen Sie sich aber jetzt nicht völlig verunsichern: Falls Sie in der Nähe der Haupteingangstür einen dekorativen Spiegel angebracht haben, kann dieser *nur* dann Schaden anrichten, wenn sich in ihm die Tür direkt spiegelt.

Die Haustür und Ecken

Man kann es kaum glauben, aber es werden Häuser und Wohnungen gebaut, bei denen Ecken, Säulen und scharfe Kanten der Eingangstür direkt gegenüberliegen. Solche Strukturen stellen »Giftpfeile« dar, die von innen auf die Eingangstür zielen. Dies schadet den Bewohnern und bedeutet äußerstes Unglück. Man sollte alles unternehmen, um solchen Auswirkungen zu begegnen, indem man zum Beispiel die scharfe Kante durch buschige (Kletter-)Pflanzen abmildert. In der nebenstehenden Illustration bildet die Wand die Ecke, und hierfür wurde durch entsprechende Plazierung einer Pflanze ein Ausgleich geschaffen. Ähnliche Lösungen können bei Säulen oder vorspringenden Ecken angewandt werden.

Eine Pflanze vor einer vorspringenden Ecke verdeckt das potentiell schädliche Ch'i, das von dieser Ecke ausgeht.

Die Haustür und andere Türen

Wenn drei oder mehr Türen miteinander fluchten, gilt das so entstehende Feng Shui als »tödlich«. Schlimmer ist es nur noch, wenn eine der Türen die Haupteingangstür und die andere die rückwärtige Tür ist. Dies ist eine »Todsünde« des Feng Shui, wie heute jeder weiß, der sich auch nur im geringsten damit beschäftigt hat. Wenn Sie das Unglück haben, in einem solchen Haus zu wohnen, rate ich Ihnen dringend, irgendein Hindernis vor der mittleren Tür anzubringen, damit das hindurchschießende Shar Ch'i abgebremst wird, so daß es um das Hindernis herumfließen muß und dadurch in etwas weniger Schädliches verwandelt wird. Verwenden Sie hierfür eine Trennwand oder einen dekorativen Wandschirm. Eine andere Lösung besteht in der Anbringung eines Glockenspiels oder eines Flötenpaars, doch ist dies weniger wirksam als ein Schirm. Handeln Sie in jedem Fall schnell, denn dies ist unter Feng-Shui-Gesichtspunkten eine besonders gefährliche Anordnung. Um sicherzustellen, daß zumindest die mittlere Tür immer geschlossen bleibt, so daß niemals alle drei Türen gleichzeitig geöffnet sind, kann man auch einen automatischen Türschließer anbringen.

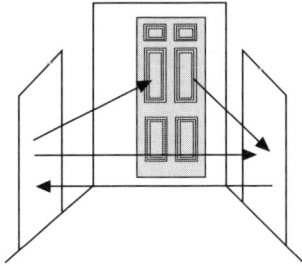

Oben: Wenn drei Türen hintereinander liegen, muß man dazwischen einen Schirm anbringen, um das Ch'i abzubremsen.

Links: Wenn drei Türen gegeneinander öffnen, kann dies regelmäßigen Streit zur Folge haben.

Wenn das letzte Zimmer hinter drei fluchtenden Türen das Schlafzimmer ist, dringt dort schlechte Energie ein und schadet denjenigen, die das Zimmer benutzen. Eine Lösung wäre ein Raumteiler zwischen Schlafzimmer und Haupteingangstür; wenn man nicht genügend Raum hat, kann man jedoch auch einen Vorhang, Rollos aus Kunststoff oder Holz oder irgend etwas anderes anbringen, das eine wirksame Barriere schafft.

Zwei Türen, die einander direkt gegenüberliegen, sind nach Feng-Shui-Begriffen miteinander im »Widerstreit«. Es ist in diesem Fall wahrscheinlich, daß die Bewohner miteinander wenig Geduld haben.

Wenn drei Türen miteinander ein Dreieck bilden, zeigt dies an, daß es im Haus regelmäßig Auseinandersetzungen und Mißverständnisse geben wird. Man kann diese negative Energie hemmen, indem man im Mittelpunkt des Dreiecks ein Glockenspiel anbringt, das den Strudel heftiger Energien wirkungsvoll zerstreut und die Konflikte im Haus dämpft. Eine weitere erfolgreiche Möglichkeit zur Beseitigung schlechter Energie ist die Anbringung einer starken Leuchte im Korridor in Sichtweite der drei Türen.

Die Haustür und Fenster

Haupteingangstüren, die direkt gegenüber einem Fenster liegen, können in das Haus eintretendes Sheng Ch'i nicht festhalten. Es entweicht sofort wieder durch das Fenster. Aus diesem Grund lehnen Feng-Shui-Berater in aller Regel Öffnungen an gegenüberliegenden Wänden ab. Fenster sollten möglichst an den Wänden zu beiden Seiten der Tür angebracht sein, während die gegenüberliegende Wand geschlossen sein sollte. Dadurch kann in das

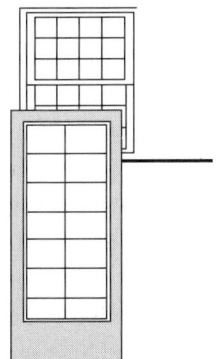

Haus eintretendes Ch'i zur Ruhe kommen und sich ansammeln, wovon die Bewohner profitieren.

Diese Vorschrift gilt erst recht, wenn Sie bis zum Boden reichende Fenster haben, da diese letztlich als Türen zu betrachten sind. Denken Sie immer daran, daß es im Feng Shui grundsätzlich darum geht, das lebenswichtige Sheng Ch'i, den »guten Hauch«, einzufangen, was aber mit einander gegenüberliegenden Türen kaum gelingen kann.

Wenn eine Haupteingangstür direkt gegenüber einem Fenster liegt, fließt Sheng Ch'i herein und gleich wieder hinaus.

Ungünstige Strukturen

Es gibt insgesamt vier wichtige strukturelle Merkmale, auf die man in jedem Haus und in jeder Wohnung achten sollte. Für das Feng Shui ist dabei von Bedeutung, wie diese bezüglich der Haupteingangstür und bezüglich des Arbeits-, Aufenthalts- und Schlafbereichs der Bewohner liegen. Haben Sie also ein Auge auf entsprechende Merkmale, prüfen Sie die eventuellen Auswirkungen auf Ihre Gesundheit und Ihr Schicksal, und wenden Sie gegebenenfalls Abhilfemaßnahmen an.

Deckenbalken

Schwere, freiliegende Deckenbalken senden von oben her schädliches Shar Ch'i aus. In der Regel sind Balken kantig und massiv; ihre scharfen Kanten erzeugen Unglück und lasten ständig auf demjenigen, der unter ihnen arbeiten, sitzen oder schlafen muß. Die entstehenden Übel können etwas so Harmloses wie Kopfschmerzen und Migräne sein oder aber etwas Schwerwiegenderes wie Krankheit oder finanzielle Verluste. Verdecken Sie solche Balken oder halten Sie sich nicht mehr unter ihnen auf – oder tun Sie am besten beides. Wenn Sie im untersten Stockwerk eines Wohnblocks wohnen, brauchen Sie sich nur einmal vorzustellen, daß zum Beispiel derselbe tragende Balken (oder Stahlträger) zwanzig Stockwerke hoch auf Ihnen lastet, während Sie schlafen oder arbeiten.

Um die von solchen Balken oder Trägern ausgehenden schädlichen

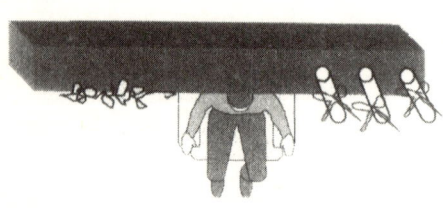

Wenn Sie unter einem solchen massiven Deckenbalken sitzen, dann schwebt eine schwere Last über Ihnen. Man kann die Kanten mit Kletterpflanzen abmildern, doch ist die Wirkung nicht groß. Besser ist es, mit einer roten Schnur umwickelte Bambusstäbe aufzuhängen, die das Shar Ch'i solcher Balken ableiten.

Energien abzuleiten und aufzulösen, zieht man am besten eine falsche Decke ein. Dies ist die wirksamste Lösung, weil der Balken dadurch unsichtbar wird. Ob diese Lösung durchführbar ist, hängt natürlich von Ihrem Geldbeutel und von der Höhe der Decke ab. Eine einfachere Möglichkeit besteht darin, die Balken mit Ziergegenständen oder Kletterpflanzen zu schmücken. Dadurch werden wenigstens die Kanten »weicher«, auch wenn die Last über Ihnen bleibt.

Ein weiteres Verfahren besteht darin, ein großes Glockenspiel oder ein Messer mit gekrümmter Klinge am Balken aufzuhängen. Diese Methode eignet sich für Balken im östlichen und südwestlichen Sektor. Im Südwesten und Nordosten kann ein Paar hohler Bambusstäbe, die man mit einem roten Faden umschlungen hat (siehe Seite 79), das Shar Ch'i der Balken ebenfalls aufheben.

Aber nicht nur schwere Deckenbalken führen zu erheblichen Feng-Shui-Problemen, sondern auch andere nichttragende oder dekorative Elemente an Decken. Hierzu zählen unter anderem die in rustikalen Einrichtungen so beliebten falschen Deckenbalken und Latten, aber auch Stuckornamente mit kantigen Formen. Am besten sind plane Decken, an denen nichts nach außen und unten vorsteht.

Achten Sie auf das Feng Shui von Decken!

Decken haben die Fähigkeit, dem Feng Shui eines jeden Hauses oder Gebäudes schweren Schaden zuzufügen. Achten Sie also darauf, was sich über Ihnen befindet, denn von oben kommende negative Energie kann Ihnen große Nachteile bringen. Mit den Gefahren freiliegender Deckenbalken und von Deckenornamenten, die »Giftpfeile« aussenden, haben wir uns bereits befaßt. Ebenso ungünstig sind verspiegelte Decken, weil sie im Haus Zwietracht und Unordnung erzeugen können.

Große Beleuchtungskörper sind meist glückbringend, insbesondere Kristallleuchter. Aber nicht alles, was aus der Decke hervorragt, ist günstig. Abzuraten ist unter anderem von Deckenventilatoren, Deckenschnitzereien und Zierleisten. Alle diese Dinge wirken als von oben lastende ungesunde Energie und sollten daher vermieden werden.

Auch Glasdecken sollten mit Vorbehalt betrachtet werden. Öffnungen im Haus, die das Licht hereinlassen, sind nur dann günstig, wenn sie nicht in der Mitte liegen. Das Innerste eines Hauses sollte immer vor den Elementen geschützt sein.

Vorspringende Ecken

Ecken sind ein ebenso häufiges und ebenso schwerwiegendes Problem wie Deckenbalken. In fast allen Häusern und Wohnungen gibt es solche Grundrißfehler, die sich schon in der Planungsphase leicht beseitigen ließen, aber nicht beseitigt werden. Ich habe mir sagen lassen, daß vorspringende Ecken und Deckenbalken einfach eine Folge knapper Finanzmittel sind: So gebaute Häuser sind billiger und einfacher zu bauen. Trotzdem erzeugen solche Merkmale schlechtes Feng Shui, und wenn es in Ihrem Haus solche vorspringenden Ecken gibt, dann empfehle ich Ihnen sehr, sie in irgendeiner Weise zu verdecken.

Sofern die scharfen Kanten der Ecken nicht direkt auf Ihre Haupteingangstür oder auf die Stelle gerichtet sind, an der Sie schlafen oder arbeiten, entgehen Sie wenigstens dem »tötenden Shar Ch'i«, das diese Kanten aussenden. Haben Sie aber das Pech, in der Zielrichtung solcher negativer Energien zu sein, werden Sie negative Konsequenzen zu spüren bekommen, indem etwa Belastungen in Ihrem Arbeits- oder Liebesleben auftreten. Auch Ihre Gesundheit könnte Schaden nehmen.

Zum Glück gibt es drei vorzügliche Verfahren zur Bekämpfung vorspringender Ecken:

- Hängen Sie ein großes Glockenspiel genau vor die Kante der Ecke.
- Bringen Sie mit einer roten Schnur umschlungene hohle Bambusstäbe an.
- Verdecken Sie die scharfe Kante mit einer Topfpflanze mit üppigem Laub.

Wenn Sie möchten, können Sie diese Verfahren in Ihrem Heim auch kombinieren. Feng-Shui-Lösungen brauchen nicht häßlich zu sein – setzen Sie Ihre Phantasie ein! Wenn Sie sich für eine pflanzliche »Therapie« entscheiden, sollten Sie nicht vergessen, die Pflanze sofort zu entfernen, sobald sie kränklich auszusehen beginnt (siehe auch Seite 77f.). Auch die gesündeste Pflanze kann kein langes Leben haben, wenn sie tagtäglich dem Shar Ch'i einer scharfen Ecke ausgesetzt ist. Ersetzen Sie also lebende Pflanzen häufig oder nehmen Sie eine künstliche Pflanze. Diese sind als Feng-Shui-Heilmittel durchaus wirksam. Nicht geeignet sind dagegen Trockenpflanzen oder abgestorbene Pflanzen, da diese Yin-Energie aussenden, weshalb Sie hier den Teufel mit dem Beelzebub austreiben würden.

Im Schlafzimmer haben Pflanzen nichts zu suchen, weil sie dort kein Glück bringen, sondern vielmehr Ihre Energie unterminieren. Am besten wenden Sie hier das Verfahren der Bambusstäbe an.

Freistehende Säulen

Freistehende Säulen sind ebenfalls deshalb in vielen Häusern anzutreffen, weil sich mit ihnen billiger bauen läßt. Leider haben sie dieselbe Wirkung wie vorspringende Ecken, mit dem Unterschied, daß sie von vier scharfen Ecken Shar Ch'i aussenden, den »tödlichen Hauch«. Meist sind diese Säulen auch ein tragendes Element, weshalb auf ihnen das ganze Gewicht des Gebäudes lastet.

Runde Säulen sind weniger schädlich als eckige, aber auch sie bilden Hindernisse, weshalb ich immer von Wohnungen abrate, in denen es Säulen gibt – es sei denn, Sie haben soviel Geld, daß Sie sich teure Feng-Shui-Heilungen leisten können.

Auch in öffentlichen Gebäuden wie Hotels und Einkaufszentren haben massive rechteckige Säulen negative Auswirkungen auf das Geschäft, wenn sie nicht in einer geeigneten Weise verkleidet sind. Sehen Sie sich etwa die erstaunlichen Säulen in den Eingangshallen der Shangri-La-Hotels in fernöstlichen Städten an. Sie sind so geschickt verdeckt, daß die Kanten niemandem schaden können, und ganz offensichtlich beeinträchtigen sie auch das Geschäft nicht. Vor allem sind die Ecken abgeschrägt, so daß aus dem quadratischen Querschnitt ein achteckiger wird (siehe Abbildung).

Links: Eine quadratische Säule, deren Ecken abgeschrägt sind, mildert die schädlichen Wirkungen, die eine solche Form auf ihre Umgebung haben kann.
Rechts: Runde, dekorative Säulen wie diese sind weniger schädlich als quadratische Säulen. Es ist jedoch gutes Feng Shui, eine Topfpflanze an ihren Fuß zu stellen.

Am besten verkleidet man freistehende Säulen rundum mit Spiegeln, so daß sie symbolisch verschwinden. Ein anderes Verfahren wäre die Anwendung der »Pflanzentherapie«, das heißt man umgibt die Säulen mit Topfpflanzen, um die Ecken zu »entschärfen«.

Treppen

Treppen befördern das Ch'i von einem Stockwerk zum anderen, wobei es unter Feng-Shui-Gesichtspunkten durchaus nicht gleichgültig ist, wie sie gestaltet sind. Die folgenden Treppenformen bringen Unglück:

- Wendeltreppen. In der Mitte eines Hauses stellen sie für den Feng-Shui-Experten einen Korkenzieher dar, der sich in das Herz des Hauses bohrt, und wenn sie dazu noch mit einem roten Teppich belegt sind, dann kann man darin das aus dem Herzen strömende Blut sehen. Diese plastischen Beschreibungen sprechen für sich. Meiden Sie Wendeltreppen unbedingt – ich kenne verschiedene Fälle, in denen sie schweres persönliches Leid verursacht haben.
- Freistehende Treppen ohne Setzstufen, weil das Glück zwischen den Stufen entweicht und nicht in die oberen Stockwerke gelangen kann. Meiden Sie offene Treppen und belegen Sie Treppen niemals mit einem roten Teppich. Diese Farbe läßt das Ch'i nicht nach oben gelangen.

Treppen sollten am besten im mittleren Drittel eines Hauses liegen, und zwar eher am Rand als in der Mitte. Eine Treppe genau in der Mitte des Hauses wirkt wie eine Verletzung und führt damit zu einer Beeinträchtigung der Einheit und des Glücks einer Familie. Manchmal kann diese negative Wirkung sogar tödlich sein. Wenn Sie in einem solchen Haus leben müssen, muß die Treppe vollständig geschlossen sein, um Nachteile zu vermeiden; wenn sie freitragend bleibt, hat dies schwere Folgen. Der letzte Ausweg besteht dann darin, eine starke Leuchte an der Decke zu befestigen, die auf die Treppe gerichtet ist und mehr oder weniger ständig brennen sollte.
Eine Treppe sollte auch niemals gegenüber der Haupteingangs- oder rückwärtigen Tür liegen; führen Sie hier gegebenenfalls Korrekturmaßnahmen

durch. Sie sollte auch nicht an der Tür des Hauptschlafzimmers enden oder direkt auf eine Toilettentür führen. Dies sind äußerst unglückbringende Anordnungen, denen man mit einer Barriere begegnen muß, um die durch das unharmonische Zusammentreffen dieser Strukturen erzeugte schlechte Energie zu zerstreuen.

Wenn Sie genügend Raum für die Anbringung eines Hindernisses haben, dann sollten zugleich – wenn möglich – die ersten drei Treppenstufen verlegt werden, so daß optisch die ganze Richtung der Treppe verändert ist.

Feng-Shui-Dekorationen

Wenn Sie einmal gelernt haben, auf die entscheidenden »Feng-Shui-Sünden« zu achten, die in Innenräumen begangen werden können, gehen Sie schon sehr vielen Schwierigkeiten aus dem Weg. Schärfen Sie Ihren Blick für Gegenstände, Gestaltungen und Farbgebungen, die in Ihrem Heim Unglück erzeugen können – so wird Ihnen das Denken in Feng-Shui-Kategorien bald zur zweiten Natur werden.

Bilder

Aus der Sicht des Feng Shui sind Landschaftsdarstellungen (Berge, Flüsse) sehr günstig, vor allem, wenn sie geschickt plaziert sind. Bringen Sie Bilder mit Bergen hinter ihrem Sitzplatz an, Darstellungen von Wasser davor. Berge bedeuten immer symbolische Unterstützung. Ein Bild des Mount Everest bedeutet Unterstützung durch einen sehr hohen Berg und wirkt im Arbeitszimmer des Ernährers oder der Ernährerin besonders günstig.

Bilder von glückbringenden Blumen wie Päonien, Chrysanthemen und Orchideen (um nur einige wenige zu nennen) sind immer vorteilhaft. Auf Kunstgegenständen wie Keramikvasen, Cloisonné-Artikeln oder Töpferwaren erzeugen sie harmonische Energien für das Heim. Die einfache Regel lautet, daß man alles vermeiden muß, was bedrohlich erscheinen könnte.

Wählen Sie die Bilder für Ihr Heim sorgfältig aus. Meiden Sie Darstellungen von wilden Tieren, aber auch abstrakte Kunstwerke, wenn sie viele scharfe Spitzen enthalten. Hängen Sie auch keine Gemälde mit trauriger Stimmung auf. Ungünstig sind auch Bilder verhutzelt aussehender alter Männer und Frauen. Diese sogenannten Charakterdarstellungen erzeugen sehr ungesunde Energie. Nehmen Sie statt dessen inspirierende Bilder, die Glück, Gesundheit und Wohlergehen ausstrahlen. Eines der besten Feng-Shui-Objekte für das Haus ist ein Familienporträt, auf dem alle Familienmitglieder glücklich aussehen. Dies ist ein unfehlbares Verfahren, die Familie zusammenzuhalten.

Zu den schädlichen Objekten, die man möglichst nicht im Haus haben sollte, zählen auch Gemälde und keramische Darstellungen wilder Tiere. Ich habe wunderschöne Leoparden und Tiger aus Keramik von beeindruckender Wildheit gesehen, und ich hätte gerne eine dieser Großkatzen in meinem Wohnzimmer gehabt. Aber ich weiß einfach, daß man sich mit diesen Raubtieren immer zugleich auch Schwierigkeiten ins Haus holt. Sie senden »tödlichen Hauch« aus, vor allem im Schlafzimmer. Aus demselben Grund empfehle ich jedem, Jagdtrophäen zu entfernen: Hirschgeweihe und Tigerfelle sind aus der Sicht des Feng Shui tabu.

Möbelstoffe

Bei allen Heimtextilien sollten Sie ungeeignete Dessins vermeiden. Sehr ungünstig sind scharfe, spitze oder bedrohliche Motive; bevorzugen Sie geschwungene, gerundete, fließende Muster. Im Feng Shui scheint der Grundsatz zu gelten, daß Jugendstil besser ist als Art déco!

Geschwungene Linien sind für Innenräume günstiger.

Ein Gittermuster mit Spießen, Stuckdecken mit Spitzen, bedrohlich aussehende Lampenschirme, Stühle mit »tödlichen« scharfen Ecken – alle diese Dinge haben in einer nach Feng-Shui-Grundsätzen gestalteten Behausung keinen Platz. Besonders gefährlich sind Muster mit Pfeilen, Spitzen und Dreiecken und überhaupt alles, was irgendwie feindselig, bedrohlich oder wild aussieht.

Zackige Muster sollte man meiden.

Farbkombinationen

Das Feng Shui der Farben und Farbkombinationen läßt sich zu Hause so leicht verwirklichen, daß Sie auch auf dieses Element nicht verzichten sollten. Im Feng Shui gibt es keine »guten« und »schlechten« Farben. Es ist vielmehr so, daß es für jeden Menschen und für jeden Haustyp jeweils günsti-

Die Auswahl von Dessins

Treffen Sie Ihre Wahl aus der großen Fülle günstiger Motive. Hierbei können Ihnen die fünf Elemente Hinweise geben, welche Darstellungen für welchen Sektor des Raums am geeignetsten sind, und gestalten Sie Ihre Räume entsprechend. Hierfür können Sie das Jahreselement Ihres Geburtsjahres heranziehen (siehe Seite 90f.). Halten Sie nach Motiven Ausschau, die Ihrem Jahreselement entsprechen. Außerdem können Sie etwas auswählen, was zu dem Element gehört, von dem Ihr Element hervorgebracht wird.

Wenn man zum Beispiel 1945 geboren ist, ist das Jahreselement Holz. Daher wären für Ihr Wohnzimmer oder Schlafzimmer Gestaltungselemente aus Holz – etwa auch Pflanzen – oder Wasser besonders günstig. Nebenstehend abgebildet finden Sie Beispiele für Motive der fünf Elemente, um Ihnen eine Vorstellung von den vorhandenen Möglichkeiten zu geben. Ich habe sehr wohlhabende Freunde, die das für sie optimale Motiv entdeckt haben und es überall einsetzen, und es gelingt ihnen einfach

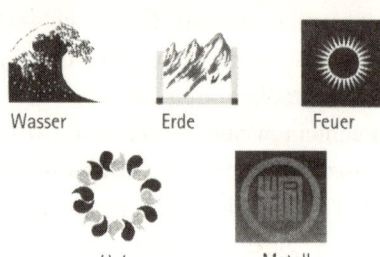

Wasser   Erde   Feuer

Holz   Metall

alles, was sie unternehmen, sei es privat oder beruflich.

Sorgfältig vermeiden sollten Sie es dagegen, versehentlich Motive auszuwählen, die zu dem Element gehören, das Ihre innere Energie zerstört, das heißt die Energie des Elements Ihres Geburtsjahres. Wenn zum Beispiel Metall das Element Ihres Geburtsjahres ist, dann würden Ihnen Sonnenblumen und Sonnenmotive im ganzen Haus zweifellos schaden, weil zuviel Feuer Metall zerstört. In kleinen Mengen dagegen steigert Feuer den Wert von Metall. Achten Sie also auf das entsprechende Gleichgewicht. Feuer ist wiederum für jeden besonders günstig, dessen Geburtsjahr dem Element Erde zugeordnet ist.

gere oder ungünstigere Farben und -Kombinationen gibt. Ob eine Farbe für jemanden geeignet ist oder nicht, läßt sich auf zweierlei Arten ermitteln. Für das erste Verfahren benötigen Sie Ihr Geburtsdatum. Gehen Sie dann zu der Tabelle auf den Seiten 90–91, in der die Elemente für einen Zeitraum von einhundert Jahren angegeben sind. Suchen Sie dort Ihr Jahreselement und Ihr Tierelement auf. Wenn diese beiden Elemente in einem positiven Verhältnis zueinander stehen (das heißt einander hervorbringen), dann ermitteln Sie anhand dieser beiden Elemente die Farbkombinationen, die Ihrem beherrschenden Element entsprechen.

Das zweite Verfahren zieht das Jahreselement heran, mit dessen Hilfe Sie die zu Ihnen am besten passende Farbe bestimmen. Setzen Sie entsprechende Farbkombinationen auf der Grundlage der Farben der fünf Elemente wie in dem Kasten unten angegeben ein.

Ein sehr gutes Verfahren zur Auswahl der Farben für die einzelnen Räume Ihres Hauses besteht darin, daß man ermittelt, welcher Himmelsrichtung die wichtigsten Räume zugeordnet sind, und dann ein Farbschema verwirklicht, in dem das jeweilige Element vorherrscht. So sollte also Grün im Osten und Südosten vorherrschen, Rot im Süden und so weiter, wie dies wiederum im Kasten unten angegeben ist.

Die Zuordnung der Himmelsrichtungen zu den Sektoren Ihres Heims ermitteln Sie am besten mit Hilfe des Lo-Shu-Rasters, das das Heim in neun gleiche Quadrate oder Rechtecke aufteilt. Die Himmelsrichtung wird dann von der Mitte des Heims aus bestimmt, weil man so die genauesten Werte erhält.

Verwenden Sie die entsprechenden Farben dann auf den Tapeten, auf Textilien wie zum Beispiel Vorhängen, Sofabezügen, Bettdecken und Kissenbezügen sowie für den Teppichboden. Aber tun Sie nicht zuviel des Guten. Wenn Sie alles in Rot, Blau oder Schwarz halten, haben Sie sehr schlechtes Feng Shui erzeugt, weil Ihre Räume zu sehr Yin oder zu sehr Yang sind, und beides ist ungünstig.

Zumindest in den wichtigen Sektoren des Hauses muß man für gutes Feng Shui sorgen. Aber bevor man darangehen kann, sein Feng Shui zu verbessern, sollte man zunächst einmal wissen, worauf man sein Hauptaugenmerk richten muß. Die wichtigsten Räume sind im Feng Shui der Eingangsbereich hinter der Haupteingangstür, das Wohnzimmer, das Eßzimmer und das

Ocker für Südwesten	Rot für Süden	Grün für Südosten
Metallic für Westen		Grün für Osten
Metallic für Nordwesten	Blau für Norden	Ocker für Nordosten

Schlafzimmer. Die Praxis des Feng Shui ist eher am männlichen Geschlecht orientiert, weshalb die günstigen Richtungen des ältesten männlichen Familienmitglieds am meisten von gutem Feng Shui profitieren müssen. Dies bedeutet, daß man nicht nur die Formeln auf den Seiten 88 ff. beachten muß, sondern vor allem auch den nordwestlichen Sektor (siehe Kasten).

Die passenden Farben für das Zuhause

Feuer (Süden)
Alle Abstufungen von Rot, Gelb und Orange. Dies sind Yang-Farben, die Ocker und andere Erdfarben sehr gut unterstützen, in Verbindung mit Weiß aber »tödlich« sind.

Wasser (Norden)
Alle Abstufungen von Blau und Schwarz. Dies sind sehr starke Yin-Farben, die aber für die Holzfarben Grün und Braun vorzügliche produktive Energien bereitstellen. Dagegen sind Wasser-Töne äußerst schädlich, wenn sie mit Rot verbunden werden, weil Wasser Feuer löscht.

Holz (Osten, Südosten)
Alle Abstufungen von Grün und Braun. Dies sind Yang-Farben, die für Wachstum stehen. Sehr gut sind sie in Verbindung mit Rot, da sie dieses außerordentlich steigern. Weniger geeignet sind sie für die Erde-Farben.

Metall (Westen, Nordwesten)
Alle Abstufungen von Gold, Silber und Weiß. Diese Farben besitzen eine hohe Yang-Energie. Sie passen besonders gut zu Wasser-Farben, insbesondere zu Purpur, das eine sehr gute Kombination mit Silber eingeht. Metall-Farben dürfen niemals mit Holz-Farben zusammengebracht werden. Eine solche Kombination würde jedes Wachstum unmöglich machen.

Erde (Südwesten, Mitte und Nordosten)
Alle Abstufungen von Ocker, Beige und Braun. Die Erde-Farben vertragen sich gut mit den Metall-Farben. Erde-Farben sind Yin-Farben, und sie können in Verbindung mit Wasser-Farben, die ebenfalls Yin sind, schwere Schäden anrichten. Doppeltes Yin bedeutet einen Überschuß, der Unheil verheißt. Vermeiden Sie also Kombinationen von Erde-Farben mit Schwarz und Blau.

Die Bedeutung des Nordwestens

Dieser Sektor ist immer dem männlichen Familienoberhaupt zugeordnet. Das Element ist Metall, das heißt, die günstigste Farbe für diesen Sektor ist Weiß. Im Nordwesten sollte möglichst nicht die Küche, der Vorratsraum oder die Garage liegen und auf keinen Fall die Toilette. Dies würde ein ungünstiges Schicksal für den Familienvorstand bedeuten, weil diese Räume zu stark Yin sind.

Beleben Sie den Nordwesten mit Yang-Energie, wenn Sie etwas für das Ansehen und den Reichtum des männlichen Familienoberhaupts tun wollen. Energetisieren Sie diesen Sektor mit Glocken und Glockenspielen aus Metall. Sie können hier auch Ihr Fernsehgerät aufstellen: Die bewegten Bilder sind ein Symbol für wertvolle Yang-Energie.

Das Wohnzimmer energetisieren

Das Wohnzimmer ist der Raum, in dem die Familie zusammenkommt und es sich gemütlich macht, weshalb dieses Zimmer großen Einfluß auf Harmonie, Wohlergehen und Erfolg der Familie hat. Mit einer Energetisierung dieses Raums erzielt man daher die breiteste Wirkung. Wenn ein Wohnzimmer glückbringend sein soll, muß es einen regelmäßigen Grundriß haben, gut beleuchtet und sorgfältig möbliert sein. Am vorteilhaftesten sind quadratische und rechteckige Grundrisse. Wenn die Haupteingangstür zum Wohnzimmer öffnet, sollten Sie es vermeiden, daß sie unmittelbar gegenüber einem Fenster liegt. Ebenfalls ungünstig ist ein Fenster neben der Tür. Außerdem sollten neben dieser auch keine hohen Schränke oder Stühle stehen. All dies würde das Feng Shui des Wohnzimmers und des Hauses erheblich beeinträchtigen, weil die Haupteingangstür dann schädlichen Einflüssen ausgesetzt ist.

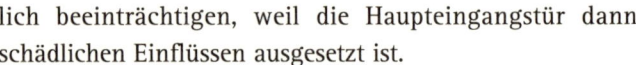

Auch die für den Fußboden verwendeten Materialien und Muster sollten regelmäßig sein. Vor allem mag ich die so

Links: Regelmäßige Muster am Fußboden sind Zufallsmustern vorzuziehen.
Unten: Diese Eingangstür ist ungünstig. Sie öffnet in das Wohnzimmer, aber die Nähe so vieler hoher Möbel beeinträchtigt die in das Haus kommende Energie.

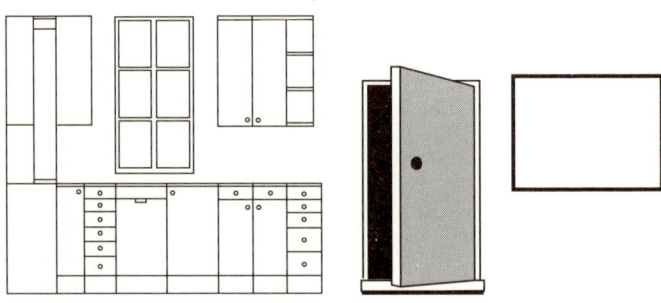

beliebten, aber so unruhigen Zementmosaikfliesen und Böden aus gebrochenem Marmor nicht. Sie schaffen im Wohnzimmer eine Stimmung der Unordnung und Verunsicherung. Wenn Sie in Ihrem Haus einen solchen Boden haben, empfehle ich Ihnen, neue Fliesen verlegen zu lassen oder die vorhandenen mit einem guten Teppichboden zu bedecken.

Glatte Böden sind besser als rauhe. Im Wohnzimmer, wo die Familie ihre Gäste empfängt, sind Waschbeton und andere unebene Böden fehl am Platz. Sie symbolisieren Disharmonie, Hindernisse und Stolpersteine auf dem Lebensweg. Gönnen Sie sich lieber die glatte Oberfläche eines sorgfältig geschliffenen Holzbodens, wenn Sie gutes Feng Shui möchten.

Falls Sie einen gemusterten Parkett- oder Teppichboden haben, sollten Sie darauf achten, daß die Linien keine

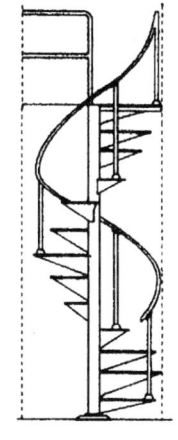

Oben: Wendeltreppen wirken wie ein Korkenzieher und erzeugen negative Energie.

Energetisieren Sie den Osten und Südosten mit Pflanzen. Diese Sektoren sind vom Element Holz beherrscht, das am wirksamsten von gesunden und kräftig wachsenden Pflanzen aktiviert wird.

Energetisieren Sie den Süden mit möglichst hellen Leuchten, am besten sind Leuchter. Oder bringen Sie etwas Rotes an.

Energetisieren Sie den Südwesten und Nordosten mit Kristallen. Dies sind die Ecken des Elements Erde.

Energetisieren Sie den Norden, Osten und Südosten mit Wasser-Gegenständen, wenn Sie reich werden möchten. Aquarien und kleine Springbrunnen sind hierfür bestens geeignet.

Energetisieren Sie den Westen und Nordwesten mit Glockenspielen, Glocken und Gegenständen aus Metall. Dies sind die Ecken des Elements Metall. Auch das Fernsehgerät oder die Stereoanlage in dieser Ecke aktivieren Metall.

SO · S · SW · W · O · NO · N · NW

133

schädlichen Kreuze oder Dreiecke bilden. Gerade Linien, die von der Tür aus nach innen zu verlaufen scheinen, ziehen das Ch'i in die Wohnung. Wenn die Linien dagegen nach außen zu verlaufen scheinen, fließt das Ch'i in derselben Weise nach draußen. Am besten dürfte es sein, am Fußboden auf Muster überhaupt zu verzichten.

Die Decke des Wohnzimmers kann Ihr Feng Shui kräftigen oder aber Unheil heraufbeschwören. In vielen Wohnzimmern findet man heute wieder Stuckdecken in den verschiedensten Ausführungen. Oft sind auch Kranzleisten vorhanden, die Ihrem Feng Shui nur dann nicht schaden, wenn die Ecken abgerundet sind. Hüten sollte man sich unbedingt vor Deckengestaltungen mit Vorsprüngen und Vertiefungen. Akzeptabel ist höchstens eine Vertiefung in der Mitte, in der man den besten Feng-Shui-Energiespender schlechthin befestigen kann: einen Kristalleuchter.

Schräge Decken oder solche mit freiliegenden Latten können das Feng Shui des Wohnzimmers nachhaltig beeinträchtigen. Verfahren Sie mit solchen Latten wie für Deckenbalken angegeben (siehe Seite 120). Wenn Ihre Decke geneigt ist, müssen Sie das Ungleichgewicht im Raum ausgleichen und das Ch'i steigern, indem Sie an der tieferen Seite der Decke Leuchten anbringen.

Sehr ungünstig sind auch Wendeltreppen im Wohnzimmer. In vielen älteren Wohnungen führen sie zu einem Mezzaningeschoß hinauf. Aus der Sicht eines Innenarchitekten mag dies vielleicht gut aussehen, aber die Wahrheit ist, daß Wendeltreppen negative Energie erzeugen und in der Wohnung ungünstig sind. Ersetzen Sie eine solche Treppe möglichst durch eine feste gerade Treppe.

Sitzgarnituren im Wohnzimmer sind glückbringend, wenn sie ins-

---

Mit den »vier kostbaren Edelsteinen des Glücks« energetisieren

Dieses Verfahren beruht auf der Verwendung der »vier Schätze«, die den vier Himmelsrichtungen zugeordnet sind.

Im Süden: Hängen Sie Laternen auf, um der Familie Ehre und einen guten Namen zu verschaffen.

Im Westen: Vergraben Sie fünf Glücksmünzen, um den Nachkommen zu Reichtum zu verhelfen.

Im Osten: Pflanzen Sie einen Bambus, wenn Sie Gesundheit und ein langes Leben erreichen wollen.

Im Norden: Geben Sie eine Lotospflanze in eine Schale mit Wasser, wenn Sie großen beruflichen Erfolg haben wollen.

gesamt einen regelmäßigen Grundriß ergeben. L-förmige Anordnungen sind nicht zu empfehlen, weil dadurch Ecken entstehen, die natürlich schlechtes Shar Ch'i erzeugen. Am besten ist es, wenn die Sitzmöbel um den in der Mitte stehenden Couchtisch gruppiert werden.

Das Glück aktivieren

Es gibt verschiedene Feng-Shui-Verfahren, um im Wohnzimmer das Glück zu aktivieren. Ich möchte Ihnen hier zwei sehr wirksame Techniken vorstellen. Die erste beruht auf den fünf Elementen der acht Himmelsrichtungen, während sich die zweite der »vier kostbaren Edelsteine« (siehe Seite 134) bedient.

Die Energetisierung mit Elementen ist die bekanntere dieser beiden Methoden. Hierfür muß das herrschende Element einer jeden Seite beziehungsweise eines jeden Sektors des Wohnzimmers bestimmt und dieses Element durch Plazierung eines Objekts aktiviert werden, das ein besonders gutes Symbol für dieses Element ist. Legen Sie für dieses Verfahren das Lo-Shu-Raster über den Raum, und bestimmen Sie entsprechend die Sektoren mit den zugehörigen Elementen. Dann können Sie eine Energetisierung mit einem der Objekte durchführen, die in der Illustration auf Seite 133 genannt sind. Setzen Sie aber nicht alle genannten Gegenstände zugleich ein – auch im Feng Shui sollte man nichts übertreiben. Wie Sie feststellen werden, ist weniger oft mehr.

Die Auswahl der Möbel

Neue Möbel sind besser als antike. Sofern man die Herkunft nicht ganz genau kennt, sollte man sich keine alten Möbel ins Haus holen, weil sie mit sehr viel schlechter oder tragischer Energie belastet sein können. Im Feng Shui geht es aber vor allem darum, gute Energie zu erzeugen und zu sammeln. An alten Möbeln haftet oft verbrauchte Energie, die möglicherweise keine gute Verbindung mit Ihrer übrigen Einrichtung eingeht. Vor allem bei antiken Betten und Sofas sollte man sehr vorsichtig sein.

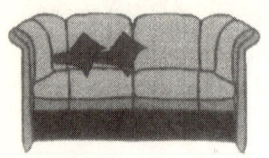

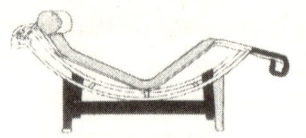

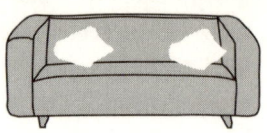

Sofas mit hoher Lehne, die seitlich und im Rücken eine gute Stütze bieten, sind nach Feng-Shui-Grundsätzen besonders günstig. Sie sind bequemer und glückbringender als Sofas mit niedrigen Rücken- und Armlehnen.

Diese preisgekrönte Liege hat keine Armstützen. Da sie jedoch einen Stahlrahmen hat, eignet sie sich sehr gut für die nordwestliche und westliche Ecke eines Raums.

Sofas mit niedriger Lehne bieten keine Stütze.

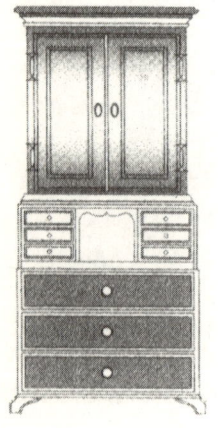

Stellen Sie hohe Schränke wie diesen an eine feste Wand.

Wenn Sie sich für Ihr Wohnzimmer einen Schrank anschaffen wollen, sollten Sie im Auge behalten, daß es viele verschiedene Schranktypen gibt, von den reich verzierten Jugendstilstücken aus Ahorn- oder Nußbaumholz bis zu den schweren orientalischen Schränken aus Eben- oder Rosenholz. Aber wofür Sie sich auch entscheiden, stellen Sie sicher, daß den Möbeln nichts Ungünstiges anhaftet, und achten Sie darauf, daß keine scharfen Kanten vorhanden sind.

Zu meiden sind insbesondere Schränke mit reichen Schnitzereien, die wilde Tiere darstellen. Die Energie solcher schwerer Stücke ist für ein kleines Haus zu intensiv. Bleiben Sie besser bei Möbeln mit einfachen Linien. Auch Schränke mit Kreuzen, Rauten und spitzen Mustern bringen ihrem Besitzer kein Glück. Der auf Seite 137 dargestellte Schrank zum Beispiel wäre ein wunderschönes Möbelstück, wenn die Gittermuster auf der Frontseite nicht wären.

Schulen Sie beim Möbelkauf den Blick dafür, was ungewollte Ihrem Feng Shui Schaden zufügen könnte. Grundsätzlich können Sie davon ausgehen, daß alle Möbel in Ordnung sind, die keine bedrohlichen Kanten aufweisen. Auch Möbel, in denen Sie Ihren täglichen »Kleinkram« verschwinden lassen können, sind günstig. Entscheiden Sie sich also im Zweifelsfall lieber für einen Schrank als für ein Regal. Offene Bücherregale stellen eine Bedrohung für Ihr allgemeines Wohlbefinden dar: Es besteht die Gefahr, daß Sie Ihre berufliche Laufbahn nicht zu einem erfolgreichen Ende führen werden. Es können Probleme auftreten, wenn Ihr »Vorrat« an astrologischem Glück zu Ende geht.

Die Plazierung der Möbel

Bei der Anordnung der Möbel darf der Strom des Ch'i niemals blockiert werden. Hohe Schränke, Tische und Stühle dürfen den Eingang zu einem Zimmer nicht »erschlagen« und nicht gegenüber Haupteingangstüren stehen, und die scharfen Kanten von Tischen dürfen nicht auf Eingänge oder Sitzbereiche weisen, weil sie schädliches Ch'i aussenden.

Einbaumöbel im Wohnzimmer erzeugen gutes Feng Shui. Bei solchen Möbeln besteht kaum eine Gefahr von »Giftpfeilen«, weil sie bündig mit Wänden abschließen und die Ecken auffüllen.

Die kreuzförmigen Muster an diesem Schrank erzeugen Zwietracht und sind nicht zu empfehlen. Kreuzsymbole im Haus erzeugen Shar Ch'i.

Ordnen Sie die Sitzgelegenheiten so an, daß eine regelmäßige Figur entsteht, ein Rechteck oder Quadrat, oder vielleicht sogar das Pa-kua, die achteckige Figur, die für Wohnzimmermöbel oder für Tischaufsätze als so außerordentlich glückbringend gilt. Sie können zum Beispiel Sitzgelegenheiten um einen Couchtisch anordnen und kleine Beistelltischchen so dazwischenstellen, daß die schrägen Seiten des Pa-kua entstehen. Diese Anordnung sorgt für Umgänglichkeit, gute Kontakte und reibungslose soziale Beziehungen innerhalb der Familie. Zudem entsteht so eine vollständig wirkende Anordnung, bei der nichts zu fehlen scheint.

Bei Sitzgarnituren für das Wohnzimmer kann ein quadratischer oder rechteckiger Couchtisch in der Mitte stehen, der das Erde- beziehungsweise Holz-

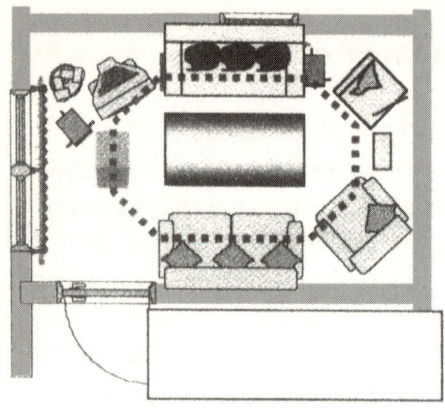

Eine günstige Sofa-Anordnung in Form des Pa-kua.

Element symbolisiert. Abzuraten ist von Sitzgruppenanordnungen in L- oder U-Form, weil dies den Eindruck der Unvollständigkeit entstehen läßt.

Hohe Schränke sollten an einer festen Wand stehen, sofern sie nicht speziell als Raumteiler oder als Feng-Shui-Mittel gedacht sind. So können hohe Schränke beispielsweise sehr wirksame Hindernisse bilden, wenn etwa drei Türen genau hintereinander liegen. In allen anderen Fällen aber sollten sie nicht irgendwie »haltlos« ohne rückwärtige Unterstützung im Raum stehen.

Wenn Schränke Spiegeltüren haben, müssen Sie prüfen, was in den Spiegeln zu sehen ist. Dies dürfen im Feng Shui keinesfalls Toiletten, die Haupteingangstür oder eine Treppe sein. Wenn die Spiegel dagegen Speisen oder einen schönen Garten zeigen, ist dies in Ordnung.

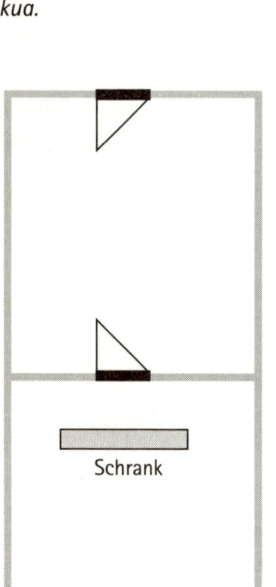

Schrank

Ein hoher Schrank wie der auf Seite 136 abgebildete eignet sich vorzüglich zur Korrektur der Anordnung von drei Türen hintereinander, wenn man ihn wie abgebildet vor die zweite Tür plaziert.

Verdoppelung des Reichtums im Eßzimmer

Das Eßzimmer sollte möglichst nahe der Hausmitte liegen, idealerweise zwischen Wohnzimmer und Küche. Die Mitte ist das »Herz« des Hauses, und so kann das familiäre Glück der Einheit entstehen. Die Harmonie zwischen den Eltern und zwischen Geschwistern wird größer sein. Wie das Wohnzimmer sollte auch das Eßzimmer regelmäßig geformt sein. Alle vorspringenden oder eigentümlich geformten Ecken müssen mit Pflanzen oder dekorativen Möbeln verdeckt werden. Am besten eignen sich hierfür hohe Schränke und (koreanische) Truhen.

Wenn es mit Eßzimmern Feng-Shui-Probleme gibt, dann hängen diese meist mit ihrer Lage im Gesamtgrundriß des Hauses zusammen. Weil das Eßzimmer das Herz des Heims ist, in dem sich die Familie zusammensetzt, muß dieser Raum möglichst viel Yang-Energie haben, die man durch Musik, fröhliche Farben und in kräftigen Tönen gestrichene oder tapezierte Wände

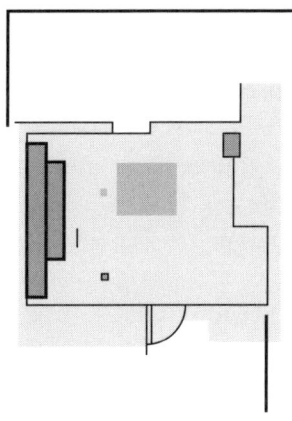

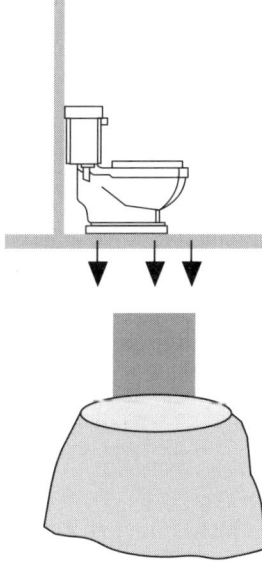

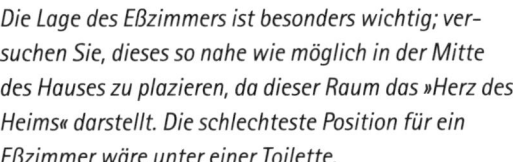

Die Lage des Eßzimmers ist besonders wichtig; versuchen Sie, dieses so nahe wie möglich in der Mitte des Hauses zu plazieren, da dieser Raum das »Herz des Heims« darstellt. Die schlechteste Position für ein Eßzimmer wäre unter einer Toilette.

erzeugt. Unbedingt zu vermeiden sind Raumgestaltungen, bei denen ein Überschuß an Yin-Energie entsteht, weil hierdurch schweres Unglück entstehen kann. Nachfolgend einige Anordnungen, gegen die Sie etwas unternehmen müssen:

- Das wichtigste »Tabu« betrifft die Plazierung des Eßtisches unmittelbar unter einer Toilette in einem darüberliegenden Stockwerk. Ebenso ungünstig, wenn auch weniger schädlich, ist es, unter einem Küchenherd oder einer Waschmaschine zu essen. Wenn über Ihnen andere Mieter wohnen, sollten Sie sich darüber informieren, welchen Grundriß deren Wohnung hat. Nur so können Sie es vermeiden, daß Sie versehentlich wichtige Möbelstücke unter unglückbringenden Objekten auf höheren Stockwerken plazieren. Vergessen Sie nicht, daß nicht nur Toiletten über Eßzimmern schädlich sind, sondern unter anderem auch Küchenherde, Backöfen, Waschmaschinen und schwere Möbel wie Klaviere.
- Räume mit paarweise gegenüberliegenden Fenstern sollte man nicht als Eßbereich nutzen. Dabei würde das Ch'i in ungünstiger Weise über den Eßtisch fließen und der Familie das Essen »sauer« werden lassen.
- Zimmer, die an eine Toilette angrenzen, sind ebenfalls als Eßbereich ungeeignet. Wenn Sie keine andere Möglichkeit haben, sollten Sie wenigstens dafür sorgen, daß Beistelltische, auf denen Speisen abgestellt werden, nicht an der Wand zur Toilette stehen.
- Das Eßzimmer sollte nicht von der Haupteingangstür aus voll einsehbar sein oder zu nahe an dieser liegen. Stellen Sie gegebenenfalls einen Wandschirm zwischen der Tür und dem Eßtisch auf, um die negativen Wirkungen abzumildern.
- Ahnenporträts sollten nicht im Eßzimmer aufgehängt werden. Bilder verstorbener Angehöriger haben für diesen Bereich zuviel Yin. Ein besserer Platz hierfür wäre das Wohnzimmer oder die Diele. Fehl am Platz sind sie auch im Schlafzimmer.
- Andererseits darf im Eßzimmer auch nicht zuviel Yang-Energie vorhanden sein. Wenn ein Fenster oder eine Tür der vollen Nachmittagssonne ausgesetzt ist, sollten Sie Rollos anbringen, um die starke Sonneneinstrahlung zu dämpfen.
- Stellen Sie im Eßzimmer keine antiken Möbel und antiken Statuen auf, da

sie zuviel Yin-Energie haben. Ich aß einmal in einem chinesischen Restaurant, das den seltsamen Namen »The Museum« hatte. Dort gab es viele Kunstwerke und antike Statuen, von denen ein massiver Strom an Yin-Energie ausging. Das Essen war eines der schlechtesten, die ich in meinem Leben vorgesetzt bekam, und ich ging dort nie wieder hin. Unnötig zu sagen, daß das Restaurant nicht sehr erfolgreich war. Wenn Sie Anti-

> **Den Reichtum der Familie verdoppeln**
>
> Die beste Möglichkeit, den Reichtum der Familie symbolisch zu verdoppeln, ist die Anbringung eines bodenlangen Spiegels an einer Wand im Eßzimmer. Wenn der Spiegel die Speisen auf dem Tisch wiedergibt, gilt dies als äußerst glückbringend. Wenn Sie darüber hinaus eine Anrichte neben dem Spiegel plazieren und die drei Glücksgötter Fuk, Luk und Sau darauf aufstellen, ist die Symbolik des Erfolgs perfekt.

quitäten lieben, dann stellen Sie sie ins Wohnzimmer. Kaufen Sie möglichst keine antiken Möbel und Statuen zugleich. Sie haben kein gutes Feng Shui und sind in einem Museum besser aufgehoben.

- Im Eßzimmer dürfen auf keinen Fall freiliegende Deckenbalken vorhanden sein, weil man mit hartnäckigen Gesundheitsproblemen rechnen muß, wenn man ständig unter einer solchen Last sitzt und ißt. Wenn es in Ihrem Eßzimmer solche Balken gibt, sollten Sie sie entweder mit einer abgehängten Decke wie auf Seite 120 beschrieben unsichtbar machen oder aber den Eßtisch verschieben, so daß niemand direkt unter einem der Balken sitzt. Weiterhin sollten Decken nicht in irgendeiner Weise aufwendig gestaltet sein, weil dadurch Shar Ch'i auf die von der Familie verzehrten Speisen ausgesandt werden könnte.

- Abgesenkte Eßzimmer sind ebenfalls ungünstig. Eßzimmer müssen immer auf einer höheren Ebene liegen als Wohnzimmer. In Häusern mit einer Halbgeschoßebene im Parterre ist dies ein wichtiger Faktor bei der Gestaltung von Räumen. Wenn der Eßbereich tiefer liegt, können starke Deckenfluter das Ch'i steigern, ebenso hohe Pflanzen an den Ecken des Eßbereichs. Überhaupt sind Pflanzen im Eßbereich immer günstig, weil sie Wachstum symbolisieren.

Verschiedene Formen von Eßtischen

Eßtische sollten rund, oval oder quadratisch sein, wobei die runde Form als die beste gilt. Die Kreisform symbolisiert das Element Metall, in diesem Fall Gold, das Wohlstand für die Bewohner verheißt. Runde Eßtische zeigen darüber hinaus eine fortwährende Einheit der Familie an und haben daher den günstigsten Symbolwert. Benutzen Sie keine Tische, an denen genau vier Personen Platz haben, weil vier eine Unglückszahl ist. Besser sind Tische für sechs oder acht Personen, denn diese Zahlen verheißen Glück. Versuchen Sie, jedem Familienmitglied denjenigen Platz zuzuweisen, an dem es seine günstigen Richtungen gemäß den Tabellen auf den Seiten 92f. nutzen kann. Man verschafft sich ein gutes Feng Shui, wenn man beim Essen in seine Glücksrichtung blickt.

Eßtische im Osten

Ich liebe Eßtische aus Rosenholz oder solche mit einer Marmorplatte. Besonders glückbringend sind Tische mit Intarsien aus Perlmutt. Dies sind natürlich die traditionellen chinesischen Eßtische. Wenn Sie jemals in das Haus einer wohlhabenden chinesischen Familie mit einer lebendigen Tradition eingeladen wurden – sei es in Hongkong, Singapur, Taiwan oder Malaysia –, werden Sie feststellen, daß dort die Eßtische immer rund sind, nur einen massiven Fuß haben und fast immer mit geschnitzten Drachenfiguren oder Perlmutt-Intarsien verziert sind. Dies ist der Höhepunkt glückbringenden Speisens und bewirkt hervorragendes Feng Shui.

Speisen im Eßzimmer

Wenn Sie Gemälde im Speisezimmer haben, sollten diese glückbringende Früchte oder Speisen zeigen. Sehr vorteilhaft sind Stilleben, weil diese ein Symbol dafür sind, daß man sich in seinem Leben nicht um sein Essen zu sorgen braucht. Darstellungen von Pfirsichen symbolisieren ein langes Leben, während Orangen und Ananas ein symbolisches »Willkommen im Reichtum!« ausdrücken. Glückbringende Früchte auf Gemälden oder auf Glas, Cloisonné oder Jade sind vorzügliche Ziergegenstände für das Eßzimmer.

Für die Chinesen ist die Symbolik des Essens gleichbedeutend mit Wohlstand. Chinesen begrüßen einander mit den Worten »Haben Sie gegessen?« Materieller Wohlstand ist ihnen sehr wichtig. Zur Feier des Neujahrsfestes senden sie einander glückverheißende Geschenke, und wenn sie einander begegnen, wünschen sie sich »Kung Hei Fatt Choy«, was bedeutet »Meine besten Wünsche, möge Ihr Glück sich mehren.«

Sitzen Sie niemals an der Ecke eines Tisches. Runde Tische sind besser.

Essen auf dem Tisch ist daher äußerst glückbringend, und wenn man dies noch steigert, indem man einen Spiegel an der Wand anbringt, dann bedeutet dies sogar eine Verdoppelung des Reichtums. Unterscheiden Sie jedoch zwischen der Küche und dem Eßzimmer. In der Küche sind Spiegel äußerst schädlich, insbesondere, wenn sich in ihnen der Herd spiegelt. Die Zu-

Obst und Speisen auf einem Gemälde im Eßzimmer sind glückbringend.

bereitung von Speisen auf einem Feuer ist etwas ganz anderes als der Akt des Essens. Das eine steht für den Diener, der Essen zubereitet, das andere für den Herrn, der sich das Festmahl munden läßt. Vergessen Sie nie, daß Feng Shui eine Kunst der Symbolik ist. Nur so können Sie diese Empfehlungen richtig interpretieren.

Richtig schlafen bringt Erfolg

Das Feng Shui des Elternschlafzimmers hat großen Einfluß auf das Glück des Paares. Wenn das Ch'i des Schlafzimmers harmonisch ist, wird das Paar in seiner Beziehung gegenseitige Unterstützung und Erfolg finden. Jeder der beiden wird seine Rolle in der Familie angemessen ausfüllen. Es gibt keine gesundheitlichen Probleme, nur selten einmal Mißverständnisse, und ganz sicher wird es nie zu einer Trennung oder Scheidung kommen.

Wenn dagegen das Ch'i im Schlafzimmer nicht harmonisch ist, entsteht im Lauf der Zeit eine große Verbitterung zwischen dem Paar. Es gibt keinen Fortschritt und keine gegenseitige Unterstützung in der Beziehung, und von einem »Eheglück« kann keine Rede sein. Oft drängen sich Dritte in die Ehe, wodurch Streit und gegenseitige Vorwürfe entstehen. Die Kommunikation wird immer schlechter und kommt schließlich ganz zum Erliegen. Beide werden sich sehr unglücklich fühlen.

Wenn Sie sich in einer solchen Beschreibung wiedererkennen, dann ist es höchste Zeit, das Feng Shui im Schlafzimmer zu verbessern, denn ob Sie glücklich sind, hängt doch weitgehend von der Beziehung zu dem geliebten Menschen ab. Und gutes Feng Shui im Schlafzimmer wirkt sich nicht nur auf das Glück in einer Beziehung aus, sondern reicht viel weiter. Wenn Sie in Ihrer günstigsten Feng-Shui-Richtung schlafen, dann werden Sie in allen Bereichen Ihres Lebens vom Glück verwöhnt werden. Sie werden Erfolg in Ihrer Arbeit und in Ihren Beziehungen zu anderen Menschen haben, Sie werden sich einer guten Gesundheit erfreuen und eine glückliche Familie um sich haben. Wie stellt man nun gutes Feng Shui im Schlafzimmer her? Achten Sie als erstes auch hier auf einen regelmäßigen Grundriß, der möglichst quadratisch oder rechteckig sein sollte. Wenn ein Badezimmer nebenan liegt, sollte es völlig vom Schlafzimmer getrennt und nicht mit diesem so verbunden sein, daß eine L-Form entsteht. Die Toilette eines L-förmigen Schlafzimmers erzeugt mehrere miteinander zusammenhängende Probleme. Die beiden schwerwiegendsten sind die dadurch entstehende fehlende Ecke und die Lage der Toilette in einem Sektor des Raums, der möglicherweise gerade in der günstigsten Richtung des Bewohners liegt. Dies würde dazu

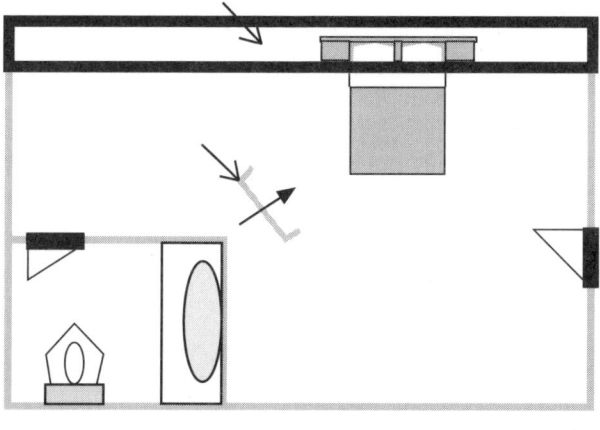

Ein Schlafzimmer mit ungünstigem Grundriß. Das Bad erzeugt eine fehlende Ecke, eine unregelmäßige Form und eine Ecke mit einem »Giftpfeil«. Um das Feng Shui zu verbessern, muß man mit einem Wandschirm den »Giftpfeil« abwehren und mit einem roten Band umschlungene Bambusstäbe auf dem vorspringenden Balken über dem Bett anbringen.

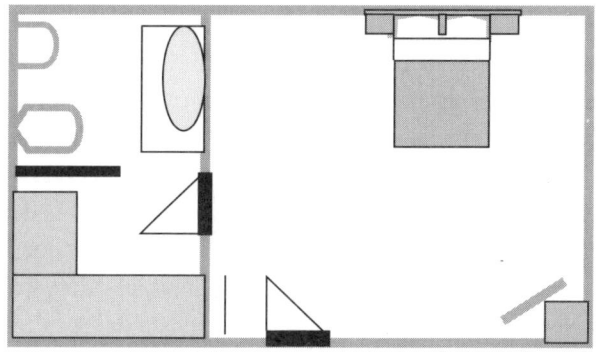

Ein Schlafzimmer mit günstigem Grundriß. Es hat eine regelmäßige Form ohne fehlende Sektoren. Vorspringende Ecken senden Shar Ch'i aus, doch wurde dieses Problem mit einem Schrank behoben.

führen, daß das Glück des Betreffenden unterdrückt wird. Weiterhin erzeugt eine solche Ecke einen »Giftpfeil«, der auf das Bett weist (siehe Abbildung oben). In dieser Skizze erkennt man auch, wie ein freiliegender Balken über dem Kopfbrett Shar Ch'i auf die Schläfer aussendet.

Alle diese ungünstigen Merkmale können für die Benutzer des Schlafzimmers schweres Unglück bedeuten. Lenken Sie die schlechte Energie eines Deckenbalkens dadurch ab, daß Sie mit einer roten Schnur umwickelte Bambusstäbe (siehe Seite 79) an den Kanten des Balkens befestigen. Wehren Sie den »Giftpfeil« der Ecke mit einem Wandschirm ab. Dieser kann entweder wie auf der Zeichnung angegeben plaziert oder so angeordnet werden, daß das Schlafzimmer in ein günstigeres Rechteck verwandelt wird.

Am besten ist es, wenn das Badezimmer über die ganze Länge einer Wand neben dem Elternschlafzimmer liegt. Jedoch sollten dann die Türen nicht fluchten und auch nicht auf das Bett weisen. Bett und Toilette dürfen auch nicht an einer gemeinsamen Wand liegen. Betrachten Sie hierzu den Grundriß in der Abbildung auf Seite 145 unten. Die Toilette wurde hierbei möglichst weit vom Bett entfernt angeordnet, und die vorspringende Ecke wurde mit einem Schrank verdeckt. Eine solche Abdeckung ist in diesem Fall günstiger als eine Pflanze, weil Pflanzen und überhaupt alles, was Wasser symbolisiert, nicht ins Schlafzimmer gehören.

Die Schlafzimmertür

Die Lage der Schlafzimmertür kann oft Probleme verursachen. Beachten Sie, daß eine mögliche Lösung darin besteht, die Tür zu versetzen. Dies ist jedoch nicht immer durchführbar. Zu den Problemen ist jeweils ein Verfahren angegeben, wie diese beseitigt oder zumindest gemildert werden können.

- Die Schlafzimmertür darf niemals in einer Linie mit der Toiletten- oder Badezimmertür liegen. Dies kann Ihr Schicksal erheblich beeinträchtigen, erst recht, wenn das Bett zwischen den beiden Türen liegt. In einer solchen Situation sollte man unbedingt einen Wandschirm oder einen Raumteiler unmittelbar vor der Badezimmertür anbringen, so daß diese vom Bett aus nicht mehr sichtbar ist.
- Die Schlafzimmertür darf nicht direkt auf eine davorliegende Treppe öffnen. Wenn die Treppe zu nahe liegt, wird das Ch'i sehr heftig, und man muß in diesem Fall unbedingt eine sehr helle Leuchte an der Decke zwischen der Treppe und der Tür anbringen.
- Die Schlafzimmertür sollte auch nicht direkt gegenüber einer anderen Tür am Ende eines Korridors oder Treppenabsatzes liegen. Hierin liegt eine »Konfrontation«, die Streit und Mißverständnisse hervorruft. Bringen Sie in einem solchen Fall einen Perlenvorhang an, der diese »Konfrontation« abmildert. Noch ungünstiger ist die Situation, wenn die Türen nur halb fluchten. Plazieren Sie in einem solchen Fall eine Pflanze oder einen Raumteiler zwischen den beiden Türen.

- Beim Verlassen des Schlafzimmers sollte man nicht vor einer Ecke stehen, die von zwei im Winkel von 90 Grad aneinanderstoßenden Wänden gebildet wird. Stellen Sie in einem solchen Fall eine Kletterpflanze an diese Ecke, um den auf die Tür gerichteten »tödlichen Hauch« zu zerstreuen.

Was im Schlafzimmer tabu ist

Beachten Sie immer, daß das Schlafzimmer vor allem ein Ort der Ruhe und Entspannung ist. Dort sollte daher eher ein Yin- als ein Yang-Überschuß herrschen, da die Benutzer sonst übermäßig aktiv werden. Dies ist auch der Grund dafür, warum viele Feng-Shui-Experten und -Meister nachdrücklich davor warnen, das Schlafzimmer mit zu vielen Glückssymbolen zu aktivieren.

Wasser

Wiewohl Wasser Reichtum bringt und alles, was mit Wasser zu tun hat, in der Regel glückbringend ist, wäre es ein schwerer Fehler, Wasser-Objekte im Schlafzimmer aufzustellen. Wenn man zum Beispiel vor einem Aquarium schläft, wird man überfallen, ausgeraubt oder erleidet finanzielle Verluste. Lassen Sie die Wasser-Gegenstände im Wohnzimmer und im Garten. Dies betrifft nicht nur Aquarien und Springbrunnen, sondern auch und vor allem Gemälde, die das Meer, einen See oder einen Wasserfall zeigen. Halten Sie solche Darstellungen sorgfältig von Ihrem Bett fern. Die Farbe Blau ist allerdings für das Schlafzimmer in Ordnung, auch wenn Sie für Wasser steht. Schwarz dagegen sollte vermieden werden.

Blumen und Pflanzen

Es mag vielleicht mancher bedauern, aber man sollte keine Blumen und Pflanzen im Schlafzimmer haben, vor allem keine lebenden. Sie symbolisieren eine außerordentlich intensive Yang-Energie. Im Schlafzimmer einer Frau verderben Pflanzen alles Liebesglück. Im Schlafzimmer eines Paares führen sie zu Streitigkeiten und Untreue. Auch von Gemälden, die Blumen zeigen, ist abzuraten. Blumen sind im Schlafzimmer nur in einem einzigen Fall glückbringend, nämlich wenn jemand im Zimmer liegt, der sich von einer Krankheit erholt und man deshalb mehr Yang-Energie erzeugen möchte. Aber auch dann sollten die Pflanzen nicht zu lange im Raum bleiben.

Spiegel

Spiegel gegenüber dem Bett sind absolut verboten. Wenn irgend etwas eine Ehe ruinieren kann, dann ein Spiegel im Schlafzimmer. Ich rate seit jeher von großen Spiegeln gegenüber dem Bett ab, ob sie sich an einer Wand, an der Decke oder an Schranktüren befinden. Spiegel zeigen das schlafende Paar und senden Shar Ch'i auf es aus, was Mißverständnisse und oft auch Untreue zur Folge hat. Weiterhin bedeuten Spiegel im Schlafzimmer, daß sich eine dritte Person in die Ehe drängt. Man sollte überhaupt alles meiden, was eine irgendwie spiegelnde Oberfläche hat. Wenn Sie ein Fernsehgerät im Schlafzimmer haben, sollten Sie den Bildschirm mit einem Tuch abdecken, bevor Sie zu Bett gehen. Spiegel gegenüber dem Bett sollten abmontiert oder zumindest mit einem Vorhang bedeckt werden. Ruinieren Sie nicht Ihre Ehe mit Spiegeln.

Regale

Wenn in Ihrem Schlafzimmer Bücherregale direkt gegenüber dem Bett stehen, ist es nur eine Frage der Zeit, bis Sie krank werden. Offene Fachböden sind wie Klingen, die in den Schlafenden schneiden. Überhaupt sind offene Regale niemals gutes Feng Shui. Ich rate dringend dazu, an solchen Regalen Türen anzubringen, sofern Sie die Bücher nicht in einer Weise eingestellt haben, die die Klingenwirkung aufhebt.

Ungünstige Positionen des Betts

Plazieren Sie Ihr Bett nicht:

1. unter einem Balken,
2. gegenüber einer Tür (des Schlafzimmers oder der Toilette)
3. zwischen zwei Türen,
4. an der Wand einer Toilette,
5. unter einem Fenster,
6. gegenüber einer vorspringenden Ecke
7. gegenüber einem Spiegel,
8. direkt unter einem Wasserbehälter.

148

In welcher Richtung soll man schlafen?

Zunächst einmal sollte Ihr Bett nicht zugestellt, blockiert oder in irgendeiner Weise »Giftpfeilen« ausgesetzt sein, die Krankheit und Unglück bringen. Wenn Sie sichergestellt haben, daß nichts in Ihrer Umgebung einen schädlichen Einfluß auf Sie ausüben kann, während Sie schlafen, besteht der nächste Schritt im Feng Shui darin, die Richtung zu ermitteln, in der man am vorteilhaftesten schläft.

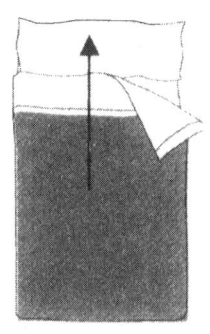

Im Feng Shui gibt es bestimmte günstige Schlafrichtungen auf der Grundlage der Pa-Kua-Lo-Shu-Formel (siehe Seite 89ff.). Wenn Sie Ihre Kua-Zahl kennen, können Sie Ihre günstigen und ungünstigen Richtungen ermitteln, je nachdem, ob Sie zur östlichen oder zur westlichen Gruppe gehören (siehe Seite 92f.). Legen Sie fest, welche Art von Glück Sie aktivieren wollen, und richten Sie Ihr Bett dann so

Der Richtungspfeil an diesem Bett gibt an, wie die Positionen für die Orientierung eines Betts berechnet werden. Maßgeblich ist die Richtung, in die Ihr Kopf weist.

aus, daß Sie mit dem Kopf in der gewünschten Richtung schlafen (diese Richtung ist in der obigen Illustration durch einen Pfeil angegeben).

Die vier bevorzugten Richtungen Ihrer Gruppe stehen für vier verschiedene Arten von Glück. Die erste Art ist die beste, weil sie Erfolg in allen Unternehmungen bringt. Diese Richtung heißt auch die *Sheng-Ch'i*-Richtung. Wer einen Beruf oder ein Geschäft hat und wer mehr Reichtum wünscht, sollte mit dem Kopf in dieser Richtung schlafen.

Wenn Sie Ihre glückbringende Richtung nutzen wollen, kann es durchaus sein, daß Sie das Bett in einer solchen Weise aufstellen müssen. Dies ist in Ordnung!

Der *Klassiker des Yang-Wohnens*

In diesem beliebten Klassiker werden verschiedene Verfahren für die Orientierung des Schlafzimmers für verschiedene Familienmitglieder angegeben.

Ältere sollten in Schlafzimmern mit einer westlichen Lage schlafen. In der Verbotenen Stadt in Peking liegen alle Paläste für die älteren Hofdamen auf der Westseite der Stadt. Als Grund hierfür wird angegeben, daß die Energien der westlichen Zimmer für die ältere Generation am besten geeignet sind. Diese Empfehlung deckt sich mit dem Pa-kua-Verfahren für die Zuweisung von Schlafzimmern, dem zufolge der Nordwesten der Ort der älteren »Patriarchen« sein sollte, der Südwesten der Ort der älteren »Matriarchinnen«.

Kinder, insbesondere die Söhne der Familie, sollten im Osten schlafen, wo die Yang-Energien am intensivsten sind. Dem Pa-kua zufolge ist Osten ebenfalls der beste Ort für den ältesten Sohn.

Die älteste Tochter sollte im Südosten schlafen. Diese beiden Richtungen gehören zum Element Holz, das für kräftiges Wachstum steht.

Das Liebesleben mit Feng Shui verbessern

Man kann etwas für sein Liebesglück tun, indem man im Liebessektor des Schlafzimmers – das heißt im Südwesten – Objekte plaziert, die das Eheglück symbolisieren. Das Beste für ein wunderbares Liebesleben ist ein Mandarinenpärchen. Nehmen Sie nicht eine oder drei Enten, sondern immer ein Paar. Wenn Sie eine Ente haben, bedeutet dies gar nichts, und wenn Sie drei haben, sind Sie bloß ein Abenteuer. Besorgen Sie sich am besten geschnitzte Enten aus einem chinesischen Supermarkt. Andernfalls können Sie auch ein Wellensittichpärchen nehmen.

Die zweite Richtung ist die Richtung der Gesundheit; diese wird als die Richtung des »Himmelsarztes« bezeichnet. Diese Richtung sollte man nutzen, wenn man sich nicht gut fühlt oder sich von einer Krankheit erholt. Die chinesische Bezeichnung für diese Richtung ist *Tien Yi*.

Die dritte Richtung ist diejenige der Familie und der Liebesbeziehungen. Nutzen Sie diese Richtung, wenn Sie Glück in der Partnerschaft oder Ehe haben wollen, wenn Sie sich bisher vergeblich Kinder gewünscht haben oder wenn Sie auf der Suche nach einem Partner sind, sich aber der oder die Richtige noch nicht eingestellt hat. Die chinesische Bezeichnung für diese Richtung ist *Nien Yen,* und sie steht für Glück in der Liebe und Ehe, Treue, wohlgeratene Kinder und ein harmonisches Familienleben.

Die vierte Richtung ist die *Fu-Wei*-Richtung, aus der das Glück der Selbstverwirklichung kommt. Wer noch studiert oder sich auf einen Abschluß vorbereitet, sollte mit dem Kopf in dieser Richtung schlafen.

Die praktische Nutzung dieser großartigen glückbringenden Richtungen ist manchmal nicht ganz einfach oder vielleicht sogar unmöglich. Viele Schlafzimmer sind recht klein und beengt, und wenn Sie alle oben genannten Verbote beachtet haben, stellen Sie schließlich frustriert fest, daß Sie Ihre bevorzugte Richtung nicht nutzen können.

Ein weiteres Problem liegt darin, daß Häuser praktisch nie genau nach den Himmelsrichtungen ausgerichtet sind. Es könnte also der Fall sein, daß Sie Ihr Bett in einem eigentümlichen Winkel zur Wand aufstellen müssen. Und

---

Wie die Romantik im Schlafzimmer lebendig bleibt

Oft scheitern Ehen einfach daran, daß das ganze Feng Shui des Schlafzimmers falsch ist. Ich kann hier nicht alles aufzählen, was man falsch machen kann, doch seien wenigstens die Hauptprobleme genannt:

- Bringen Sie niemals große Spiegel genau gegenüber oder über Ihrem Bett an.
- Ein Fernsehgerät im Schlafzimmer führt zur Trennung des Paares.
- Schlafen Sie nicht unter einem wuchtigen Deckenbalken, der über der Mitte des Betts verläuft. Die schreckliche, von oben kommende Energie spaltet das Bett symbolisch und damit auch das Paar.

- Schlafen Sie nie in einem Schlafzimmer, das direkt unter einer Toilette im oberen Stock liegt. Von der Toilette strahlt schlechtes Ch'i nach unten ab, wodurch das Paar Probleme bekommt.
- Vermeiden Sie es, in einem Doppelbett mit getrennten Matratzen zu schlafen. Dadurch entsteht eine symbolische Trennung, die sehr schnell konkret werden könnte. Wenn zwei Partner verschiedene günstige Richtungen haben, ist es besser, in getrennten Betten oder sogar in getrennten Zimmern zu schlafen.
- Stellen Sie Ihre persönliche »Liebesrichtung« auf der Grundlage Ihrer Kua-Zahl fest (siehe Seite 149), und richten Sie Ihr Bett entsprechend aus.

selbst dann gelingt es nicht immer, wirklich in der besten Richtung zu schlafen – aber vielleicht erlauben Ihnen die räumlichen Verhältnisse wenigstens die Nutzung der zweitbesten Richtung.

Im Feng Shui muß man immer auch Kompromisse schließen. Aber unter den vier Richtungen befindet sich immer mindestens eine, die Sie nutzen können. Vergessen Sie nicht, daß Sie zumindest nicht in einer schädlichen Richtung schlafen, wenn Sie mit dem Kopf in einer der günstigen Richtungen liegen.

Die verbleibenden vier Richtungen sind außerordentlich schädlich und ungünstig, und ich rate immer dazu, das Bett in eine der vier günstigen Richtungen zu drehen, selbst wenn dies mit erheblichem Aufwand verbunden sein sollte.

Teilt sich ein Paar mit unterschiedlichen günstigen Richtungen ein gemeinsames Bett, dann gilt im Feng Shui immer die Regel, daß die Richtung des Mannes Vorrang hat. Ist allerdings die Frau diejenige, die Probleme hat, sollte sie das Bett ungeachtet seiner Nien-Yen-Richtung in ihre günstigste Richtung drehen.

Wenn die Partner dieselben Glücksrichtungen haben, ist Feng Shui einfach zu praktizieren. Wenn sich die Richtungen jedoch unterscheiden, können sich Probleme ergeben, an denen sich die Kompromißfähigkeit der Partner bewähren muß.

Schlafzimmermöbel

Das wichtigste Möbelstück im Schlafzimmer ist das Bett, und im Feng Shui spielt auch eine Rolle, wie dieses gebaut ist, wie das Kopfbrett aussieht und welche Matratze man benutzt.

Schlafen Sie niemals auf runden Betten und vor allem nicht auf Wasserbetten. Ich kann mir nichts Schlimmeres vorstellen, als auf etwas so Schwankendem zu schlafen. Ob ein Bett glückbringend ist oder nicht, beurteilt man vor allem danach, wie robust und stabil es ist. Schlafen Sie niemals auf einem instabilen Bett, sondern achten Sie darauf, daß es fest an seinem Platz steht.

Das Kopfbrett eines Bettes hat ebenfalls Feng-Shui-Bedeutungen, die aber

Glückssymbole im Schlafzimmer

Sie können Ihr Glück fördern, indem Sie Glückssymbole unter das Bett legen. Welche der nachfolgenden Sie verwenden, hängt davon ab, was Sie erreichen wollen.

- Wenn Sie Schutz brauchen oder auf gute Gelegenheiten warten, können Sie ein doppeltes Fischsymbol, sei es als Zeichnung oder in Form goldener Fische, auf der Kopfseite unter die Matratze legen.
- Brauchen Sie Reise-Glück, legen Sie eine Schneckenmuschel unter die Matratze. Diese Muschel ist auch ein Glücksbringer für diejenigen, die in der Kommunikationsbranche arbeiten. Im Prinzip eignet sich hierfür jede dekorative Muschel, doch gilt die hier abgebildete als besonders glückbringend.
- Wenn Sie sich eine Ehe ohne Probleme wünschen, legen Sie das doppelte Glückssymbol unter das Bett. Dieses hilft auch Paaren, deren Kinderwunsch bisher nicht in Erfüllung gegangen ist.
- Um während des Schlafs gute Energie anzuziehen, kann man einen mystischen Knoten, der aus einer roten Schnur geschlungen ist, unter die Matratze legen. Dieses Symbol steht für einen unaufhörlichen Kreislauf von Glück.

nach meiner Erfahrung kein besonderes Gewicht haben. Das einzige, was ich empfehlen würde ist, daß es massiv, nicht hohl sein sollte. Wenn das Kopfbrett fehlt, scheint dies zu bedeuten, daß das Bett nicht glückbringend ist. Von Kopfteilen aus Messing rate ich ab, und halbkreisförmige Kopfteile sind weniger günstig als rechteckige, weil der Halbkreis etwas Unvollständiges ist.

Feng Shui in der Küche

Im Feng Shui gilt die Küche traditionell als der am stärksten unglückbringende Bereich des Hauses. Wenn Sie mit Hilfe der Kua-Formel Ihre günstigen und ungünstigen Richtungen ermittelt haben, wissen Sie auch, wo die Richtung des »Untergangs« liegt, und dies ist der beste Platz für die Küche. Dies ist deshalb so, weil durch die tägliche Benutzung des Herdes das Feuer entzündet wird, das die nötige Energie besitzt, um Unglück zu unterdrücken. Die Küche ist auch der Ort, an dem die beiden widerstreitenden Elemente Feuer und Wasser aufeinanderprallen; Feng Shui in der Küche heißt also, diese beiden Elemente miteinander ins Gleichgewicht zu bringen. Wenn dies gelingt, kann man sich dadurch großes Glück verschaffen, während man andernfalls mit sehr unangenehmen Folgen rechnen muß. Ob diese beiden Elemente in einer harmonischen Weise aufeinander einwirken, hängt von der Position des Herdes bezüglich der Position der Spüle ab.

Wenn Wasser und Feuer in der Küche im Gleichgewicht sein sollen, darf der Herd oder Ofen nicht unmittelbar gegenüber der Spüle oder dem Kühlschrank stehen. Damit würde man zwei Elemente miteinander in »Konfrontation« bringen. Auch dürfen diese beiden Elemente nicht direkt nebeneinander liegen. Achten Sie also darauf, daß zwischen Kühlschrank beziehungsweise Spüle und Ofen immer ein Küchenschrank oder -regal steht.

Die Zubereitung von Speisen

Darüber hinaus hat auch die Art der Speisenzubereitung Einfluß auf das Glück der Familie. Dies hängt mit der Lage des Herdes zusammen. Früher konnten die Feng-Shui-Vorschriften bezüglich der Orientierung des Ofens leicht befolgt werden, weil sich diese auf die Öffnung des Ofens beziehen. Die Herde alter Zeiten waren ganz einfache Geräte. Der »Mund« war die Öffnung vorne am Ofen, an der das Holz oder die Holzkohle entzündet wurde. Daher war es nicht schwierig, den »Mund des Ofens« in der günstigen Richtung zu orientieren.

Weitere Richtlinien für die Plazierung des Herdes

Plazieren Sie den Herd oder Backofen nicht

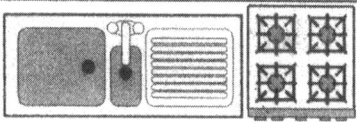

- unmittelbar hinter der Küchentür. Dies ist eine gefährliche Anordnung, vor allem, wenn die Küche zu sehr in der Nähe der Haustür liegt.

Wasser sollte nicht neben Feuer liegen. Die Spüle darf also nicht neben dem Herd stehen. Sie sollten einander auch nicht genau gegenüberliegen.

- gegenüber einer Toilette. Halten Sie in diesem Fall beim Kochen unbedingt die Toilettentür geschlossen.
- vor einem Fenster. Im Gegensatz zur landläufigen Meinung bedeutet ein Fenster über einem Herd einen schweren Mangel an Unterstützung.

Der Herd darf nicht unter einem Fenster stehen.

- direkt unter einem freiliegenden Deckenbalken oder gegenüber einer vorspringenden Ecke.
- zwischen zwei Wasser-Elementen, das heißt zum Beispiel zwischen der Spüle und dem Kühlschrank. Eine solche Konstellation muß dazu führen, daß die Familie trauern wird. Es heißt, daß Feuer zwischen Wasser Tränenvergießen bedeutet.
- in einer Ecke. Wenn der Herd in einer

Ecke steht, muß der Koch oder die Köchin gegenüber einer Ecke arbeiten. Dies ist eine gefährliche Situation.

- in der Mitte der Küche. Küchen sollten zwar im inneren Teil des Hauses liegen, aber niemals genau in der Mitte.
- gegenüber einer Treppe.
- unter einer Toilette im oberen Stockwerk. Wenn Sie ein solches Problem haben, müssen Sie den Herd verlegen und den Grundriß der Küche neu planen.
- genau unterhalb eines Wasserbehälters auf dem Dach. Dadurch wird das Feuer gelöscht, in einem ganz wörtlichen Sinne, und Sie müssen mit großem Unglück rechnen.
- im nordwestlichen Sektor der Küche, weil man hiermit »Feuer an die Himmelspforte« legt.

In modernen Zeiten gibt es keine solchen Öfen mehr, und man kann nicht ohne weiteres sagen, was der »Mund« des Backofens oder Herdes ist. Beim Studium der Quellenliteratur fiel mir auf, daß die zuzubereitenden Speisen nur dann glückbringend waren, wenn die Energie für das Feuer aus der günstigsten Richtung kam. Von dieser Begründung ausgehend haben wir festgelegt, daß die maßgebliche Richtung für elektrische Kochgeräte wie Herde oder Wasserkocher die Richtung ist, in der der elektrische Anschluß liegt. Chinesische Familien haben es einfach: Sie nehmen den Reiskocher als Symbol für den Herd. Es genügt, diesen richtig zu drehen, um gutes Feng Shui zu sichern. Ich drehe außerdem auch den Wasserkocher in eine günstige Richtung. Damit stelle ich sicher, daß sowohl die Speisen als auch das Wasser in unserem Heim harmonisch und glückbringend sind. Weil es in meiner Familie Angehörige der östlichen und der westlichen Gruppe gibt, verwende ich sogar zwei Reiskocher. Nur so kann man der nicht selten bestehenden Situation Rechnung tragen, daß die Partner unterschiedlichen Gruppen angehören.

Die Lebensmittelvorräte

Gutes Feng Shui in der Küche bedeutet auch, daß der Kühlschrank stets gut gefüllt sein muß. Dies ist die moderne Entsprechung des vollen Reisbehälters. Die Chinesen versuchen unter allen Umständen sicherzustellen, daß der Reisbehälter niemals leer ist. Unter den Reis geben sie ein rotes, mit Münzen gefülltes Päckchen, das alljährlich am Neujahrstag erneuert wird. Dies ist ein alter abergläubischer Brauch bei den Chinesen, dessen eigentliche Bedeutung ich nicht verstand, als ich meine Großmutter dies zum ersten Mal tun sah. Heute aber halte ich diese Tradition schon seit über dreißig Jahren in Ehren, und sie hat in der Tat dafür gesorgt, daß es mir finanziell immer gutging.

Ein Frühstückstisch in der Küche stellt immer gutes Feng Shui dar. Er schafft zugleich eine Barriere zwischen Spüle, Kühlschrank und Geschirrspülmaschine auf der einen Seite der Küche und Backofen und Herd auf der anderen. Dadurch wird die Konfrontation zwischen Wasser und Feuer abgemildert und in der Küche Harmonie geschaffen.

Zwiebeln, Knoblauch und andere Lebensmittelvorräte, die in der Mitte der Küche aufgehängt sind, sind kein besonders gutes Feng Shui. Dasselbe gilt für Töpfe und Pfannen in der Mitte der Küche.

Teil 3

Feng Shui in Arbeit und Beruf

Feng Shui im Geschäft

Es ist heute allgemein bekannt, daß viele der reichsten und erfolgreichsten chinesischen Geschäftsleute Feng Shui praktizieren. Sie stellen sich unter den Schutz des mythischen Drachen der Feng-Shui-Kosmologie, die sehr großen Einfluß auf die Planung von Büros, die Gestaltung von Geschäftsgebäuden, die Ausrichtung des Eingangs, die Plazierung der Möbel und den Zeitpunkt von geschäftlichen Entscheidungen hat. In der asiatischen Geschäftswelt verleiht Feng Shui denjenigen, die seine Lehren beachten, einen Wettbewerbsvorsprung. Kaufleute, die sich diese alte Wissenschaft zunutze machen, sind davon überzeugt, daß sie das nach modernen Grundsätzen organisierte Management ihrer Firmen dadurch um eine wesentliche, wenn auch metaphysische Dimension bereichern.

Die Kosten für eine kompetente Feng-Shui-Beratung können manchmal horrend sein. Die Gebühren werden oft nach Quadratmetern berechnet oder nach dem Rang des Angestellten, der diese Beratung in Auftrag gibt. Trotzdem sind Feng-Shui-Berater vielbeschäftigte Leute, vor allem, wenn sie einen guten Ruf haben.

In Hongkong hat Feng Shui von keinem geringeren als dem neuen Regierungschef der Metropole offizielle Anerkennung erhalten: Tung Cheehwa bekundete öffentlich, daß er fest von Feng Shui überzeugt sei. Wie bereits erwähnt, lehnte es der reiche Reeder ab, Büro und Wohnsitz des britischen Gouverneurs zu übernehmen, weil beides, wie er sagte, ungünstiges Feng Shui habe. Er ging mit Hilfe seines Feng-Shui-Beraters selbst auf die Suche nach geeigneten Objekten.

Allerdings räumt die Geschäftswelt von Hongkong Feng Shui schon seit Jahren einen wichtigen Platz bei ihren Entscheidungen ein. Selbst Firmen unter britischer Leitung haben Feng-Shui-Experten auf ihrer Gehaltsliste. Das am häufigsten zitierte Beispiel für Feng Shui auf höchster Ebene ist die »Hong Kong Bank«, deren beeindruckendes neues Hauptgebäude, das Mitte der achtziger Jahre im Zentrum von Hongkong errichtet wurde, die deutliche Handschrift von Feng-Shui-Experten trägt. Kenner sind fest davon überzeugt, daß die Jahr für Jahr beeindruckenden Wachstumsraten und

Gewinne der Bank zumindest teilweise auf das gute Feng Shui dieses Gebäudes zurückzuführen sind. Wer Feng Shui für Aberglauben hält, kann hier natürlich anderer Meinung sein. Jedenfalls schenken alle Taipans (Leiter) dieser berühmten Bank seit Jahrzehnten Feng-Shui-Beratern ihr Vertrauen. Der Großteil ihrer Kunden glaubt ebenfalls an Feng Shui. Wenn man sieht, wie diese Bank im Lauf der Jahre gewachsen ist, hat sich die Investition offensichtlich gelohnt.

Weitere bekannte Anwender von Feng Shui sind der britische Einzelhandelsriese »Marks and Spencer« und praktisch alle Hongs (Handelshäuser) von Hongkong wie zum Beispiel »Jardines and Swires«. Für sie gehört es einfach zu ihrem kulturellen Erbe, zu ihrer chinesischen Tradition und Kultur und bildet eine nicht wegzudenkende Dimension ihres Geschäftslebens.

Natürlich sind nicht nur die Reichen und Mächtigen von Feng Shui überzeugt. Die Anwendung dieser Kunst kennt bei den Chinesen keine gesell-

---

Feng Shui in anderen Ländern

In Singapur und Malaysia steht Feng Shui in ähnlichem Ansehen wie in Hongkong. Auch hier findet man Geschäftsleute, Firmenleiter, Manager und Kleinunternehmer chinesischer (und auch anderer) Abstammung, die bei der Gestaltung und Planung ihrer Wohnungen und Büros Feng Shui anwenden. In diesen beiden wohlhabenden ASEAN-Ländern ist überall sichtbar, daß bei Bauvorhaben Feng-Shui-Grundsätze berücksichtigt wurden.

Seit sich in den letzten Jahren die Kunde von der Wirksamkeit des Feng Shui verbreitet hat, nutzen auch Geschäftsleute in anderen Ländern und in Hauptstädten wie Djakarta und Manila Feng Shui dazu, den Erfolg ihrer Firmen weiter abzusichern.

In Ländern wie Australien, in Europa und in vielen amerikanischen Städten, wo Feng Shui immer mehr Anklang findet, steht man dieser Kunst in den Chefetagen noch skeptisch gegenüber. Aber weil Feng Shui wirksam ist und weil man es relativ einfach erlernen kann, ist es nur eine Frage der Zeit, bis es auch die Geschäftsleute des Westens für sich entdecken werden. Dies um so mehr, als in den letzten Jahren einfache Anleitungen zur Anwendung von Feng Shui in vielen anderen Sprachen erschienen sind.

schaftlichen Schranken. Feng-Shui-Anwender sind Industriemagnaten und Taxifahrer, erfolgreiche Finanzmakler und kleine Ladenbesitzer. Feng Shui verheißt denjenigen Erfolg, die es noch nicht geschafft haben, und denjenigen den Erfolg des Erreichten, die auf der Leiter des Erfolgs bereits ganz oben stehen.

Welche Tips hält nun Feng Shui für das Geschäftsleben bereit? In diesem Abschnitt des Buches sollen einige der Techniken dargestellt werden, die die chinesischen Taipans des Fernen Ostens anwenden.

Günstige und ungünstige Gebäude

Bei der Bewertung des Feng Shui eines Gebäudes ist zuerst zu prüfen, wie die umgebenden Straßen auf es zulaufen und wie es sich in die Umgebung einfügt. Halten Sie dann nach Strukturen in der unmittelbaren Nähe Ausschau, die eine positive oder negative Wirkung auf Ihr Gebäude haben können. Wie schon bei der Lage von Wohngebäuden können Gebäude, die höher und massiger sind als Ihres, in bezug auf Ihr Gebäude eine Unterstützung oder aber eine Konfrontation bedeuten. Diese äußeren Feng-Shui-Merkmale müssen immer zuerst untersucht werden; das Feng Shui eines Gebäudes gilt dann als günstig, wenn die im folgenden beschriebenen Faktoren berücksichtigt und gegebenenfalls entsprechende Maßnahmen durchgeführt werden.

Dies ist eine ausgezeichnete Gebäudeform.

Unglückbringende Gebäudekonturen

Ungünstig ist es, wenn ein hohes Gebäude völlig frei steht, und ebenso, wenn es im Schatten anderer, massiverer Gebäude steht. In der heutigen Stadtlandschaft bilden hohe Gebäude die Entsprechung zu den Bergen und Hügeln einer natürlichen Umgebung. Am besten ist eine geschwungene Silhouette, die dem glückbringenden grünen Drachen ähnelt.

Wenn sich ein einzelner Wolkenkratzer hoch über alle anderen Gebäude erhebt, haben diejenigen, deren Eingang direkt gegenüber diesem Gebäude liegt, sehr schlechtes Feng Shui. Liegt er dagegen hinter ihrem Gebäude, verwandelt er sich in das Schutzsymbol der schwarzen Schildkröte.

Ein höheres Gebäude hinter Ihrem eigenen Haus ist unbedenklich und schadet Ihnen nicht.

Einige ungünstige Formen für
Gebäude (siehe auch Seite 42)

Zwei hohe Wolkenkratzer sind wie zwei riesige Räucherstäbchen, insbesondere, wenn sie nachts im oberen Teil beleuchtet sind. Dies hat jedoch eine negative Symbolik, und die Stadt könnte unter dem »feindseligen Hauch« leiden, der von diesen Gebäuden ausgeht. Wenn Ihr Bürogebäude neben solchen Wolkenkratzern liegt, ist es wiederum besser, wenn sie sich hinter Ihnen als vor Ihnen befinden.

Einige häufige Gebäudeformen, vom Boden aus betrachtet

Gebäudeumrisse in der Stadt müssen aus zwei Richtungen betrachtet werden, von oben und von der Seite, das heißt der Grundriß und der Aufriß. Aus beiden Perspektiven sind die günstigen Formen wie immer die regelmäßigen, insbesondere das Rechteck. Führen Sie zur Beurteilung eine einfache Elementanalyse der Gebäudeformen durch.

Die nachfolgenden Formen sind bei Bürogebäuden sehr häufig; sie können nur dann ungünstig werden, wenn Ecken fehlen.

Quadratische Gebäude sind fest und stabil und daher günstig. Sie gehören zum Element Erde und sind praktisch für jeden vorteilhaft. Rechteckige Gebäude

sind eher dann glückbringend, wenn sie sehr hoch sind. Ihr Element ist das Holz. Sind solche Gebäude außerdem tief, bedeutet dies ausgezeichnetes Feng Shui nicht nur für die Gegenwart, sondern auch für die Zukunft.

Trapezförmige Umrisse von Fassaden sind günstiger, wenn sie an der Basis breiter sind als oben. Im Grundriß sollte die Frontseite breiter sein als die Rückseite (siehe auch Seite 41).

Potentielle Gefahren in der Stadt

Die auf Seite 162 gezeigten Beispiele sind in unseren Städten häufig zu finden. Vor allem in den schnell wachsenden Städten des Fernen Ostens stehen überall Baukräne. Diese können in Verbindung mit einer hektischen Bauaktivität das Feng Shui angrenzender Gebäude erheblich beeinträchtigen, bis sie wieder entfernt werden. Das auf Seite 162 unten links gezeigte Hochhaus stellt für alle angrenzenden Gebäude sehr ungünstiges Feng Shui dar.

In Innenstädten und geschäftlichen und industriellen Umgebungen gibt es viele verschiedene Gebäudetypen und andere physische Strukturen, die Ihr Feng Shui beeinträchtigen können. Achten Sie auf alles, was Ihnen Schaden zufügen könnte. Einige Beispiele hierfür finden Sie auf Seite 165. Beachten Sie stets, daß diese Strukturen am schädlichsten sind, wenn der Haupteingang Ihres Gebäudes diesen gegenüberliegt, und daß dies nur einige Beispiele sind.

- Wenn der Eingang zu Ihrer Arbeitsstätte gegenüber einem Hochbehälter liegt, hat Ihr Büro kein gutes Feng Shui, sofern dieser Behälter nicht durch Bäume verdeckt wird oder Sie Ihren Eingang verlegen.
- Besonders schädliche Strukturen, vor denen Sie sich hüten müssen, sind moderne Kunstwerke mit spitzen Winkeln, die in verschiedene Richtungen weisen. Wenn etwas Derartiges vor dem Hauptsitz einer Firma steht und schädliche Energien auf das Gebäude aussendet, kann dies sehr schwerwiegende Folgen haben. Ich habe solche schädlichen (und häßlichen) Skulpturen in der Innenstadt von London und New York gesehen. Wenn Sie in einem Gebäude arbeiten, das in dieser unglücklichen Weise unter dem »Kunstsinn« seines Besitzers leidet, sollten Sie dieses nicht durch den Eingang betreten, der dem Einfluß der Skulptur unterliegt. Suchen Sie nach einer anderen Möglichkeit, in das Gebäude zu gelangen.
- Überführungen und Hochstraßen stellen eine schwere Bedrohung dar. Wenn Sie feststellen müssen, daß in Ihr Gebäude höher gelegene oder auf mehreren Ebenen liegende Straßen »einschneiden«, sollten Sie und Ihre Firma ernsthaft einen Umzug erwägen.
- Die negativen Wirkungen von Hochbahnen gehören ebenfalls zu den

Wenn Ihr Gebäude einer Fabrik wie dieser gegenüberliegt, wirken verschiedene Dinge schädlich auf Sie und alle, die in Ihrem Gebäude arbeiten.

Erstens werden die rauchenden Kamine bei allen finanzielle Verluste herbeiführen; zweitens wird auch der Winkel der dreieckigen Dächer bei allen im Gebäude Anwesenden zu einer Fülle von Problemen führen.

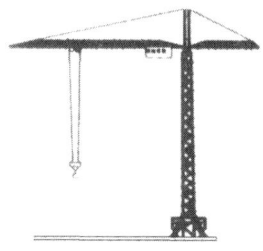

Ein Baukran, der in den umgebenden Gebäuden schlechtes Feng Shui bewirkt.

Wenn der Eingang zu Ihrem Arbeitsplatz gegenüber einem solchen Hochbehälter liegt, haben Sie in Ihrem Büro kein gutes Feng Shui. Verdecken Sie den Anblick mit Bäumen oder verlegen Sie den Eingang.

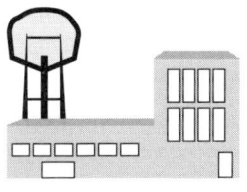

Ein solcher Turm erzeugt sehr schlechtes Feng Shui.

Punkten, die im Stadt-Feng-Shui zu beachten sind. Solche erhöhten Stadt-Schnellbahnen sind für Wohn- und Bürogebäude, die der schneidenden Außenseite der Bahnlinie ausgesetzt sind, sehr schlecht. Wenn die Geleise dagegen um das Gebäude herumführen, symbolisiert dies Schutz; wenn sie aber in den »Bauch« eines Gebäudes einschneiden, dann bedeutet dies Unglück.

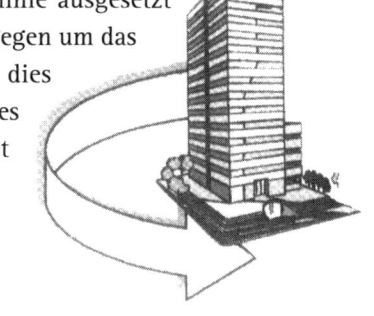

- Oft besteht die einzige Möglichkeit zur Bekämpfung der »schneidenden Kante« einer Straße darin, daß man die ganze Fassade des Gebäudes mit spiegelndem Glas verkleidet, so daß die »tödliche Energie« zurückgeworfen wird. Auch

Wenn eine erhöhte Straße um ein Gebäude herumführt, schadet dies dem Gebäude nicht.

Fensterscheiben sind bereits ein wirksames Mittel, um Gebäudeteile wieder ins Gleichgewicht zu bringen, die von in der Nähe errichteten unheilvollen Strukturen getroffen werden.

- Schließlich muß ebenfalls berücksichtigt werden: Je schneller der Verkehr fließt, desto gefährlicher ist in der Regel die von ihm ausgehende Energie. Wenn Ihr Gebäude neben einer Schnellstraße oder Autobahn liegt, schießt das Ch'i entsprechend der Geschwindigkeit des Verkehrs schnell vorbei. Dies hat eine äußerst ungünstige Wirkung. Liegt dagegen Ihr Gebäude im Stadtkern, wo der Verkehr normalerweise langsam fließt, geht von der Straße sogar eine vorteilhafte Wirkung aus.

Die Gebäudeeingänge

Es ist besonders darauf zu achten, daß der Eingang eines Gebäudes günstig liegt, so daß er reichlich fließendes Sheng Ch'i anzieht. Dies ist vor allem dann der Fall, wenn sich unmittelbar vor dem Gebäude freies Land erstreckt. Ein Paradeplatz, ein Fußballfeld, ein Park oder ähnliche offene Räume, die als »heller Saal« bezeichnet werden, stellen vorzügliches Feng Shui dar. Hier kann sich glückbringende Energie sammeln und in Ihr Gebäude eindringen. Alle, die in einem solchen Gebäude arbeiten, profitieren von der vorteilhaften Lage eines solchen Eingangs.

Es ist sehr leicht, glückbringende von unglückbringenden Gebäuden zu unterscheiden: Prüfen Sie einfach den Blick, den man vom Haupteingang aus hat. Außer einer freien Fläche ist auch die Gegenwart eines Wasser-

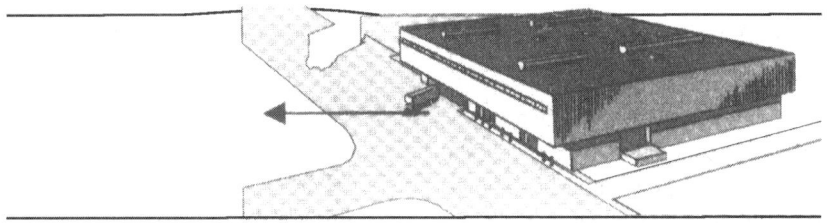

Die freie Fläche vor diesem Gebäude stellt sehr gutes Feng Shui dar.

Merkmals äußerst glückverheißend. Ideal sind Springbrunnen, Fischteiche und fließendes Wasser. Sie können hier Ihrer Kreativität freien Lauf lassen; solange nur das Wasser vom Gebäudeeingang aus sichtbar ist und auf das Gebäude zu- und nicht von ihm wegfließt, ist dieses Wasser-Objekt glückbringend.

Ob ein Gebäude sehr gutes Feng Shui hat, kann man auch an der Zahl der Straßen erkennen, die vor dem Gebäude zusammenlaufen. Wenn mehrere Straßen auf die Vorderseite zulaufen und sich dort ein Wasser-Objekt befindet, an dem das von den Straßen herangeführte günstige Ch'i zur Ruhe kommen und sich sammeln kann, bedeutet dies eine große Verbesserung des Feng Shui dieses Gebäudes.

Auf das Gebäude auf Seite 168 laufen fünf Straßen zu, die gutes Ch'i zu der kleinen Grünfläche befördern, an der es sich ansammelt, bevor es in das Gebäude eindringt. Mit einem kleinen Springbrunnen an dieser Stelle könnte man das Feng Shui noch weiter steigern.

Wenn das Gebäude zudem einen regelmäßigen Umriß aufweist und nicht dem schädlichen Einfluß ungünstig gestalteter Strukturen unterliegt, kann man gewiß sein, daß die Tätigkeit in einem solchen Gebäude vom Glück begünstigt sein wird.

Die Eingangsbereiche

Eingangsbereiche, die das Ch'i aufnehmen sollen, müssen glückbringend gestaltet sein. Wenn ein Gebäude gutes Feng Shui haben soll, muß ein Foyer vorhanden sein, das man klar als solches bezeichnen kann. Ich habe viele Gebäude gesehen, die mehr als einen Eingang und mehr als einen Ein-

Fließendes Wasser

Wenn Wasser am Gebäude vorbeifließt, sei es in Form eines künstlichen Wasserlaufs, eines Entwässerungsgrabens, eines Kanals oder eines natürlichen Flusses, ist dies sehr glückbringend, sofern die Flußrichtung mit der nachfolgend beschriebenen »Wasserdrachenformel« übereinstimmt. Beachten Sie bitte, daß die Strömungsrichtung von einer Position aus bestimmt wird, bei der der Betrachter vom Haupteingang nach draußen blickt.

Wasser muß am Haupteingang von links nach rechts vorbeifließen, wenn dieser in einer Hauptrichtung liegt, das heißt nach Norden, Süden, Osten oder Westen.

Das Wasser muß von rechts nach links fließen, wenn der Haupteingang in einer sekundären Richtung liegt: Nordosten, Nordwesten, Südosten oder Südwesten.

gangsbereich hatten, und man hat bei diesen das Gefühl, daß es zu viele Öffnungen gibt. Die Energie solcher Gebäude muß unharmonisch sein. Firmen und Mitarbeiter in Gebäuden mit zu vielen Eingängen sind von Streitigkeiten und Unruhe bedroht. Es kann dort keine günstigen Aussichten geben.

Parkgaragen sollten immer unterirdisch liegen, niemals oberirdisch auf den unteren Stockwerken eines Gebäudes. Dadurch würde auf den unteren Ebenen ein leerer Raum entstehen, der ein »schwaches Fundament« symbolisiert. In Gebäuden, in denen die Büros über mehreren Parkebenen liegen und das Parterregeschoß leer bleibt, so daß das ganze Gebäude wie auf Stelzen zu stehen scheint, ist das Feng Shui außerordentlich schlecht.

Dieses Gebäude profitiert von den fünf Zufahrtsstraßen, die gutes Ch'i an das kleine Rasenstück heranführen, an dem es sich sammeln kann, bevor es in das Gebäude eintritt.

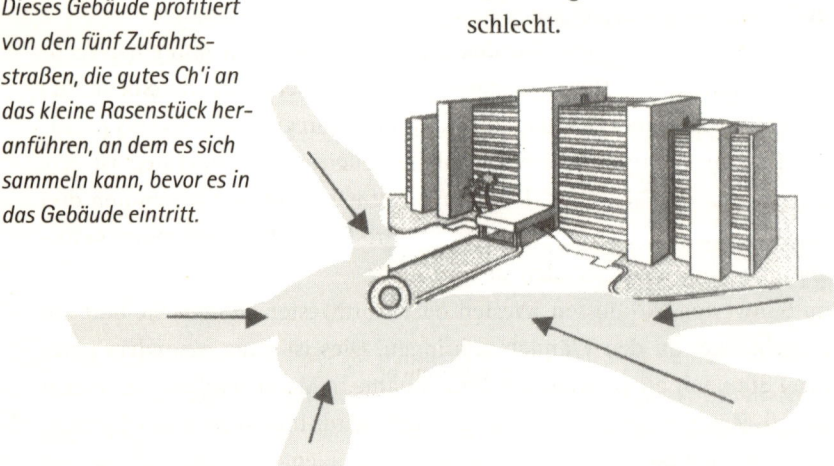

Um sich einen glückbringenden Eingangsbereich zu schaffen, kann man weiterhin dafür sorgen, daß er stets gut beleuchtet, geräumig und entsprechend der inneren Energie des Orts gestaltet ist. Ermitteln Sie den Sektor des Eingangsbereichs, und gestalten Sie ihn mit Objekten aus, die das herrschende Element aktivieren und kräftigen. Liegt der Eingangsbereich

- im Norden, stellen Sie ein schönes Aquarium auf, in dem Sie neun Goldfische halten, acht goldene oder rote und einen schwarzen. Ein solches Aquarium trägt ganz entscheidend zum Glück des Büros bei. Stellen Sie es gegenüber der Haupteingangstür auf und pflegen Sie es sorgfältig. Wenn Sie möchten, können Sie statt der Goldfische Batagur-Schildkröten oder Arrowanas (siehe Seite 232) nehmen. Fische und Schildkröten sind vorzügliche Wohlstandssymbole, die dem Büro ein außerordentlich gutes Schicksal bringen können.

> **Negative äußere Faktoren mit schlechtem Feng Shui**
>
> - Lage am Ende einer geraden Straße mit schnellem, in Richtung des Gebäudes fließendem Verkehr;
> - gegenüber einem hohen Gebäude oder Turm;
> - gegenüber spitzwinkligen Kreuzungen;
> - gegenüber Baukränen;
> - gegenüber der Ecke eines anderen Gebäudes;
> - gegenüber einem Kreuz oder einer kreuzförmigen Struktur;
> - gegenüber Gebäudefassaden mit scharfen, bedrohlichen Gestaltungselementen.

- im Süden, Südwesten oder Nordosten, dann plazieren Sie dort einen schönen Kristalleuchter. Dieses Gestaltungselement zieht sehr viel Sheng Ch'i in Ihr Büro. Es gibt zur Energetisierung und Anregung des Stroms positiver Energie nichts Besseres als solche Leuchter; am stärksten ist ihre Wirkung in der Nähe der Haupteingangstür und in den genannten drei Sektoren. In den übrigen Sektoren ist ihre Feng-Shui-Bedeutung geringer; aber zumindest schaden sie dort nicht.

- im Südwesten, Nordosten, Westen oder Nordwesten, sollten Sie dort ein Ziegelmuster an den Wänden anbringen. Dies ist ganz besonders gutes Feng Shui, vor allem, wenn der Firmenname in Metall-Farben oder einem Metall-Material an der Wand angebracht wird. Indem man das Element Metall hinzufügt, fördert man die Kraft des Elements Erde und erzeugt

Verbesserung der Ch'i-Energie in einem Eingangsbereich mit drei Türen

Die nebenstehende Skizze zeigt ein Gebäude mit drei Eingängen, die jeweils mit »A« bezeichnet sind. Ein zusätzliches negatives Merkmal dieses Bereichs ist, daß einer von diesen Eingängen gegenüber drei Aufzugschächten liegt (B). Eine solche Konstellation führt – ebenso wie eine Lage

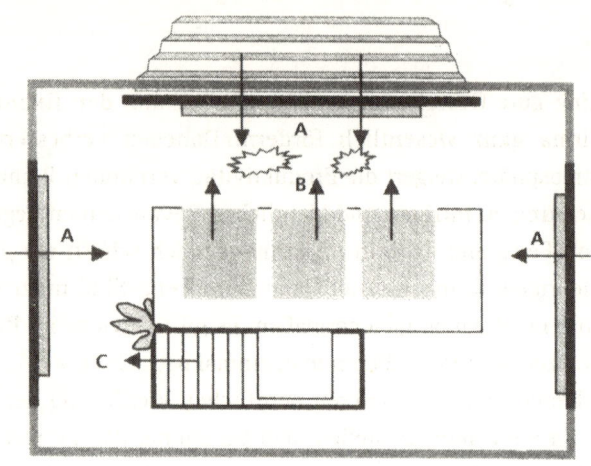

gegenüber einer Rolltreppe – zu schlechtem Feng Shui, weil hier das Ch'i sehr schnell zerstreut wird. Weiterhin liegt einer der Eingänge gegenüber einer Treppe, die auf das Parkdeck im Untergeschoß führt (C). Diese drei Gegebenheiten müssen berichtigt werden.

Die Lösung besteht darin, daß man zwischen den Lifts und dem Eingang starke Leuchten anbringt, neben der Treppe grüne Pflanzen plaziert und wenigstens eine der Türen schließt.

eine außerordentlich wirksame Mischung guter Energien. Da dies alles auch noch in der Nähe der Haupteingangstür geschieht, steigert dies das Glück in höchstem Maß.

Gelungene Bürogestaltungen

Eine gute Gestaltung der Büroräume kann den finanziellen Erfolg einer Firma ganz wesentlich fördern. Daneben verbessert dies die Arbeitsatmosphäre, steigert die Produktivität, vermindert Reibungen und wirkt der Neigung zu Intrigen und kleinlichen Revanchen entgegen. Die Anwendung von Feng-Shui-Regeln im Firmenbereich schafft ein gutes Büroklima mit niedrigem Krankenstand. Gutes Büro-Feng-Shui nützt allen Mitarbeitern – aber nicht jedem gleichermaßen. Es gibt Bereiche im Büro, die mehr Glück bringen als andere. Wenn man einmal betrachtet, wer in welchem Büroraum arbeitet, und den weiteren beruflichen Werdegang der Betreffenden prüft, dann wird man feststellen, daß bestimmte Räume mehr Glück zu bringen scheinen. Ebenso gibt es Zimmer, mit denen immer ein ungutes Schicksal verbunden zu sein scheint. Die Mitarbeiter dort werden krank, bekommen private Probleme oder werden entlassen.

Darüber hinaus verschaffen sich diejenigen, die ihren Sitzplatz gemäß ihrer persönlichen Kua-Zahl ausrichten, einen zusätzlichen Vorteil (siehe Seite 89f.). Wenn der Arbeitsplatz allgemein gutes Feng Shui hat, spielt dieses Merkmal jedoch keine so entscheidende Rolle.

Alle Mitarbeiter in einem Büro profitieren davon, wenn dieses eine regelmäßige Form hat. Ein genaues Rechteck oder Quadrat ist die Gewähr dafür, daß Glück jeglicher Art möglich wird. Wenn es im Büro fehlende Ecken gibt, wird man darunter zu leiden haben, da das dieser fehlenden Ecke zugeordnete Glück fehlt. Zur Ermittlung der Himmelsrichtung einer fehlenden Ecke stellt man sich mit einem guten Kompaß in die Mitte des Raums. Suchen Sie die Nordrichtung und markieren Sie dann anhand des Lo-Shu-Rasters auf dem Fußboden die acht Sektoren. Ignorieren Sie bei der Anwendung des Rasters kleinere Ecken. Achten Sie aber darauf, daß die so entstehenden neun Sektoren in etwa gleich groß sind. Arbeiten Sie bei der Anwendung der Verfahren des Kompaß-Feng-Shui besonders sorgfältig.

- Wenn der nördliche Sektor fehlt, kommen die Mitarbeiter beruflich nicht voran.

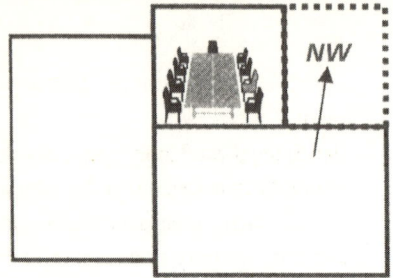
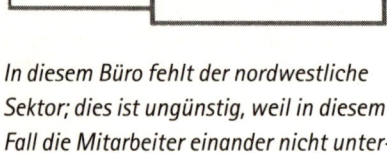
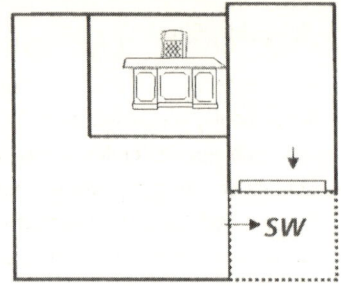

In diesem Büro fehlt der nordwestliche Sektor; dies ist ungünstig, weil in diesem Fall die Mitarbeiter einander nicht unterstützen.

Der fehlende Sektor in diesem Büro ist der Südwesten, was sich auf die Beziehungen im Büro auswirkt. Beheben Sie das Problem mit einem kleinen Spiegel.

- Fehlt der südliche Sektor, bekommen es die Mitarbeiter mit Klatsch, übler Nachrede und Mobbing zu tun.
- Fehlt der westliche Sektor, können familiäre Probleme auftreten.
- Wenn der östliche Sektor fehlt, leidet die Gesundheit der Mitarbeiter darunter.
- Wenn der nordwestliche Sektor fehlt, mangelt es den Mitarbeitern an Unterstützung seitens der Firma oder des Firmenchefs. Der Nordwesten ist der Sektor, der für die Hilfe einflußreicher Menschen steht. Zur Beseitigung dieses Problems kann man diese Ecke mit einem bodenlangen Spiegel künstlich erzeugen (siehe jedoch Kasten Seite 173).
- Fehlt die südwestliche Ecke, droht im Büro Zank, und der Umgangston läßt sehr zu wünschen übrig. Südwesten ist der Sektor der guten Beziehungen und des reibungslosen sozialen Austausches.
- Wenn die nordöstliche Ecke fehlt, haben es die Mitarbeiter schwer, sich zu verbessern.
- Wenn der Südosten des Grundrisses fehlt, schadet dies dem Glück des Reichtums. Dies stellt für jedes Büro einen schweren Nachteil dar und muß, wenn irgend möglich, mit einem Spiegel oder mittels heller Beleuchtung der Südostwand behoben werden. Auch viele Pflanzen an dieser Wand schaffen einen vorzüglichen Ausgleich.

Spiegel im Büro

Oft empfehlen Feng-Shui-Experten die Verwendung von Spiegeln zur Behebung des Problems fehlender Ecken. Ich persönlich bin allerdings der Meinung, daß Spiegel eher etwas für Geschäfte als für Büros sind. Dennoch erfüllen sie ihren Zweck als »Heilmittel« sehr gut. Dabei sollten Sie jedoch einige Grundregeln beachten:

• Arbeiten Sie nicht mit Spiegelfliesen, die den Schaden nur größer machen.
• Der Spiegel muß so groß sein, daß er symbolisch einen ganzen Sektor erzeugt.
• Der Spiegel muß höher sein als der größte Mitarbeiter, damit der Kopf im Spiegel nicht »abgeschnitten« wird, und ebenso sollte er bodenlang sein, damit die Füße nicht abgeschnitten werden.
• Wenn möglich, sollte im Spiegel der Bürosafe zu sehen sein. Dies hat dieselbe Wirkung wie an einer Ladenkasse: Der Reichtum wird symbolisch verdoppelt.

Die Bürogrundrisse

Wenn Sie ein Büro beziehen wollen, sollten Sie zunächst prüfen, ob es einen regelmäßigen Grundriß hat. Berücksichtigen Sie dabei, daß diese Forderung auch für alle innerhalb des Büros abgeteilten Flächen gilt. In Büros mit dreieckigen, L- und U-förmigen Grundrissen ist sehr schlecht zu arbeiten. Auch wenn Sie zunächst nicht einsehen, warum Sie damit Probleme haben sollten, werden Sie langfristig die Auswirkungen zu spüren bekommen.

Dies ist ein L-förmiges Büro mit einer scharfen Kante. Diese trifft jedoch die Person nicht, und ihr Schreibtisch ist richtig plaziert. Eine Pflanze, die die scharfe Ecke abmildert, ist immer günstig.

Sie werden in einem solchen Raum nicht glücklich werden, und Sie werden auch keinen beruflichen Erfolg haben. Unregelmäßige Grundrisse führen zu Streß und Mißverständnissen. Wer in einem solchen Raum arbeitet, braucht nicht zu erwarten, daß er große Autorität haben

Oben: Setzen Sie eine Pflanze gegen die Ecke einer Säule ein, der Sie am Arbeitsplatz ausgesetzt sind. Ersetzen Sie die Pflanze, wenn sie eingeht.

Unten: Ein T-förmiges Büro mit zwei einander gegenüberliegenden Eingängen ist ungünstig. Beheben Sie das Problem, indem Sie Ihren Schreibtisch sorgfältig positionieren, Pflanzen an die zweite Tür stellen und die scharfen Ecken mit einem Wandschirm abdecken.

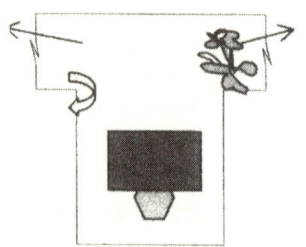

wird. Vor allem Räume mit einem dreieckigen Grundriß haben zur Folge, daß die Autorität des Leiters vollständig untergraben wird.

Wenn man in einem Raum mit unregelmäßigem Grundriß arbeiten muß, sollte man unbedingt versuchen, ihn in eine regelmäßige Form zu bringen. Schaffen Sie mit Möbeln und Raumteilern eine gleichmäßige Raumform, und decken Sie ebenfalls mit Einrichtungsgegenständen spitze Winkel und vorstehende Ecken ab. So wird auch der Büroschrank zu einem Feng-Shui-Werkzeug! Einbaumöbel ergeben dabei bessere Lösungen als freistehende Schränke. Von Büros mit klaren Linien geht weniger schlechte Energie aus als von solchen mit zu vielen widerstreitenden Linien, die von schlecht plazierten und schlecht aufeinander abgestimmten Möbeln ausgehen. Entscheiden Sie sich bei der Einrichtung für Qualität statt Quantität!

Meiden Sie Büros mit zu vielen und solche mit vorspringenden Ecken. Es sollten auch möglichst keine Deckenbalken vorhanden sein. Wählen Sie niemals Ihren Platz unter einem Deckenbalken, gegenüber einer vorspringenden Ecke oder einer Säule. Achten Sie auch darauf, daß keine spitzen Kanten von Büromaschinen und -einrichtungen genau auf Sie weisen. Wenn dies der Fall ist, sollten Sie Ihren Stuhl um einige Schritte verrücken oder aber eine Pflanze als Puffer zwischen Ihnen und der Säule beziehungsweise Ecke aufstellen. Sobald Sie feststellen, daß die Pflanze zu kränkeln beginnt, müssen Sie sie ersetzen. Bambusstäbe sind besonders wirksam gegen spitze Ecken im Osten oder Südosten eines Raums. Sie brauchen nicht besonders groß zu sein, aber sie müssen hohl sein. Glockenspiele mit fünf Klangkörpern eignen sich speziell für Ecken im Westen und Nordwesten.

Eines der besten »Heilmittel« für Räume mit ungünstigem Grundriß ist eine gute Beleuchtung. Helles Licht vertreibt schlechte Energie in unregelmäßigen Ecken. Gutes Licht ist überhaupt eine der vorzüglichsten Möglichkeiten, glückbringendes Feng Shui sicherzustellen, weil Licht für die vorteilhafte Yang-Energie steht. Verwenden Sie jedoch keine Spotlights. Die Energie solcher Leuchten ist zu intensiv und würde jeden erschöpfen. Auch die Anbringung hohler, mit einer roten Schnur umschlungener Bambusstäbe (siehe Seite 79) wirkt positiv, weil diese gutes Ch'i nach oben leiten.

Die Lage von Büros

In Büros, die genau gegenüber von Aufzugschächten, Rolltreppen oder gewöhnlichen Treppen liegen, kann man niemals erfolgreich arbeiten. Wenn Sie mit einer solchen Situation zu tun haben, sollten Sie eine Bürotür aus Glas einbauen lassen, die auf einen eher geräumigen Vorraum öffnet, von dem aus man über eine weitere Tür in das eigentliche Büro gelangt. Eine Glastür gilt nicht als Eingangstür. Deshalb ist eine zweite, massivere Tür notwendig, und diese kann man in der für den Leiter des Büros günstigsten Richtung anordnen.

Grundsätzlich ist in jedem Büroraum der beste Platz derjenige schräg gegenüber der Eingangstür, und dieser sollte immer dem Leiter oder der Leiterin vorbehalten sein. Je nach der verfügbaren Grundfläche des Büros, wenn sich dieses zum Beispiel über ein ganzes Stockwerk erstreckt, kann man in diesem Bereich bis zu drei Zimmer oder Arbeitsbereiche unterbringen. Weiterhin kann ein glückbringendes

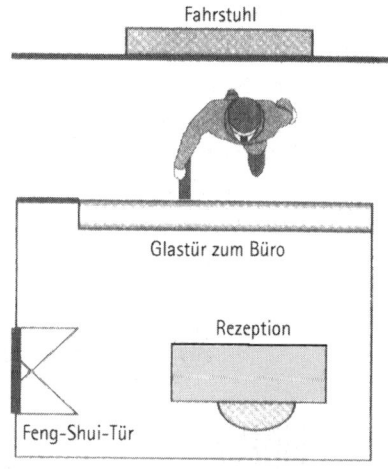

Ein ungünstiges Büro: Es liegt gegenüber dem Aufzug.

175

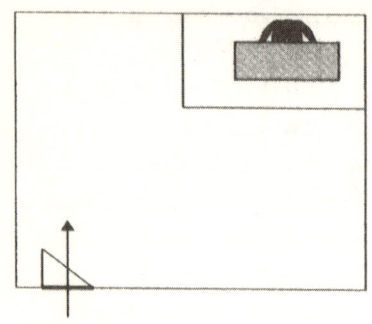

Der beste Platz im Büro ist derjenige, der, wie hier gezeigt, der Haupteingangstür diagonal gegenüber in der entfernten Ecke liegt.

Büro niemals am Ende eines langen Korridors liegen. Am Ende langer und schmaler Gänge ist besonders ungünstiges Feng Shui wirksam, weil diese als »Giftpfeile« wirken. Man kann die dadurch bedingten Probleme beseitigen, indem man Topfpflanzen aufstellt, den Gang gut erleuchtet und an der Wand Gemälde anbringt, um die Eintönigkeit des Korridors aufzulockern und den schnellen Fluß des Ch'i zu bremsen. Pflanzen im Korridor sind besonders günstig, weil sie das Ch'i in eine gewundene Bahn zwingen. Hilfreich ist auch ein Glockenspiel über der äußeren Tür. Ich empfehle meist, Gänge in Büros geschwungen zu gestalten. Wenn der Eingang zu Ihrem Büro direkt gegenüber einer anderen Bürotür liegt, müssen Sie mit einer gespannten und »konfrontativen« Atmosphäre rech-

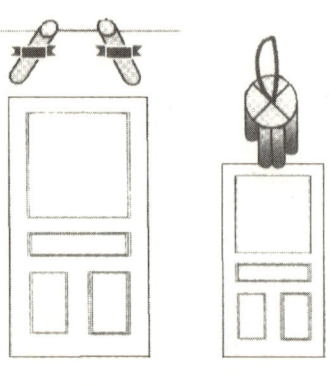

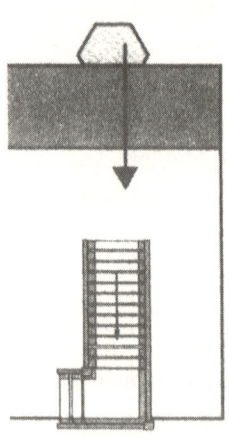

Ein Büro am Ende eines langen Gangs ist einem »Giftpfeil« ausgesetzt.

Wenn Ihre Bürotür gegenüber einer anderen Tür liegt, vermeiden Sie Konfrontationen, indem Sie mit einem roten Band umschlungene Bambusstäbe oder ein Glockenspiel außen vor der Tür anbringen.

Sitzen Sie nicht gegenüber einer Treppe, da dort Ihr Glück sonst hinabfließt.

nen. Versuchen Sie, mit einem Glockenspiel oder hohlen Bambusstäben vor der Tür möglichen Problemen zu begegnen.

Das Zimmer am Ende eines Korridors gilt immer als ungünstig. Wenn sich dort das Besprechungszimmer befindet, kann der Erfolg der Firma darunter leiden. Liegt dort das Büro eines leitenden Angestellten, hat dies negative Auswirkungen auf seine Abteilung. Dieser Effekt ist um so ausgeprägter, wenn der Betreffende auch noch direkt der Tür gegenüber sitzt. Man kann davon ausgehen, daß er seine Stelle nicht lange behalten wird. Er könnte sehr krank werden oder aber gezwungen werden, die Firma zu verlassen. Wenn sein »persönliches Glück« gut ist, gibt er seine Stelle freiwillig auf, oder er bekommt ein besseres Angebot von einer anderen Firma.

Wenn Sie ein Zimmer am Ende eines langen Korridors zugewiesen bekommen und dies nicht ablehnen können, sollten Sie wenigstens Ihren Schreibtisch so plazieren, daß er nicht genau gegenüber der Eingangstür liegt. Bringen Sie dann zwei mit einem roten Faden umschlungene Bambusstäbe vor der Tür an. Wenn Sie möchten, können Sie auch (wiewohl dies sehr unfreundlich wäre) einen kleinen Pa-kua-Spiegel vor der Tür anbringen. Ich bevorzuge jedoch die Methode der Bambusstäbe.

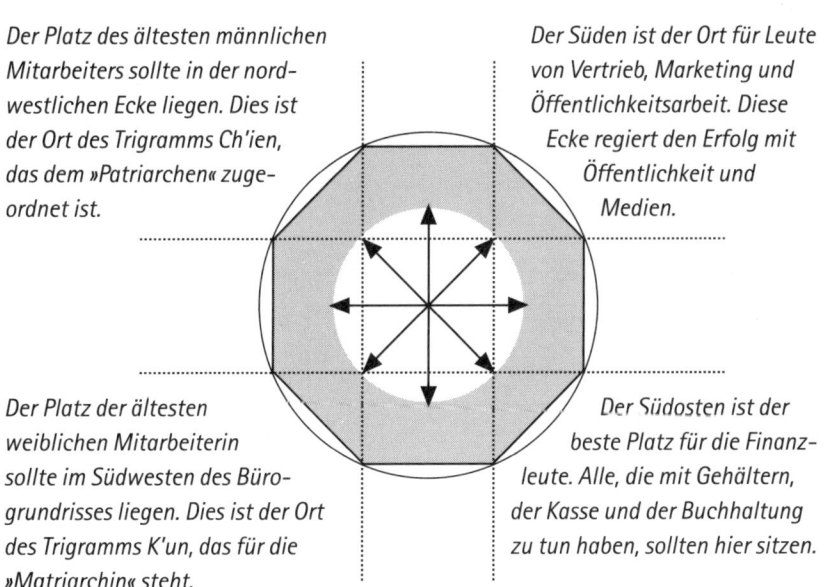

Der Platz des ältesten männlichen Mitarbeiters sollte in der nordwestlichen Ecke liegen. Dies ist der Ort des Trigramms Ch'ien, das dem »Patriarchen« zugeordnet ist.

Der Süden ist der Ort für Leute von Vertrieb, Marketing und Öffentlichkeitsarbeit. Diese Ecke regiert den Erfolg mit Öffentlichkeit und Medien.

Der Platz der ältesten weiblichen Mitarbeiterin sollte im Südwesten des Bürogrundrisses liegen. Dies ist der Ort des Trigramms K'un, das für die »Matriarchin« steht.

Der Südosten ist der beste Platz für die Finanzleute. Alle, die mit Gehältern, der Kasse und der Buchhaltung zu tun haben, sollten hier sitzen.

Ein Zimmer, das genau gegenüber dem Eingang des Hauptbüros liegt, bringt Unglück. Wenn man zu nahe am Eingang sitzt, wird man leicht abgelenkt und kann sich nicht gut konzentrieren.

Ein Bürogrundriß nach Pa-kua-Grundsätzen

Mit Hilfe des Pa-kua kann man ein Büro so gestalten, daß dies der Firma den größten Nutzen bringt. Im Kompaß-Feng-Shui ist jeder der acht Richtungen eine bestimmte Tätigkeit und eine bestimmte Art von Glück zugeordnet.

- Nordwesten und Südwesten sind besonders wichtige Richtungen, und dem Pa-kua zufolge sollte der Leiter im Nordwesten und die Leiterin im Südwesten sitzen.
- Geben Sie der Finanzabteilung, die im Büro das Geld verwaltet, einen Platz im südöstlichen Sektor. Dies kommt den Finanzen und dem Umsatz der Firma zugute.
- Desgleichen sollte der Bürosafe sowie die Buchhaltung in diesem Sektor plaziert sein.
- Der ideale Ort für den Vertrieb, die Öffentlichkeitsarbeit und das Marketing ist der südliche Teil des Büros. In diesem Sektor steht am meisten von derjenigen Energie bereit, die man für einen Verkaufserfolg braucht. Sehr gut geeignet für diese Abteilungen ist auch der Südwesten.

Wie man ein Büro glückbringend gestaltet

Sich aktiv ein gutes Schicksal zu schaffen gehört zum Spannendsten in der Feng-Shui-Praxis. Letztlich geht es dabei um eine Zusammenführung der chinesischen Theorie der Elemente mit der Yin-Yang-Kosmologie. Weiterhin braucht man hierfür gewisse Grundkenntnisse der Feng-Shui-Symbolik und der Bedeutungen, die den vier himmlischen Geschöpfen Drache und Tiger, Schildkröte und Phönix zugeordnet werden. Daneben gibt es viele weitere Objekte, die im Feng Shui benutzt werden können: Symbole, die für Reichtum und Wohlergehen stehen, Gegenstände, die ein langes Leben und gute Gesundheit anzeigen, und Motive und Bilder, die entsprechend dem Geburtsdatum und dem Geburtshoroskop zusätzliches Glück bringen.

Es gibt verschiedene Arten von Glück, die man aktivieren kann, und es stehen hierfür verschiedene Verfahren zur Verfügung. Hiervon soll im nächsten und im letzten Teil dieses Buchs ausführlicher die Rede sein. Wenden wir uns an dieser Stelle zunächst den beiden Möglichkeiten einer Aktivierung von gutem Feng Shui im Büro zu.

Die Ausrichtung des Sitzplatzes

Die Entscheidung, in welcher Richtung man sitzen möchte, kann jeder für sich fällen. Während man oft keinen oder wenig Einfluß darauf hat, wie der Arbeitsplatz allgemein gestaltet ist, kann man die Richtung, in der man sitzt, leicht ändern, indem man einfach seinen Körper in eine der vier bestehenden günstigen Richtungen dreht.

Ich rate jedem, der in seinem Beruf nach oben strebt, anhand der Pa-kua-Tabellen auf den Seiten 89 ff. seine günstigste Richtung zu ermitteln und mit dem Gesicht in dieser Richtung zu arbeiten. Wenn dies aus irgendwelchen Gründen nicht möglich ist, sollten Sie auf eine der übrigen drei günstigen Richtungen ausweichen. Unbedingt vermeiden sollten Sie es, in Ihrer Richtung des »Untergangs« zu sitzen, weil Sie in diesem Fall mit schwerem Unglück rechnen müssen.

- Am besten ist es immer, diagonal gegenüber der Tür mit Blick auf diese zu sitzen. Wenn Ihr Schreibtisch schräg stehen muß, damit Sie in Ihrer günstigsten Richtung sitzen können, dann stellen Sie ihn schräg. Andererseits sollte Ihr Platz dann nicht in Ihrer günstigsten Richtung ausgerichtet sein, wenn Sie in diesem Fall mit dem Rücken zur Tür sitzen müßten. In diesem Fall ist eine Kompromißlösung besser, indem Sie sich zum Beispiel in Ihre zweit- oder drittbeste Richtung drehen.
- Wählen Sie Ihren Platz möglichst so, daß der Chef hinter Ihnen sitzt. Selbst wenn er sich in einem anderen Teil des Büros befindet, bedeutet dies doch, daß Sie von ihm »Rückendeckung« erhalten. Meiden Sie dagegen unbedingt eine Sitzposition, die eine Konfrontation mit Ihrem Chef symbolisiert. Selbst wenn er in einem anderen Raum sitzt, könnte dies für Sie zu Problemen führen, etwa in Form schwerwiegender Mißverständnisse.

Formales Feng Shui muß immer in Verbindung mit physischem Feng Shui praktiziert werden. Diesbezüglich gelten einige wichtige Regeln, gegen die man nicht verstoßen darf:

- Sitzen Sie niemals genau gegenüber einer Tür, vor allem nicht derjenigen, die in das Büro oder in Ihr Zimmer führt. In dieser Position würde Sie allzu starke Energie treffen, die Sie verletzen kann. Rücken Sie Ihren Schreibtisch etwas aus der Richtung der einfallenden Energie. Denken Sie immer daran, daß in gerader Linie fließende Energie sehr schädlich sein kann; günstiger ist eine auf einer geschwungenen Bahn fließende Energie.
- Sitzen Sie niemals direkt gegenüber einem langen Korridor innerhalb oder außerhalb des Büros. Wenn dieser innerhalb des Büros liegt, sollten Sie die Bürotür ständig geschlossen halten. Dies erreichen Sie am besten mit einem automatischen Türschließer. Wenn der Gang innerhalb des Büros liegt und es Ihnen nicht erlaubt wird, irgend etwas zu verändern, können Sie einen kleinen Bergkristall auf Ihren Schreibtisch stellen. Dieser hemmt den schnellen Zustrom negativer Energie, die auf Sie gerichtet ist.
- Vermeiden Sie einen Platz gegenüber der Kante einer Mauer, Säule oder eines Schranks. Kanten senden immer negative Energie aus, die Krankheit

und Unglück hervorruft. Sie werden sich apathisch und ausgelaugt fühlen und können sich für nichts begeistern. Plazieren Sie auf Ihrem Schreibtisch eine Topfpflanze oder einen Strauß frischer Blumen zwischen Ihnen und der Kante. Erneuern Sie die Pflanze beziehungsweise die Blumen regelmäßig.

Zur Erinnerung

Ein sehr guter Freund von mir, dem das wahrscheinlich größte Kaufhaus in Singapur, das »Ngee Ann City Centre«, gehört, zeichnete sich auf seinen Schreibtisch einen Pfeil, um sicherzugehen, daß er immer in seiner günstigsten Richtung saß. Das gleiche tat ich auch, als ich in dem Unternehmen arbeitete. Und Sie können es ebenfalls so machen, wenn Sie Ihre Richtung nicht vergessen wollen.

- Setzen Sie sich nicht direkt unter einen freiliegenden Deckenbalken und möglichst auch nicht unter verdeckte tragende Balken. Schieben Sie den Schreibtisch so weit wie möglich von einem solchen Balken weg, und befestigen Sie dann zwei mit einem roten Faden umwickelte Bambusstäbe oder ein Glockenspiel an diesem Balken. Diese Heilmittel zerstreuen die negative Energie und schützen Sie vor deren negativen Wirkungen.

- Achten Sie darauf, daß vor Ihnen immer ein freier Raum liegt. So kann gesunde Energie zu Ihnen fließen. Wenn der Platz vor Ihrem Schreibtisch vollgestellt ist, können Sie kaum gutes Feng Shui haben. Falls sich eine feste Wand vor Ihnen befindet, sollten Sie den Schreibtisch ein Stück davon wegrücken, damit davor ein wenig freier Raum entsteht.

- Vermeiden Sie es, mit dem Rücken zur Tür zu sitzen. Damit können Sie sich »Dolchstößen« von Menschen aussetzen, denen Sie arglos Ihr Vertrauen geschenkt haben. Wenn Sie Arbeitgeber sind, führt diese Platzanordnung dazu, daß Ihre Mitarbeiter Sie hintergehen. Es wird Unehrlichkeit in Ihrem Büro geben. Wenn Sie sich in einer leitenden Stellung befinden, werden Sie bei einer Beförderung übergangen, und wenn Sie ein jüngerer Mitarbeiter sind, besteht die Gefahr, daß Sie zum Sündenbock für alles gemacht werden, was mißlingt. Versuchen Sie unbedingt, Ihren Schreibtisch so zu verlegen, daß Sie sehen können, wer den Raum betritt.

- Sorgen Sie dafür, daß sich hinter Ihnen eine feste Wand befindet. Damit sichern Sie sich die volle und aktive Unterstützung Ihrer Mitarbeiter und

181

Kollegen, was besonders wichtig ist, wenn Sie Leiter einer großen Firma sind. Wenn dies nicht möglich ist und hinter Ihnen ein Fenster liegt, sollten Sie zumindest massive Rolläden oder Vorhänge anbringen lassen, die die in einer Firma so wichtige Unterstützung symbolisieren.

- Achten Sie darauf, daß Sie nicht mit dem Rücken zu einem Fenster sitzen, da es Ihnen dann an Unterstützung in Ihrer Arbeit mangeln wird. Alle Ihre Pläne und Vorhaben können scheitern, und die Mitarbeiter werden Ihnen ihre Unterstützung verweigern. Projekte kommen nicht voran, weil ständig neue Hindernisse und Schwierigkeiten auftreten. Wenn Sie zur Zeit mit dem Rücken zu einem Fenster sitzen, müssen Sie Ihren Schreibtisch drehen, selbst wenn Sie zuvor in Ihrer glückbringenden Richtung saßen.
- Es gibt eine Ausnahme, bei der Sie doch mit Ihrem Rücken zu einem Fenster sitzen können, nämlich dann, wenn sich von diesem aus eine

---

Aussichten

Achten Sie darauf, welcher Blick sich Ihnen aus Ihrem Fenster bietet. Wenn Sie in einem Hochhaus arbeiten, ist es immer vorteilhaft, aus dem Fenster blicken zu können, da Sie dann an Ihrem Arbeitsplatz Zugang zur natürlichen Umgebung haben. Da aber immer mehr Städte zu Betonwüsten werden, kann eine solche Aussicht auch problematisch sein.

Setzen Sie sich vor allem nicht an einen Schreibtisch, der direkt gegenüber der Kante eines anderen Gebäudes auf der anderen Straßenseite liegt. Dies dürfte eines der schwerwiegendsten und zugleich häufigsten Feng-Shui-Probleme sein, mit denen Büroangestellte zu tun bekommen. Versperren Sie in einem solchen Fall lieber die Aussicht. Setzen Sie

hierfür Jalousien oder Rolläden aus Holz ein, die wirksamer sind als Vorhänge.

Eine schädliche Wirkung haben außerdem hohe, bedrohlich aussehende Wolkenkratzer, Fassaden mit kreuzförmigen Elementen, Fernsehantennen und Satellitenschüsseln. Es nützt auch nichts, sich in einem solchen Fall mit dem Rücken zum Fenster zu setzen, da Sie dann nur ein Problem gegen ein anderes eintauschen. Wenn vor Ihrem Fenster etwas liegt, das schädliche Energie auf Sie aussendet, müssen Sie damit rechnen, daß Sie krank werden oder Ihre Arbeit darunter leidet. Wenn Sie dieser Aussicht dagegen den Rücken zuwenden, könnte Ihnen jemand in den Rücken fallen, oder Sie werden das ahnungslose Opfer einer für Sie unerfreulichen Firmenpolitik.

glückbringende Aussicht bietet wie beispielsweise auf einen Berg mit weichen Konturen oder ein Bankgebäude. Ein Freund von mir ist Geschäftsführer einer Consulting-Firma. Er saß in seinem Büro in Kuala Lumpur mit dem Rücken zum Fenster, aber hinter ihm lag die Zentrale der »City Bank of Malaysia«. Unnötig zu sagen, daß mein Freund all die Jahre außerordentlich erfolgreich war und ein großes Vermögen ansammeln konnte.

Nichts geht über eine symbolische Unterstützung. Wenn man zum Beispiel eine Firma hat, die die Hilfe von Banken braucht, könnte man an der Wand hinter seinem Schreibtisch das Bild einer Bank anbringen. Ich persönlich ziehe den Mount Everest vor, und ich hatte in der Tat jahrelang ein Bild dieses Berges hinter mir. Hängen Sie aber keine Weltkarte auf. Dies wirkt nicht. Nehmen Sie auch keine zackigen Berge oder Vulkane. Solche Objekte gehören dem Feuer-Element an und sind nicht für jeden geeignet. Als Alternative zu einer Bergdarstellung können Sie ein Bild von einer Seeschildkröte anbringen. Diese Tiere sind für ihre Zähigkeit bekannt und symbolisieren viele glückbringende Dinge wie zum Beispiel langes Leben, Ausdauer und Kraft. Zudem ist die Schildkröte eines der vier himmlischen Geschöpfe.

- Sitzen Sie nicht vor einem Bücherregal. Die offenen Fachböden wirken wie Messer, die in Ihren Rücken schneiden. Dies ist eine äußerst ungünstige Symbolik: Sie könnten nicht nur Rückenschmerzen bekommen, sondern Sie müssen auch damit rechnen, hintergangen zu werden.
- Sitzen Sie auch nicht gegenüber einer Treppe, egal ob sie nach oben oder nach unten führt. Wenn der Arbeitsplatz zwischen zwei Treppen liegt, gerät man in

Präsentationen

Wenn Sie eine Präsentation durchführen, sollten Sie dies nicht vor einem Fenster tun. Achten Sie immer darauf, daß sich hinter Ihnen eine feste Wand befindet. Ebenso ungünstig wäre eine Tür hinter Ihnen.
Ich empfehle auch, darauf zu achten, daß niemand hinter Ihnen sitzt oder steht, wenn Sie sprechen. Dies irritiert und stellt für den Vortragenden sehr schlechtes Feng Shui dar. In allen Bürogebäuden sollten daher Konferenzzimmer stets gemäß diesen Richtlinien gestaltet sein.

eine Abwärtsspirale, und es wird sehr schwierig, wieder nach oben zu kommen. Ich kenne jemanden, der sein Büro in einem sehr kleinen Zimmer direkt neben dem Treppenabsatz eines vierstöckigen Gebäudes hatte. Er hatte einen Mißerfolg nach dem anderen, bis er schließlich einfach auszog.

- Vermeiden Sie es, gegenüber einer Toilettentür zu sitzen. Dies ist eine außerordentlich ungünstige Anordnung, weil man ganz von der negativen Energie der Toilette umgeben ist. Bleiben Sie stets möglichst weit von Toilettentüren entfernt!

- Ungünstig ist auch ein Platz gegenüber einem Spiegel. Besser ist es, einen Spiegel im Rücken zu haben. Blickt man vor sich in einen Spiegel, wird man ständig abgelenkt. Außerdem könnte der Spiegel scharfe Kanten und andere schädliche Strukturen reflektieren, die unbemerkt auf Sie einwirken. Verlegen Sie Ihren Schreibtisch so, daß der Spiegel entweder neben Ihnen oder hinter Ihnen liegt.

- Achten Sie darauf, daß sich hinter Ihnen kein Wasser befindet. Wenn in Ihrem Büro ein Aquarium steht, weil Ihr Chef von Feng Shui überzeugt ist, sollten Sie es nicht in Ihrem Rücken haben. Berücksichtigen Sie stets, daß Wasser im Rücken niemals günstig ist, und am Arbeitsplatz könnte dies bedeuten, daß solches Wasser Sie »ertränkt«. Wasser vor Ihnen dagegen bringt Ihnen immer Glück.

Den Arbeitsplatz aktivieren

Wenn Sie Ihr Büro und Ihren Schreibtisch richtig positioniert haben, können Sie darangehen, den Schreibtisch und Ihre unmittelbare Umgebung zu energetisieren. Sorgen Sie zunächst dafür, daß der Raum gut beleuchtet und immer sauber und aufgeräumt ist. Von einem vollgestapelten Schreibtisch, der schlecht beleuchtet ist, kann keine gute Energie ausgehen. Wie kann das Feng Shui gut sein, wenn Sie die Augen zukneifen müssen, weil Sie kaum etwas sehen? Natürlich ist auch das andere Extrem ungünstig, das heißt, Sie sollten nicht bei scharfem direktem Licht oder im grellen Schein der Nachmittagssonne arbeiten.

- Wenn sich vor Ihrem Fenster eine ungünstige Aussicht bietet, sollten Sie sie mit einer Jalousie verdecken. Wenn Sie ein Fensterbrett haben, sollten Sie es entsprechend der Richtung, in der das Fenster liegt, mit einer Dekoration versehen. Liegt es nach Osten oder Südosten, können Sie eine blühende Zimmerpflanze daraufstellen. Auch eine Dekoration, die mit Wasser zu tun hat, wie zum Beispiel ein kleiner Springbrunnen, erzeugt in dieser Himmelsrichtung Erfolg und finanzielles Glück. Falls das Fenster nach Süden liegt, kann man einen Vorhang in kräftigem Rot vor dem Fenster anbringen. Dies bewirkt, daß man in positiver Weise auf Sie aufmerksam wird. Liegt das Fenster nach Westen oder Nordosten, hängen Sie am besten ein Glockenspiel davor, und wenn es nach Südwesten liegt, können Sie mit einem natürlichen Quarzkristall Ihr gesellschaftliches Leben verbessern.

- Achten Sie darauf, daß niemals Essens- oder Getränkereste auf Ihrem Schreibtisch stehen. Gutes Feng Shui ist etwas, wofür man ständig sorgen muß. Halten Sie Ihren Arbeitsplatz immer sauber. Räumen Sie am Ende des Tages Ihren Schreibtisch auf, und gewöhnen Sie es sich nicht an, Ihre Arbeit zu stapeln. Papierstapel blockieren das Ch'i, das Ihnen Glück bringen könnte.

- Sorgen Sie dafür, daß Sie an Ihrem Schreibtisch weder von vorne noch im Rücken einer Tür, einer Ecke, einer Treppe oder der Kante eines Möbelstücks oder einer Wand ausgesetzt sind. Wir haben uns hiermit bereits befaßt, doch soll es hier wiederholt werden, um nochmals darauf hinzuweisen, daß man niemals gutes Feng Shui haben kann, wenn grundlegende Dinge an Ihrem Arbeitsplatz nicht in Ordnung sind. Unternehmen Sie immer zuerst die nötigen Schritte, um sich zu schützen. Praktizieren Sie »defensives« Feng Shui, bevor Sie darangehen, Ihren Aufenthaltsbereich zu energetisieren.

- Setzen Sie sich nie direkt unter den Auslaß der Klimaanlage. Der Luftzug schadet Ihnen in jedem Fall: Sie bekommen nicht nur Rückenschmerzen, sondern können auch von Übelkeit und Müdigkeit befallen werden. Ihre Produktivität sinkt.

- Bringen Sie an der Wand hinter Ihnen ein Bild von einem Berg an, um sich »Rückendeckung« zu verschaffen. Meiden Sie dagegen Darstellungen von einem Wasserfall, einem Fluß oder einem See, weil Wasser im Rücken ungünstig ist. Wenn Sie Berglandschaften nicht mögen, können Sie auch mit einem glückbringenden Himmelsgeschöpf energetisieren: der Schildkröte. Dieses Tier kann Ihnen zudem außerordentliches Glück bringen – besorgen Sie sich ein Bild von ihm!

- Plazieren Sie auf die linke Seite Ihres Schreibtisches eine Vase mit frischen Blumen. Dies ist ein Symbol für einen aktiven Drachen. Wenn Sie einen kleinen dekorativen Drachen haben, können Sie natürlich auch diesen verwenden.
- Stellen Sie einen Kristall oder eine kleine Tischleuchte vor sich auf den Tisch. Noch besser wäre es, wenn Sie nach Süden blicken würden, da dies das Element Feuer dieser Richtung energetisiert.

Die Beleuchtung im Büro

Die Bürobeleuchtung kann so geplant werden, daß ein Höchstmaß an positiver Feng-Shui-Energie stimuliert wird. Grundsätzlich sollten Büroräume immer hell erleuchtet sein. Es darf keine dämmrigen Ecken geben, in der positive Energie zum Stillstand gezwungen und unbrauchbar wird. So entsteht schlechtes Feng Shui, dessen Folge Krankheit, Demotivation und Müdigkeit des Personals sind. Wenn irgend möglich, sollte immer natürliches Licht in das Büro hereinströmen können. Verschließen Sie also Fenster nicht mit Jalousien oder Vorhängen. Wenn künstliches Licht notwendig ist, muß es weich oder indirekt sein. Leuchten eignen sich vorzüglich zur Energetisierung, weil sie kostbare Yang-Energie erzeugen, aber sie dürfen auch nicht zu Yang-betont sein.

Setzen Sie Leuchten ein, um dunkle Ecken, schmale Korridore und beengte Eingänge heller zu machen. Achten Sie darauf, daß diese kleinen Räume im Büro gut beleuchtet sind. Wenn an Ihrem persönlichen Arbeitsplatz schlechte Lichtverhältnisse herrschen, sollten Sie sich eine kleine Tischleuchte anschaffen und diese in der oberen linken Ecke Ihres Schreibtisches aufstellen.

Gutes Feng Shui für das ganze Büro

Wenn Sie eine leitende Funktion haben und sicherstellen wollen, daß das ganze Büro gutes Feng Shui hat, müssen Sie umfassend vorgehen. Achten Sie auf Ihren eigenen persönlichen Raum, aber behalten Sie auch das Feng Shui des ganzen Büros im Auge.

Glückverheißend ist grundsätzlich ein Büro, das nicht dem »tödlichen Hauch« von »Giftpfeilen« ausgesetzt ist. Weiterhin sollten die Grundmerkmale von gutem Feng Shui erfüllt sein. Hierzu gehören beispielsweise ein regelmäßiger Grundriß, eine günstig ausgerichtete Eingangstür, ein geräumiger Zugangsbereich innen und außen und eine entsprechende Raumaufteilung ohne enge Ecken und lange, schmale Gänge. Wenn diese Voraussetzungen erfüllt sind, kann man Details realisieren, die dem Büro Glück bringen, wovon nicht nur die Firma, sondern jeder einzelne Mitarbeiter profitiert.

Feng-Shui-Maße im Büro

Die Abmessungen des Schreibtisches sind ein wesentliches Element von gutem Feng Shui. Sorgen Sie vor allem dafür, daß Ihr Schreibtisch nicht zu klein ist. Wenn Sie in einer leitenden Position sind und Ehrgeiz haben, sollte Ihr Schreibtisch die im folgenden angegebenen Maße nicht unterschreiten. Kleine Schreibtische sind nur etwas für Leute, die nicht »nach oben« wollen. Auch Computer-Arbeitsplätze sollten nicht zu klein sein. Andernfalls bringen sie kein Glück.

Günstige Maße für einen Schreibtisch. Höhe 84 cm, Breite 109 cm, Länge 195 cm

Falls der Feng-Shui-Maßen angepaßte Schreibtisch für Sie zu hoch ist, können Sie ein kleines Podest unter Ihrem Stuhl plazieren, damit Sie bequemer sitzen. Die Front des Schreibtisches muß wie auf der nebenstehenden Abbildung gezeigt geschlossen ein. Geschnitzte Verzierungen dürfen nicht spitz oder kantig sein. Besser sind geschwungene und gerundete Formen. Holz praktisch jeder Sorte ist das beste Material für Schreibtische. Meiden Sie Kanten aus Metall, da sich Holz und Metall nicht vertragen.

Der Stuhl muß eine hohe Rücken- und Armlehne haben, wie nebenstehend gezeigt. Stühle mit niedrigen Rückenlehnen bieten keine »Unterstützung«,

*Links: Ein Stuhl mit hohen Rücken- und Armlehnen hat gutes Feng Shui.
Rechts: Günstige Maße für einen kleineren Schreibtisch:
Höhe 81–84 cm, Breite 84–86 cm
Länge 147–152 cm*

Die Höhe des Stuhls kann sich nach derjenigen des Schreibtisches richten, aber bedenken Sie, daß Stühle immer Armlehnen haben sollten, die symbolische Unterstützung geben.

und solchen ohne Armlehnen fehlen symbolisch der grüne Drache und der weiße Tiger. Wenn Sie Karriere machen wollen, sollten Sie keinen derartigen Stuhl benutzen. Glückbringende Feng-Shui-Schreibtische gibt es auch für Angestellte der unteren Ränge. Dies hat seinen Grund in der besonderen Wirkungsweise der Feng-Shui-Dimensionen.

Grundsätzlich gibt es acht Maßserien, von denen vier günstig und vier ungünstig sind. Jede Serie umfaßt einen Bereich von etwa 43 Zentimetern und ist in acht Segmente unterteilt. Diese Serien der glückbringenden und unglückbringenden Maße wiederholen sich dann bis ins Unendliche.

Laien haben mich oft nach dem genauen »idealen« Feng-Shui-Maß gefragt. Meine Antwort hierauf ist, daß es nicht nur ein einziges glückbringendes Maß gibt. Im Feng Shui verfügt man vielmehr über ein ganzes Spektrum glückbringender Abmessungen, und wenn man eine ganz bestimmte Art von glückbringenden Ereignissen herbeiführen will, muß man sich mit dem Feng-Shui-Lineal und den für die glückbringenden und für die unglückbringenden Maße angegebenen Bedeutungen beschäftigen. Eine weitere häufig gestellte Frage lautet, ob das Außen- oder das Innenmaß des Schreibtisches glückbringend sein muß. Hierauf gebe ich stets die Antwort, daß man möglichst versuchen sollte, an Schreibtischen und Schränken innen und außen ideale Maße zu realisieren.

Das Feng-Shui-Lineal

Die nachfolgend angegebenen vier Zyklen günstiger Maße können für fast alles Meßbare verwendet werden. Die Anwendung des Feng-Shui-Lineals besteht einfach in der Ermittlung der Vielfachen des als günstig bezeichneten Maßbereichs. Ich gebe außerdem die jeweiligen Bedeutungen der vier Serien an, damit Sie sich ein Bild von der Art des damit verbundenen Glücks machen können.

Chai: zwischen 0 und 5,4 cm. Dies ist der erste Abschnitt der Serie, der weiter in vier Kategorien von Glück unterteilt ist. Der erste, etwas mehr als 1 cm umfassende Abschnitt bringt finanzielles Glück, der zweite einen Tresor voller Juwelen, der dritte sechs verschiedene Formen eines günstigen Schicksals und der vierte Überfluß.

Yi: zwischen 16,2 und 21,5 cm. Dies ist der vierte Abschnitt der Serie. Er bringt »Mentorenglück«, das heißt, er zieht in Ihrem Leben hilfsbereite Menschen an. Auch dieses Segment ist wiederum in vier Unterabschnitte unterteilt. Der erste bedeutet vorzügliches Kinder-Glück, der zweite verheißt unerwarteten Einkommenszuwachs, der dritte einen sehr erfolgreichen Sohn und der vierte ein außerordentlich gutes Schicksal.

Kwan: zwischen 21,5 und 27 cm. Diese dritte Gruppe glückbringender Maße bringt das Glück der Macht. Der erste Teilabschnitt steht für leicht zu bestehende Prüfungen. Der zweite sagt spezielles oder spekulatives Glück voraus, der dritte ein verbessertes Einkommen, und der vierte bringt der ganzen Familie Ehre.

Der erste Teilsektor des Glücks.

Feng-Shui-Maße lassen sich auf praktisch alles anwenden, von Schränken über Akten bis zu Visitenkarten.

Pun: zwischen 37,5 und 43,2 cm. Diese Maßgruppe läßt eine Fülle von Geld hereinströmen, wenn man sich im ersten Teilabschnitt bewegt. Der nächste Abschnitt verheißt Glück in Prüfungen, der dritte bringt Juwelen und der vierte großen materiellen Wohlstand.

Teil 4

Grundtechniken zur Steigerung des Glücks

Das Glück aktivieren

Geld, Gesundheit, Einfluß, Macht ... Glück in Beziehungen, in der Liebe, in der Ehe ... erfolgreiche Nachkommen, gesunde Kinder, Familie – Feng Shui kann zu jeder Art von Glück etwas beitragen, wobei es acht Hauptkategorien gibt, die den acht Seiten des Pa-kua zugeordnet sind. Diese Kategorien überschneiden sich jedoch, und ihr Kontext muß im Licht heutiger Gegebenheiten betrachtet werden. Mit einigen grundlegenden Verfahren, wie man zu Hause und im Büro Glück anziehen kann, haben wir uns in den bisherigen Abschnitten dieses Buches bereits befaßt.

Obwohl das Pa-kua nur acht Seiten hat, ist in diesem Abschnitt die Rede von neun Glückstypen, da ich zwischen Einkommens-Glück und geschäftlichem Glück unterscheide. Es versteht sich von selbst, daß meine Unterteilung der Glücksformen künstlich ist. In der Praxis ist es so, daß man, wenn man eine bestimmte Art von Glück aktiviert, damit zugleich auch andere, damit verwandte Arten steigert. In meinem eigenen Haus habe ich – weil ich so begierig nach all den guten Dingen des Lebens bin! – jede einzelne Ecke aktiviert, um mir alles nur erdenkliche Glück zu sichern.

Wenn Sie dies auch möchten, können Sie dasselbe tun. Man braucht gewiß keine Schuldgefühle zu haben, wenn man sich alles nur erdenkliche Glück wünscht. Nichts anderes versteht man schließlich unter einem harmonischen Leben. Reichtum ohne ein schönes Familienleben ist leer und sinnlos, und Liebe ohne Geld kann sich leicht verflüchtigen. Ich kann Ihnen daher nur den Rat geben, jeden Abschnitt der restlichen Seiten dieses Buchs sehr genau zu studieren und dann jegliche Art von Glück für sich selbst und Ihre Familie zu aktivieren.

Von Häusern und Wohnungen, die ein günstiges Feng Shui haben, sagt man, daß die acht Arten von Glück bei ihnen im Gleichgewicht seien. Diese acht Glücksformen legen die Parameter eines erfüllten und glücklichen Lebens nach den Grundsätzen des Feng Shui fest. Wenn dagegen das Glück nicht im Gleichgewicht ist, fehlt etwas. So ist beispielsweise Reichtum ohne ein glückliches und ausgeglichenes Familienleben unbefriedigend. Ebenso kann man nur sagen, daß ein Haus glücklich ist, wenn Nachkommen da sind und alle Bewohner gesund sind. Ziel des Feng Shui ist es, für alle Familienangehörigen und alle Mitbewohner ein harmonisches Maß an Glück sicherzustellen.

Bevor Sie jedoch die in diesem Abschnitt beschriebenen Techniken zur Steigerung des Glücks anwenden, sollten Sie die bisher schon behandelten Korrekturmaßnahmen durchgeführt haben. Ich kann nur immer wieder betonen, daß die Verbesserungstechniken völlig nutzlos sind, wenn auch nur ein einziger »Giftpfeil« vorhanden ist. Achten Sie also immer auf Balken, Ecken, Treppen und Toiletten. Stellen Sie sicher, daß keines dieser Elemente negativen Einfluß auf Ihre Haupteingangstür, Ihre wichtigen Sektoren oder Ihren Schreibtisch hat.

Die acht Arten von Glück

1. Reichtum und Wohlstand – das Glück des Geldes
2. Glückliche Ehe – das Glück eines guten Liebeslebens
3. Tüchtige Kinder – das Glück der Nachkommen
4. Gute Gesundheit – das Glück eines langen Lebens
5. Ein guter Name und Anerkennung – das Glück des Einflusses
6. Vorhandensein hilfsbereiter Menschen – das Glück der Macht
7. Bildung und Weiterbildung – das Glück der Selbstverwirklichung
8. Beruflicher Aufstieg – das Glück des Erfolgs

Feng Shui zur Verbesserung des Einkommens

Das vielleicht am einfachsten und schnellsten zu erreichende Ergebnis der Anwendung von Feng Shui ist ein besseres Einkommen. Dabei gibt es so viele verschiedene Empfehlungen und Verfahren, um reich zu werden, daß man allein hierüber ein ganzes Buch schreiben könnte. Dies ist wohl auch der Grund, warum so viele Feng-Shui-Experten, die in Hongkong, Taiwan, Singapur und Malaysia arbeiten, Firmenkunden haben. Ich selbst kenne sehr viele Großindustrielle aus meinem Teil der Welt, deren Reichtum rapide zunahm, nachdem der Feng-Shui-Berater in ihren Wohnungen und Büros entsprechende Veränderungen durchgeführt hatte.

Das wichtigste Symbol für Geld ist Wasser. Eines der besten Verfahren zur Mehrung des Einkommensglücks ist daher die Plazierung eines Wasser-Gegenstandes in der eigenen Lebensumgebung. Dieses Objekt sollte jedoch nicht so groß sein, daß es das Zuhause überwältigt – in diesem Fall müßte man eher von einer »Überschwemmung« sprechen, die eine gefährliche Situation schafft. Behalten Sie immer Augenmaß. Im Zweifelsfall ist auch im Feng Shui weniger oft mehr.

Es folgen sechs Verfahren zur Verbesserung des Feng Shui, die Sie in Ihrem Heim durchführen können. Vergessen Sie jedoch nicht, daß diese Plazierungen und Objekte unwirksam bleiben müssen, wenn Ihr Haus »Giftpfeilen« ausgesetzt ist und Ihre Feng-Shui-Abwehrmaßnahmen nicht richtig plaziert wurden, bevor Sie Ihr Glück aktivieren.

Einen Teich vor dem Haus anlegen

Ein solcher Teich sollte einen Radius oder Durchmesser zwischen 104 und 110,5 cm oder aber zwischen 124,5 und 132 cm haben. Diese Maße stehen für einen »Jadegürtel« und ein Zimmer voll Geld. Größer als die größere oben angegebene Abmessung braucht man den Teich nicht anzulegen. Achten Sie darauf, daß er links von der Haupteingangstür liegt (von der Tür aus gesehen).

Wenn man den Teich auf der rechten Seite der Haupteingangstür anlegt, wird ebenfalls Geld in das Haus strömen, aber neben dem Einkommensglück aktiviert man in diesem Fall auch das Glück zusätzlicher Frauen und Konkubinen. Feng Shui wurde ja im alten China immer zum Nutzen des männlichen Vorstandes der Familie durchgeführt. In jener Zeit hatte ein erfolgreicher Mann üblicherweise mehrere Frauen und Konkubinen, und er galt als um so erfolgreicher, je mehr Frauen er hatte.

Aber wir leben heute in anderen Zeiten und sollten diese Tatsache zur Kenntnis nehmen. Nutzen Sie das Element Wasser, um das Einkommen der Familie zu vermehren, aber lassen Sie alle davon profitieren. Andernfalls würde zwar das Einkommen steigen, aber es bestünde auch die Gefahr, daß die Ehefrau ihren Mann an eine andere verliert. Dieser Grundsatz gilt immer, ob man den Teich innerhalb oder außerhalb des Hauses anlegt; das heißt, er muß immer links von der Haupteingangstür liegen.

Um die glückbringende Eigenschaft des Teichs noch zu steigern, kann man das Wasser in Bewegung versetzen. Dadurch entsteht wertvolle Yang-Energie. Fließendes Wasser steht im Feng Shui für außerordentliches Glück, weshalb Sie das Geld für eine kleine Pumpe und einen Filter ausgeben sollten, die das Wasser sauber halten. Verschmutztes Wasser stellt »giftigen Hauch« dar.

Einige Fische im Teich erzeugen zusätzliche Yang-Energie. Im Feng Shui ist der Fisch selbst ein Symbol des Überflusses. Der Genuß von rohem Fisch während des chinesischen Neujahrfestes bedeutet großen Überfluß während des ganzen Jahres, und Karpfen aus Keramik oder Messing sind beliebte Ziergegenstände im Haus. Japanische Karpfen, deren Anzahl ein Vielfaches von neun betragen sollte, mehren das Feng Shui des Teichs ganz außerordentlich, wobei man jedoch keine Tiere nehmen sollte, die auf dem Kopf einen roten Punkt haben, weil sie ein Scheitern symbolisieren.

Wenn Sie sich keine Karpfen leisten können, können Sie andere Fische nehmen, jedoch nicht den kantigen Seeteufel, der für Einkommensverluste steht. Wenn Ihre Fische sterben, brauchen Sie nicht in Panik zu geraten. Gehen Sie einfach in die Zoohandlung und kaufen Sie neue. Eine weitverbreitete abergläubische Überzeugung besagt, daß gesunde Fische, die plötzlich sterben, Unglück auf sich gezogen haben, das sonst Sie getroffen hätte. Wenn Ihnen die Fischhaltung zu aufwendig ist, können Sie den Teich auch mit Wasserlilien verzieren, und wenn es Ihnen gelingt, den berühmten Lotos zu ziehen, bringt dies angeblich außerordentlich viel Glück. Der Lotos ist eine glückbringende und zugleich heilige Blume, und für Buddhisten in aller Welt zählt er zu den acht »geheimen Schätzen«.

Eine Schildkröte in der nördlichen Ecke halten

Dies kann eine lebendige Schildkröte oder eine solche aus Keramik sein, und es spielt keine Rolle, ob es sich um eine Land- oder eine Wasserschildkröte handelt. Jedes Mitglied der Familie der Schildkröten symbolisiert die Anwesenheit des gleichnamigen Himmelsgeschöpfs im Haus, und dies verheißt Reichtum und großes Glück. Die Schildkröte verhilft zu Geld und verschafft die Unterstützung hilfreicher Menschen. Ihr traditioneller Platz ist der Norden, dem auch das Element Wasser zugeordnet ist, weshalb es sich empfiehlt, die Schildkröte in einen Wasserbehälter zu geben. Schildkröten leben im Wasser und auf dem Land, und wenn man einen Garten hat, könnte man einen kleinen, hübsch gestalteten Schildkrötenteich anlegen. Füttern Sie die Tiere mit Fischfutter oder mit Brunnenkresse oder anderem Grünzeug. Ermitteln Sie, wenn Sie in einer Mietwohnung leben, den nördlichen Sektor Ihres Wohnzimmers, und plazieren Sie dort Ihre Schildkrötenlandschaft. Sie brauchen nur eines dieser Himmelsgeschöpfe. Nehmen Sie niemals ein Paar, weil Schildkröten, wie es heißt, gerne allein sind. Die Eins ist ja auch die Zahl des Nordens.

Ein Goldfischaquarium im südöstlichen Sektor aufstellen

Um das Glück des Reichtums zu energetisieren, eignen sich hervorragend Goldfische im Wohnzimmer, vor allem im südöstlichen Sektor. Das Aquarium darf nicht zu groß sein, sondern sollte einfach neun Goldfischen gut Platz bieten. Einer von ihnen sollte schwarz sein, damit er symbolisch alles Ihnen zugedachte Unglück auf sich zieht. Hängen Sie einen Luftsprudler in Ihr Aquarium, weil die Bläschen im Wasser Wohlstands-Ch'i in Ihr Haus ziehen. Wenn Sie Geschäftsmann oder Geschäftsfrau sind, sollten Sie im

Aquarium eine Leuchte installieren, so daß an der Decke flackernde Schatten entstehen. Dies steht für eine Steigerung des Umsatzes Ihrer Firma, wodurch natürlich auch Ihr Einkommen wächst. Aquarien sind eine besonders gute Lösung, wenn man keinen Garten hat und in einer Wohnung lebt.

Runde, röhrenförmige Aquarien sind besser als rechteckige, aber es eignet sich auch jede andere regelmäßige Form. Im Fernen Osten halten Geschäftsleute gerne den als »Feng-Shui-Fisch« bezeichneten Arrowana, der im Süßwasser der Tropen lebt. Leider sind diese Fische sehr teuer, das heißt, man muß bereits reich sein, um sie sich leisten zu können.

Eine Jadepflanze in den Südosten stellen

Hierbei handelt es sich um eine Fettpflanze (eine mit den Kakteen verwandte Pflanzengattung, die aber keine Stacheln hat). Ihre fleischigen Blätter glänzen in einem tiefen Grün, das demjenigen der kostbaren Jade ähnelt. Aber auch jede andere Pflanze mit runden oder herzförmigen Blättern kann als »Geldpflanze« dienen. Stellen Sie sie in den Südosten, die Ecke des Wohlstands. Eine lebende Pflanze energetisiert diesen Bereich, weil der Südosten dem Element Holz zugeordnet ist.

Wenn der Südosten gemäß ihrer Kua-Zahl (siehe Seite 90ff.) auch Ihre persönliche Glücksrichtung ist, dann müssen Sie diese Ecke Ihres Wohnzimmers erst recht energetisieren, weil dies den Nutzen für Sie ganz erheblich steigert. Falls der Südosten nicht zu Ihren günstigen Richtungen zählt, sollten Sie diesen Sektor trotzdem energetisieren, weil alle übrigen Mitbewohner davon profitieren können. Grundsätzlich können Sie immer glückbringende Feng-Shui-Objekte oder Symbole in jedem Sektor Ihres Heims plazieren, ob dieser für Sie persönlich glückbringend ist oder nicht.

Einen kleinen Wasserfall im Garten anlegen

Wenn Sie einen Garten vor Ihrem Haus haben und dies nicht die Südseite Ihres Grundstücks ist, können Sie vor Ihrer Haupteingangstür einen kleinen Wasserfall installieren, um das Glück großen Wohlstands anzuziehen.

Achten Sie bei der Planung darauf, daß das Wasser auf Ihren Eingang zufließt. Dies ist wichtig, denn nur dann bringt es Ihnen Glück. Wenn Wasser von Ihrer Tür wegfließt, fließt mit ihm das Glück aus dem Haus. Dieser Wasserfall sollte zwei bis vier Meter von der Tür entfernt und auf der linken Seite der Tür (von innen gesehen) liegen. Machen Sie ihn nicht zu groß, so daß er noch im Verhältnis zur Tür steht. Ein solcher Wasserfall kann zu außerordentlichem Reichtum verhelfen, auch wenn einem dieser Reichtum nicht in den Schoß fällt. Es ist vielmehr so, daß sich dank des Wasserfalls eine oder zwei hervorragende Möglichkeiten bieten, wirklich reich zu werden. Damit sind natürlich auch viel harte Arbeit und schlaflose Nächte verbunden, wenn Sie darangehen, diese Gelegenheit in etwas Konkretes umzuwandeln. Kurz, der Wasserfall bildet den Katalysator für Kleinunternehmer, so daß sie zu den ganz Großen in ihrer Branche aufsteigen können. Feng Shui birgt echte Möglichkeiten. Was Sie aus diesen Möglichkeiten machen, hängt dann von Ihrem persönlichen Glück, aber auch von Ihrem Ehrgeiz, von Ihrer Tatkraft und Ihrer Entschlossenheit ab.

Eine helle Leuchte im Eingangsbereich installieren

Wenn Sie einen Leuchter in Ihrem Eingangsbereich anbringen, um das Ch'i in Ihrem Heim willkommen zu heißen, bringt Ihnen dies großartiges Glück. Im Feng Shui stehen Wasser und Feuer im Spektrum der Elemente einander diametral gegenüber (Wasser zerstört Feuer), aber es sind auch die beiden Elemente, die energetisiert werden müssen, um das Glück des Reichtums anzuziehen. Die beste Anordnung bestünde darin, daß man draußen auf Wasser blickt und im Inneren einen hellerleuchteten Eingangsbereich hat. Besonders gut geeignet sind hierfür Leuchter, insbesondere solche aus Kristall (siehe Seite 107 f.), da diese eine harmonische Kombination von Erde- und Feuer-Energie erzeugen. Aber auch jede andere helle Leuchte erfüllt ihren Zweck.

Feng Shui zur Verbesserung des Liebesglücks

Eine der großartigsten Anwendungen von Feng Shui ist, daß es mit seiner Hilfe möglich zu sein scheint, Ehen (wieder) glücklich zu machen. Die Beziehung zwischen Ehepartnern erfährt eine Neubelebung, neue Freunde tauchen in einem einsamen, langweiligen Leben auf, und diejenigen, die bisher immer Schwierigkeiten hatten, eine sinnvolle Beziehung aufzubauen und einen Partner zu finden, sehen plötzlich Chancen.

Ich habe es immer wieder erlebt, wie Paare durch Feng Shui zueinanderfanden, und wie diese Kunst Ehen rettete, die kurz vor dem Scheitern standen. Aus diesem Grund bin ich heute von der Wirksamkeit des Feng Shui auf dem Gebiet der Liebesbeziehung und des persönlichen Glücks fest überzeugt.

Das Geheimnis von Feng Shui zur Sicherstellung eines glücklichen Familien- und Liebeslebens besteht darin, daß man sich darüber im klaren ist, welch große Bedeutung Feng Shui der Harmonie im Haushalt beimißt. In all den vielen Feng-Shui-Ratgebern ist diesem Aspekt der Lebenswünsche des Menschen immer ein eigener Abschnitt gewidmet. Nach chinesischer Auffassung liegt der Schlüssel zum Glück der Familie in der Kraft des im Haus herrschenden matriarchalen Geistes. Ehe, Liebe und Familie hängen von der Qualität der matriarchalen Energie ab.

Das Symbol für diese Energie ist das Trigramm K'un – dargestellt durch drei unterbrochene Linien –, das dem Südwesten zugeordnet ist. Eine Möglichkeit, das Glück der Familie und das Zusammengehörigkeitsgefühl aller zu bewahren, besteht also darin, die südwestliche Ecke des Heims zu schützen.

Den Südwesten schützen

Wenn man die matriarchalen Energien des Südwestens schützen will, muß man vor allem daran denken, daß im südwestlichen Sektor des Heims niemals eine Toilette liegen darf. Wenn das Elternschlafzimmer mit dem Badezimmer verbunden ist und dieses im südwestlichen Sektor des Raums liegt, dann kann die Beziehung des Paars keinen Bestand haben; es wird zur Trennung kommen.

Wenn die Gästetoilette des Hauses im südwestlichen Sektor liegt, dann werden die Kinder (vor allem die Töchter, denn es geht hier um eine weibliche Energie) des Hauses große Schwierigkeiten haben, einen Partner zu finden. Und wenn sie einmal heiraten und nicht ausziehen, wird die Ehe unglücklich und voller Anspannungen und Belastungen sein.

Es gibt nur eine Möglichkeit, das Problem einer Toilette zu beseitigen, die im Südwesten liegt und systematisch das Liebes- und Eheglück der Familie fortspült: Man darf sie nicht mehr benutzen. Man könnte höchstens noch einen Spiegel an der Tür des Raums anbringen, in dem die Toilette steht, und durch Installation eines automatischen Türschließers dafür sorgen, daß die Tür immer geschlossen bleibt.

Den Südwesten im Freien energetisieren

Es gibt verschiedene Möglichkeiten, die Energien der »Matriarchin« in der südwestlichen Ecke außerhalb des Hauses zu stärken. Weil der Südwesten dem Element Erde zugeordnet ist und Feng Shui ein Verfahren zur Nutzung der Erde-Energie ist, liegt der Schlüssel zur Energetisierung des Südwestens in einer Aufwertung der Energie dieses Elements. Nachfolgend zwei Möglichkeiten, die sich allerdings nur nutzen lassen, wenn man einen Garten hat.

● Plazieren Sie im Südwesten Ziersteine. Ordnen Sie an einer Wand oder Ecke im Südwesten neun Steine an, wobei zwei größer sein sollten als die übrigen. Binden Sie um die beiden größeren Steine eine rote Schnur oder schmücken Sie sie mit dem in roter Farbe aufgemalten doppelten Glückszeichen (siehe Kasten Seite 153). Wenn man will,

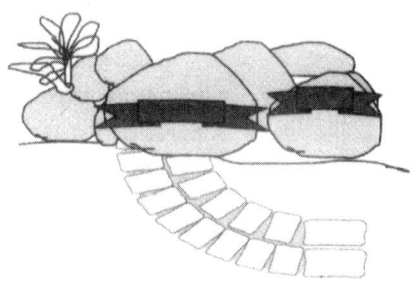

Eine Steingruppe im Südwesten energetisiert das Element Erde.

kann man diese Ecke nachts beleuchten. Dieses Verfahren aktiviert die Erde-Energie des Gartens und erzeugt glückbringende Energien für diejenigen, die in ihrem Leben ein wenig mehr Liebe brauchen.

- Graben Sie ein Rohr mindestens einen Meter tief so in den Boden ein, daß es noch etwa 1,5 m über den Boden herausragt, und befestigen Sie an der Spitze eine Leuchte. Diese Leuchte zieht Erde-Energien tief aus dem Boden und leitet sie nach oben. Wenn dies in der richtigen Weise durchgeführt wird, werden Garten und Haus in eine großartige Erde-Energie eingehüllt, die den Mitgliedern des Haushalts das Liebesglück zurückgibt. Töchter im heiratsfähigen Alter werden Männer mit ehrlichen Absichten finden, und die Söhne werden ohne weiteres eine Frau finden.

Den Südwesten im Haus energetisieren

In der Wohnung gibt es zwei hervorragende Verfahren zur Energetisierung des Südwestens, die Ihrem Liebesglück zugute kommen.

- Hängen Sie ein Familienporträt an der südwestlichen Wand des Wohnzimmers auf oder versuchen Sie, das Porträt so zu komponieren, daß alle nach Südwesten blicken. Ein Familienporträt erzeugt immer günstige Schwingungen, sofern natürlich jeder auf dem Bild glücklich aussieht. Ein solches Bild im Südwesten bringt zum Ausdruck, daß die Familie eine liebevolle Gemeinschaft ist, wodurch das Glück der »Matriarchin« gestärkt wird.
- Plazieren Sie im Südwesten des Wohnzimmers Kristalle und Leuchten. Natürlicher Quarzkristall oder künstlicher Bleikristall erzeugt die zur Energetisierung des Südwestens notwendige Energie. Ich persönlich bevorzuge das natürliche Mineral, wobei für Feng-Shui-Zwecke benutzte Kristalle mindestens drei Stunden täglich gut beleuchtet werden müssen. Ich empfehle Ihnen, sich in Geschäften nach Lampen umzusehen, die irgendein Kristallelement enthalten. Oder nehmen Sie Energiesparlampen, die Sie den ganzen Tag über brennen lassen können.

Liebesglück im Schlafzimmer

Wenn Sie in Ihrer Nien-Yen-Richtung schlafen wollen, müssen Sie möglicherweise Ihr Bett in eine sehr eigentümliche Position rücken. Ich rate Ihnen aber trotzdem, dies zu tun, wenn Sie ernsthafte familiäre oder Partnerschaftsprobleme haben. Dies wird mit Sicherheit Ihren Kummer lindern oder sogar zur Lösung Ihres Problems beitragen. Beachten Sie dabei jedoch, daß Sie in der neuen Position nicht versehentlich unter einem Deckenbalken oder gegenüber einer Tür schlafen; ebenso ungünstig wäre es, wenn Sie einem »Giftpfeil« oder einer vorspringenden Ecke ausgesetzt wären – dadurch würde alles nur noch schlimmer werden.

Denken Sie auch daran, daß Streitigkeiten zwischen Ihnen und Ihrem Ehepartner entstehen, wenn Sie zwischen zwei Türen schlafen, und daß Sie reizbar und aggressiv werden, wenn Ihr Bett zwischen zwei Säulen steht. Beides wirkt sich verheerend auf Ihre Partnerschaft aus.

Die Pfeile zeigen die Richtung an, in der Sie mit dem Kopf schlafen sollten.

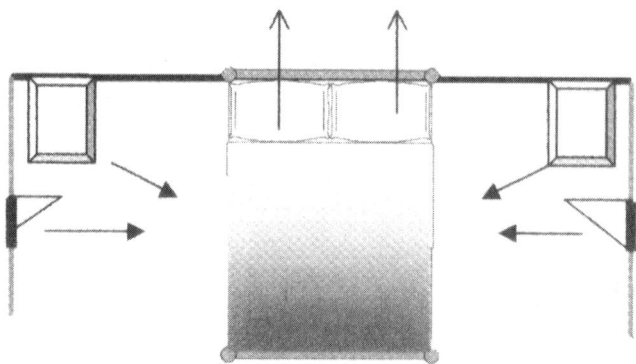

Wenn Sie zwischen zwei Türen schlafen, bekommen Sie ständig Streit mit Ihrem Ehepartner, und zwischen zwei Säulen werden Sie reizbar und angespannt. Beides ruiniert Ihr Eheglück.

Die Eheaussichten verbessern

1996 besuchte ich einen alten Freund in den Vereinigten Staaten, den ich über zwanzig Jahre nicht gesehen hatte. Die Wiedersehensfreude war groß, und er stellte mir seine drei bildhübschen Töchter Meg, Mary und Anne vor. Sie waren Ende Zwanzig, hatten alle einen großartigen Beruf und schienen auf den ersten Blick vollkommen glücklich zu sein. Bald aber kam das Gespräch darauf, daß sie alle noch unverheiratet waren und kein Ehemann in Sicht war. Die Töchter machten sich deswegen offenbar keine Sorgen, wohl aber ihre Eltern. Bills Frau Angela wollte von mir wissen, ob etwas mit ihrem Haus nicht in Ordnung sei. Sie fragte sich, warum ihre Töchter immer noch keinen Mann hatten. Meg, die Älteste, war schon 31, und Anne, die Jüngste, 26.

Die Antwort auf Angelas Frage fand ich sehr schnell, als ich sie darum bat, ihre Toilette benutzen zu dürfen: Ich entdeckte, daß diese genau im Südwesten ihres großzügigen Landhauses lag. Und zu allem Überfluß lag genau darüber noch eine zweite.

Eine Toilette im Südwesten des Hauses spült aber alles Liebesglück des Hauses fort. Nicht nur die Heiratschancen der Kinder werden beeinträchtigt, sondern es entstehen auch Probleme zwischen Mann und Frau. Der Südwesten ist immer der Sektor, der die Familienbeziehungen beherrscht. Es ist der Ort der »Matriarchin«, von Mutter Erde. Das Trigramm dieser Richtung ist K'un, das Yin-Trigramm schlechthin. Wenn dieser Sektor durch eine Toilette beschmutzt wird, schadet dies den weiblichen Familienangehörigen mehr als den männlichen.

Ich sagte Angela, daß sie die Toiletten im Südwesten nicht mehr benutzen durften. Es war mir klar, daß ich damit viel von ihnen verlangte, aber Feng Shui findet in den Vereinigten Staaten immer mehr Anerkennung, und Angela wollte unbedingt Oma werden. Weil sie ein großes Haus hatten, befolgten sie diesen Ratschlag. Zur Sicherheit (denn ich wollte ihnen beweisen, daß Feng Shui tatsächlich wirksam ist) ließ ich sie auch ihr Liebesglück im Garten aktivieren. Dies geschah in der Weise, daß das Licht in der südwestlichen Ecke Tag und Nacht eingeschaltet blieb. Darüber hinaus plazierten wir einige große Steine in diese Ecke und wickelten um einen von ihnen ein rotes Band, um das Glück von Mutter Erde zu aktivieren.

Nun kann ich stolz berichten, daß Meg sich vor kurzem mit einem Arzt verlobt hat, und ich werde im Februar nächsten Jahres bei ihrer Hochzeit zu Gast sein. Auch Mary hat jetzt eine feste Beziehung, und ihre Mutter ist äußerst zuversichtlich.

Feng Shui für das Glück der Nachkommenschaft

Zum Familienglück gehört, daß man Kinder hat, die man gesund und kräftig heranwachsen sieht. Wenn Sie kinderlos sind und sich kein Nachwuchs einstellen will, obwohl körperlich bei Ihnen und Ihrem Partner alles in Ordnung ist, dann sollten Sie vielleicht einmal prüfen, wie es um Ihr Feng Shui steht. Lassen Sie mich aus meiner eigenen Erfahrung berichten.

Während der ersten neun Jahre unserer Ehe litten mein Mann und ich unter sehr schlechtem Feng Shui; die Ursache war eine große Kasuarine (ein Baum mit spitzen Ästchen, Anm. d. Übers.) drei Meter vor unserer Eingangstür. Als ob dies noch nicht schlimm genug gewesen wäre, war auch unsere Haupteingangstür nicht massiv, sondern enthielt zwei Glasscheiben. Ich kannte damals zwar schon Feng Shui und hatte begonnen, mich intensiver in diese Kunst einzuarbeiten. Aber wie alle Anfänger in dieser großen Wissenschaft sah ich den Wald vor lauter Bäumen nicht. Ich war so sehr in die Theorie des Feng Shui vertieft und brannte darauf herauszufinden, ob sie wirkte, daß ich vor lauter Eifer den Baum direkt vor meiner eigenen Tür nicht sah. Später sagte mir dann Mr. Yap, mein Freund und erfahrener Feng-Shui-Lehrer, daß wir niemals Kinder haben würden, solange wir in diesem alten Haus lebten. Der »Giftpfeil« dieses Baums sei, wie er sagte, zu stark, als daß man ihn hätte ausgleichen können, weshalb wir uns einen Umzug überlegen sollten.

Als wir mit der Planung unseres eigenen Hauses begannen, beschlossen wir, Feng-Shui-Mittel einzusetzen, um doch noch ein Baby zu bekommen. Mr. Yap erklärte mir, wie wir unser Schlafzimmer gemäß dem Sektor »Nachkommenschaftsglück« meines Mannes ausrichten mußten. Dies war die Richtung seines Nien Yen, seines Liebesglücks. Mr. Yap zufolge eignet sich die Richtung des Liebesglücks auch vorzüglich zur Steigerung des Nachkommenschaftsglücks. Zusätzlich richteten wir auch das Bett so aus, daß wir beide mit dem Kopf in der Nien-Yen-Richtung meines Mannes schliefen.

Vielleicht fragen sich nun einige meiner Leserinnen, warum wir die Richtung meines Mannes benutzen mußten und nicht die meine. Die Antwort hierauf ist einfach, daß man sich zur Aktivierung seines Nachkommenschaftsglücks mit Hilfe von Feng Shui an die chinesische Konvention halten muß, die eben die Richtung des Mannes vorschreibt.

Vier Monate nach unserem Umzug in das neue Heim wurde ich schwanger, und im zehnten Jahr unserer Ehe wurde meine Tochter Jennifer geboren. Nachdem wir neun Jahre vergeblich versucht hatten, ein Kind zu bekommen, war es uns endlich gelungen!

Wenn Sie sich also sehnlichst ein Kind wünschen, aber kinderlos bleiben, obwohl es keine medizinischen Ursachen hierfür gibt, könnten Sie es einmal mit Feng Shui versuchen. Gehen Sie zu den Kua-Zahlen auf den Seiten 92f. und bestimmen Sie die Nien-Yen-Richtung Ihres Mannes. Dies ist seine drittgünstigste Richtung. Stellen Sie dann fest, welcher Raum in Ihrem Haus in dieser Richtung liegt. Machen Sie diesen zum Elternschlafzimmer, und schlafen Sie beide mit dem Kopf in der Nien-Yen-Richtung des Mannes.

Die Zimmer für die Kinder auswählen

Auch die Kinder brauchen natürlich gutes Feng Shui, doch braucht man ihre persönliche Feng-Shui-Richtung erst dann zu berücksichtigen, wenn sie im Teenageralter sind. Solange sie noch klein sind, genügt ihnen das allgemein gute Feng Shui des Hauses (beziehungsweise leiden sie darunter, wenn es schlecht ist!). Die Anwendung der Kua-Formel ist erst notwendig, wenn sie schon etwas älter sind. Wenn es Ihnen natürlich möglich ist, die verschiedenen glückbringenden Richtungen aller Familienmitglieder einschließlich der Kinder zu berücksichtigen, dann ist das Feng Shui um so besser. Aber wenn dies nicht möglich ist, dann kann man die Richtungen der Kinder ohne weiteres vernachlässigen.

Am günstigsten für Kinder sind Zimmer im östlichen Teil des Hauses. Genauer gesagt sollten Söhne, insbesondere der Älteste, einen Raum im östlichen Sektor des Hauses bekommen, Töchter dagegen, und hier wiederum die Älteste, ein Zimmer im Südosten. Das dem Osten und Südosten zugeordnete Element ist Holz, dessen Hauptmerkmal Wachstum ist. Holz ist das einzige der fünf Elemente, das lebt und wachsen kann.

Osten ist auch der Ort des grünen Drachen. Daher kommt es dem Jüngsten der Familie sehr zugute, wenn die Ostseite des Hauses mit üppigem Grün bepflanzt ist. Alternativ kann man auch kleine grüne Keramikdrachen an der Ostwand des Hauses aufstellen. Dies erzeugt ebenfalls viel Yang-Energie und reichlich Sheng Ch'i (Wachstumsenergie), was nicht nur den Kindern, sondern der ganzen Familie zugute kommt. In der Verbotenen Stadt in Peking wohnten alle jungen Prinzen in Palästen im Ostteil, während die älteren Mitglieder einschließlich der älteren Konkubinen der kaiserlichen Familie im Westen residierten. Außerdem wurden als Hinweis auf die Wohnstätte des grünen Drachen und als Symbol für das Element Holz die Dachziegel der Paläste im Osten mit einem grünen Überzug versehen. Wenn Sie eine große Familie mit Söhnen und Töchtern haben, sollten Sie dem ältesten Jungen ein Zimmer im Osten, dem ältesten Mädchen eines im Südosten geben, und richten Sie sich bezüglich der übrigen Kinder nach den Pa-kua-Richtlinien. Diesen zufolge sollten Mädchenzimmer im Süden und Westen liegen. Für die mittlere Tochter ist ein Zimmer im Süden am günstigsten, für die jüngste Tochter ein solches im Westen. Das Zimmer des mittleren Sohnes sollte im Norden liegen, dasjenige des jüngsten im Nordosten.

> **Ungünstige Räume**
>
> Weisen Sie Kindern niemals Schlafzimmer mit folgenden Merkmalen zu:
> - einem Deckenbalken irgendwo im Raum;
> - einer zu niedrigen Decke, die ihr Wachstum hemmen würde;
> - einem Fenster, in dem man einen »Giftpfeil« sieht;
> - einem Fenster, vor dem unmittelbar ein Baum steht.

Wenn die Kinder dann älter werden und in die Pubertät kommen, sollte man ihre jeweiligen Kua-Zahlen ermitteln und ihnen Zimmer entsprechend ihrer individuellen Glücksrichtung geben. Damit stellt man sicher, daß sie groß und kräftig werden und die Familie nicht zu früh verlassen. Wo gutes Feng Shui herrscht, haben die Eltern praktisch nie Probleme mit aufsässigen oder schwierigen Kindern.

Yang-Feng-Shui für Kinderzimmer

Achten Sie bei der Anordnung von Möbeln und der Auswahl von Farben für die Schlafzimmer Ihrer Kinder besonders auf die Yang-Energie. Damit Ihre Kinder mit einer Begeisterung für das Leben heranwachsen und motiviert

Günstige Objekte für ein Kinderzimmer. Stellen Sie eine helle Lampe und eine Stereoanlage in dem Zimmer auf, um die Yang-Energie zu steigern. Ein Globus im Südwesten und ein Hufeisenmagnet unter dem Bett bringen zusätzliches Glück.

sind, der Familie Ehre zu machen, muß ihnen reichlich Yang-Energie zur Verfügung gestellt werden. Sie brauchen hier nicht zurückhaltend zu sein; orientieren Sie sich an den nachfolgenden Hinweisen:

Die Zimmer müssen hell erleuchtet sein und dürfen keine dunklen Ecken haben. Streichen Sie die Wände in starken, satten Farben oder in Weiß.

- Die Räume dürfen nicht feucht sein; setzen Sie gegebenenfalls einen Raumentfeuchter ein.

- Sorgen Sie für einen gewissen Geräuschpegel in den Zimmern; geben Sie den Kindern ein Radio oder eine Stereoanlage.

- Sorgen Sie mit Uhren und mechanischem Spielzeug für Bewegung. Achten Sie darauf, daß Bücher vorhanden sind, die den Wissenserwerb symbolisieren.

- Das Zimmer muß mindestens ein Fenster nach draußen haben, durch das täglich gelüftet werden sollte.

Sorgen Sie weiterhin für folgendes:

- Sorgen Sie dafür, daß die Zimmer täglich gereinigt und aufgeräumt werden.

- Schließen Sie aggressives Spielzeug wie beispielsweise Gewehre, Panzer in Schränken weg.

- Machen Sie mindestens einmal im Jahr einen Frühjahrsputz.

Feng Shui für die Gesundheit

Glück bedeutet unabhängig vom gesellschaftlichen und materiellen Status auch, daß man voller Gesundheit ein hohes Alter erreicht, daß man ohne schwächende, Leib und Seele auszehrende Krankheiten leben kann. Feng Shui hält für den gesundheitlichen Aspekt des Glücks zwei Verfahren bereit. Zum einen liefert fast jede Kompaßformel des Feng Shui eine Richtung, die speziell zur Erlangung dieser Art von Glück dient. Unter den auf Seite 92 gegebenen Formeln für die Richtungen ist dies die Richtung des »Arztes aus dem Himmel« oder der Gesundheit. Im Feng Shui gibt es also eine ganz bestimmte Richtung für Ihre Schlaf- und Eßgewohnheiten, mit deren Hilfe Sie etwas für Ihre Gesundheit tun können. Die Energetisierung dieser Richtung für Kranke führt in aller Regel zu einer Besserung ihres Zustandes, soweit die übrigen grundlegenden Aspekte des Feng Shui in Ordnung sind.

Zum anderen gibt es innerhalb des Feng Shui die Symbole, die man im Haus plazieren kann, damit die Wünsche und Hoffnungen der Familienmitglieder in Erfüllung gehen. Für die Chinesen ist ein langes Leben eines der höchsten Ziele, und viele betrachten es als das wichtigste Element des Glücks überhaupt. Deshalb auch stehen T'ai-chi- und Qi-Gong-Meister in so hohem Ansehen. Diese Gesundheits-Sifus lehren Haltungen und Übungen, die für einen guten Kreislauf des Ch'i und ein gesundes Gleichgewicht von Yin und Yang im Körper sorgen. Ihre Übungen gehorchen den gleichen Grundsätzen wie die Praxis des Feng Shui, und man kann sie sogar als einen Zweig des Feng Shui betrachten, der sich mit dem Ch'i-Strom im Körper des Menschen befaßt.

In alter Zeit war der Wunsch nach Unsterblichkeit eines der wichtigsten Anliegen chinesischer Kaiser, und es gibt viele chinesische Geschichten und Legenden über dieses Unsterblichkeitsstreben. Eine der beliebtesten taoistischen Legenden berichtet von den acht Unsterblichen, und im Haus vieler chinesischer Familien findet man Darstellungen dieser Legende. Vermutlich gibt es mehr Symbole für Langlebigkeit als für

Der Hirsch ist ein beliebtes Symbol für ein langes Leben.

irgendeinen anderen Lebenswunsch. Diese Symbole werden oft in Möbel eingeschnitzt, auf Wände und Zierschirme gemalt und auf Keramik und Porzellan aufgetragen.

Das Umzugsritual

Um einen guten Start in einem neuen Heim sicherzustellen, sollten Sie für den Umzug ein günstiges Datum wählen. Die Chinesen ziehen hierfür meist den *Chinesischen Almanach (Tong Shu)* heran, einen alljährlich aktualisierten Kalender, der die guten und schlechten Tage für alles nur Erdenkliche enthält; leider ist er nur auf Chinesisch erhältlich. Dieses Buch ist in Hongkong und anderen Ländern des Ostens alljährlich ein Bestseller.

Die Auswahl glückbringender Daten mit Hilfe der Feng-Shui-Analysewerkzeuge, des Lo-Shu-Quadrats und des Pa-kua, ist ein spezieller Zweig dieser Kunst, für den besondere Kenntnisse erforderlich sind. Normalerweise brauchen sich Laien mit diesen Techniken nicht zu beschäftigen. Wer ein günstiges Datum auswählen möchte, kann sich immer an Freunde wenden, die den Almanach besitzen.

Wenn Sie diese Möglichkeit nicht haben, dann sollten Sie zumindest Daten wählen, die nicht schädlich sind. Grundsätzlich günstig sind jeweils der 1. und 15. Tag eines jeden Monats. Dies ist, mit anderen Worten, der Tag des Neumonds und des Vollmonds.

Versuchen Sie am Umzugstag offiziell in der Zeit von 9 und 11 Uhr vormittags einzuziehen. Tragen Sie das Bett oder irgendein anderes großes Möbelstück hinein, das Ihren Einzug symbolisiert; stellen Sie dann das Radio an, um für ein gewisses Hintergrundgeräusch zu sorgen, setzen Sie einen Kessel Wasser auf und öffnen Sie ein Fenster (siehe Kasten nächste Seite). Bereiten Sie sich eine Tasse Tee zu, und reichen Sie etwas Gebäck. Dies ist Ihre erste Mahlzeit in Ihrem neuen Heim, und Sie sollten an diesem Tag bereits über Nacht bleiben. Nach diesem symbolischen Einzug können Sie in Ruhe Ihre übrige Habe ins Haus bringen.

Mit diesem Ritual trägt man der zeitlichen Dimension des Feng Shui Rechnung. Wenn man das Einzugsritual wie angegeben durchgeführt hat, stellt man damit sicher, daß der Aufenthalt der Familie im neuen Heim immer von

Frieden und Gesundheit begleitet sein wird. Wird kurz nach dem Einzug in das neue Heim jemand krank, dann müssen Sie davon ausgehen, daß am Einzugstag etwas falsch gemacht wurde.

Gesundheit und langes Leben durch Energetisieren

Es gibt spezielle Feng-Shui-Techniken zur Mehrung des Glücks guter Gesundheit und eines langen Lebens sowie zur Abwehr des Unglücks von Krankheit. Nachfolgend vier wichtige Grundsätze, die Sie beachten sollten.

Abwehr zu starker Yin-Energien

Wenn Sie in der Nähe eines Krankenhauses, eines Friedhofs oder eines anderen Orts leben, von dem starke Yin-Energien ausgehen, könnte Sie Unglück in Form von Krankheit treffen. Es könnte sein, daß ein Familienmitglied nach dem anderen krank wird.

Wenn Ihr Haus direkt einem Gebäude wie diesem gegenüberliegt, ist Ihr Feng Shui erheblich beeinträchtigt; wenn dieses Gebäude dazu noch ein Krankenhaus ist, ist dies äußerst ungünstig.

Wenn die Yin-Energien allzu stark sind oder die Quelle solcher Energien allzu nahe ist, kann sogar ein Krankenhausaufenthalt notwendig werden. Zur Abwehr übermäßiger Yin-Energie setzt man im Haus verstärkt Symbole und Repräsentationen der Yang-Energie ein. Installieren Sie hellere Leuchten, streichen Sie die Haupteingangstür in einem kräftigen Rot und lassen Sie Musik laufen. Geben Sie in der Innenausstattung kräftigen Farben – Rot, Orange und Gelb oder auch Weiß – mehr Raum. Das Geheimnis eines gesunden Heims ist kräftige Yang-Energie, der dennoch Yin-Energie ausgleichend gegenübersteht.

Das Shar-Ch'i von »Giftpfeilen« ablenken

Eine weitere häufige Krankheitsursache, die durch schlechtes Feng Shui bedingt ist, ist die Einwirkung des »tödlichen Hauchs« oder Shar-Ch'i von »Giftpfeilen«, die von der Straße oder einem benachbarten Gebäude auf das Haus und insbesondere die Eingangstür gerichtet sind. Defensives Feng Shui erfordert eine geschulte Sensibilität für schädliche Strukturen in der Umgebung. Wenn Ihr Heim solchen Strukturen ausgesetzt ist, macht sich dies als erstes bemerkbar, indem die Gesundheit der Familie geschwächt wird. Wehren Sie die auf Ihr Haus einwirkende schädliche Energie ab, indem Sie Bäume pflanzen oder eine Barriere wie beispielsweise eine Mauer oder eine Hecke errichten. Üblicherweise genügt es, die Sicht auf die schädliche Struktur zu verdecken, um die von dieser ausgehende schlechte Energie aufzulösen. Wenn die oben vorgeschlagenen Heilmittel undurchführbar sind, können Sie als stärkste Maßnahme einen Pa-kua-Spiegel über der Haupteingangstür anbringen.

Plazierung von Symbolen für ein langes Leben

Wenn Sie sich eines langen Lebens erfreuen wollen, kann Ihnen Feng Shui dabei helfen. Bringen Sie zu diesem Zweck Symbole der Langlebigkeit inner- und außerhalb des Hauses an. Die besten Symbole für das Innere des Hauses sind Gemälde, die einen Pfirsich, eine Kiefer, einen Bambus,

Der Kranich ist eines der schönsten Symbole für ein langes Leben.

einen Kranich oder einen Hirsch zeigen. Dies sind die klassischen und beliebtesten Symbole für ein langes Leben. Oft werden sie auf Gemälden und anderen Dekorationsobjekten, wie sie in chinesischen Läden verkauft werden, miteinander dargestellt. Das mächtigste Symbol für ein langes Leben ist für die Chinesen natürlich Sau, der Gott der Langlebigkeit. Für den Bereich außerhalb des Hauses sind die Schildkröte und der Kranich zu empfehlen. Gartenplastiken dieser Tiere sind das Symbol für Harmonie und ein langes Leben. Plazieren Sie Kraniche in den vorderen Teil des Gartens, Schildkröten in den hinteren Teil. Ein einzelner Kranich genügt. Eine Bambusstaude rechts im vorderen Teil des Gartens ist ebenfalls ein hervorragendes Symbol für gute Gesundheit und ein langes Leben. Hierfür eignet sich jede Bambusart. Wenn Sie in einem kühleren Klima leben, empfehle ich Ihnen eine Kiefer seitlich an Ihrem Haus. Diese ist nicht nur ein Symbol für gute Gesundheit und ein langes Leben, sondern steht auch für Treue, Festigkeit und unerschütterliche Loyalität angesichts von Widrigkeiten. Die Kiefer ist eines der beeindruckendsten Feng-Shui-Mittel, die man am Haus einsetzen kann. Natürlich gilt auch hier, daß man niemals übertreiben sollte. Eine einzelne Kiefer genügt vollkommen. Achten Sie stets auf Harmonie.

Mit dem Kopf in der Gesundheitsrichtung schlafen

Die Richtung der Gesundheit gilt allgemein als die zweitbeste der vier günstigen Richtungen (siehe Seite 92). Unter normalen Umständen schläft man immer mit dem Kopf in seiner besten Richtung, weil dies materiellen Erfolg in Geschäft und Beruf bringt. Wenn Sie aber einmal krank sind oder auf dem Weg der Genesung, dann empfehle ich, mit dem Kopf in der Gesundheitsrichtung zu schlafen. Dies schafft zugleich auch Seelenfrieden und große Harmonie in der Familie. Man braucht durchaus nicht immer seine beste Richtung zu nutzen. Welche Richtung man energetisiert, sollte sich immer auch nach der jeweiligen Lebenssituation richten.

Ein Bambus stellt immer gutes Feng Shui dar. Wenn Sie Platz haben, sollten Sie an Ihrem Haus einen Bambushain anlegen, der Ihnen Glück bringt.

Feng Shui für Schule und Bildung

Bildung galt schon immer als eine der besten Möglichkeiten, auf der sozialen Leiter nach oben zu kommen. Im alten China standen Gelehrte in sehr hohem Ansehen. Die meisten Eltern wünschten sich einen Sohn, der durch besondere akademische Leistungen der Familie Ehre eintrug. Die Berater und Hofbeamten des Kaisers – die mächtigen Mandarine, die das Land regierten – wurden immer unter denjenigen ausgewählt, die die kaiserlichen Prüfungen mit Auszeichnung bestanden.

Gutes Feng Shui sollte also immer diese Art von Glück für die Söhne der Familie beinhalten, wobei man durchaus nicht nur im Zeitraum einer einzigen Generation dachte. Das Ziel war, daß Generation um Generation mit Reichtum und gesellschaftlichem Ansehen gesegnet sein sollte. Deshalb wünschte man sich Söhne und Erben, damit der Name der Familie Bestand haben sollte. Das Glück von Nachkommenschaft war außerordentlich wichtig, und Frauen, die keine Söhne gebaren, wurden üblicherweise verstoßen, und ihren Platz nahmen Nebenfrauen und Konkubinen ein.

Wenn der Fortbestand des Familiennamens gesichert ist, ist das nächstwichtige Glück dasjenige der Ausbildung. In chinesischen Familien wird insbesondere von Söhnen erwartet, daß sie in der Schule gute Leistungen bringen, daß sie ihre Prüfungen glanzvoll bestehen und eine akademische Laufbahn einschlagen. Diese Haltung ist fest im Denken chinesischer Familien verankert, und dies erklärt vielleicht, warum die zweite Generation chinesischer Auswanderer auf den Universitäten so besonders erfolgreich ist. Diese jungen Leute wurden nicht nur in einer Tradition

---

Mit drei Gipfeln leben

Bei einem meiner Besuche in China hörte ich von einer interessanten Auffassung, der zufolge Familien, die von ihrem Haus aus einen Blick auf drei Gipfel in der Ferne haben, im Bereich Schule und Bildung großes Glück beschieden sein soll. Diese drei Gipfel stehen für den akademischen Erfolg der Söhne der Familie. Wie es heißt, soll man vom alten Familiensitz Deng Xiaopings aus in der Ferne drei solcher Gipfel gesehen haben.

erzogen, in der Bildung einen hohen Stellenwert besitzt; viele profitieren auch von dem guten Bildungs-Feng-Shui, für das ihre Eltern sorgten.

Das Drachentor durchschreiten

Eine hübsche Erinnerung an die alten Zeiten ist das Symbol des bescheidenen Karpfens, der das Drachentor *(Lungmen)* überwindet. Nachdem er bis zum Tor gegen den Strom geschwommen ist, macht er einen gewaltigen Sprung, mit dem er das Tor passiert und in einen Drachen verwandelt wird. Diese Legende vom Drachenkarpfen symbolisiert das Bestehen der kaiserlichen Prüfungen. Chinesische Familien, die diese Legende kennen, bringen eine Darstellung des

Der bescheidene Karpfen verwandelt sich in einen Drachen, nachdem er das Drachentor durchquert hat. Diejenigen, denen es nicht gelang, trugen auf ewig das Zeichen des Scheiterns: einen roten Punkt auf ihrer Stirn.

Drachenkarpfens über ihrer Haupteingangstür an, um schulischen Erfolg für ihre Söhne und in unserer Zeit auch für ihre Töchter zu symbolisieren.

Den Nordosten energetisieren

Wenn man das schulische Glück für seine Nachkommen energetisieren will, stehen hierfür verschiedene Feng-Shui-Verfahren zur Verfügung, die man einzeln oder in Verbindung einsetzen kann. Gemäß dem Pa-kua ist Nordosten der Sektor des schulischen Erfolgs; dieser sollte daher energetisiert werden. Dies geschieht am besten in der Weise, daß man im Schlafzimmer seiner Söhne und Töchter eine oder alle der im folgenden genannten Maßnahmen durchführt.

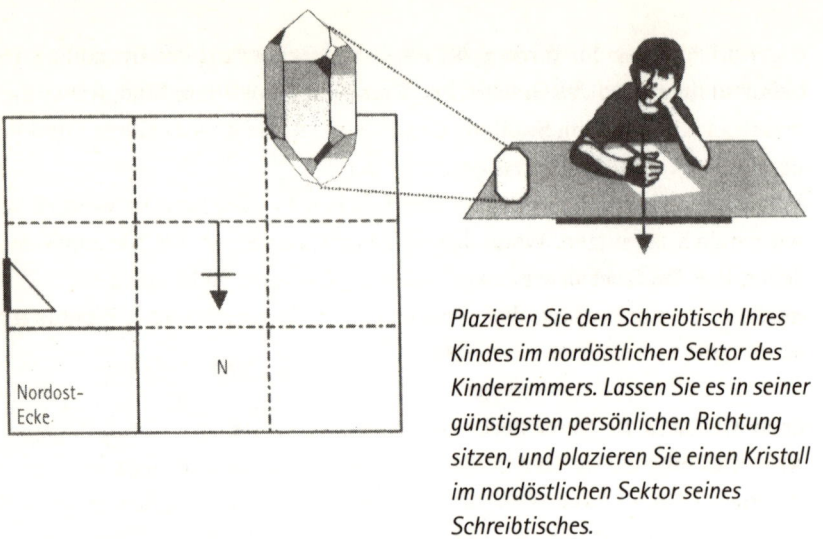

Plazieren Sie den Schreibtisch Ihres Kindes im nordöstlichen Sektor des Kinderzimmers. Lassen Sie es in seiner günstigsten persönlichen Richtung sitzen, und plazieren Sie einen Kristall im nordöstlichen Sektor seines Schreibtisches.

Den Schreibtisch des Kindes in der nordöstlichen Ecke des Schlafzimmers plazieren

Stellen Sie den Schreibtisch, an dem das Kind seine Hausaufgaben macht, in den nordöstlichen Sektor des Schlafzimmers. Achten Sie darauf, daß sich in der nordöstlichen Ecke des Zimmers keine Badezimmer oder Toiletten befinden, da sich dies höchst nachteilig auf das schulische Fortkommen des Kindes auswirken würde. Wenn sich tatsächlich im Nordosten des Kinderzimmers ein Bad befindet, sollten Sie möglichst versuchen, Ihrem Kind ein anderes Zimmer zu geben.

Das Kind in die günstigste Richtung für seine persönliche Entwicklung blicken lassen

Wenn der Schreibtisch in der Ecke von Bildung und Erziehung steht, muß er als nächstes so ausgerichtet werden, daß das Kind beim Arbeiten in die Richtung seines persönlichen Fortkommens blickt. Im Chinesischen ist dies die Richtung *Fu Wei*, die jeden Lernenden mit den optimalen Energien versorgt. Wenn Sie nichts anderes tun können, hat dies allein schon entscheidende Wirkung.

Ermitteln Sie mit Hilfe der Tabellen auf den Seiten 88 ff. die jeweiligen günstigen Richtungen für Ihren Sohn oder Ihre Tochter auf der Grundlage des Geburtsdatums und des Geschlechts. Sagen Sie dann Ihrem Kind, wie es diese Glücksrichtung beim Studium, an seinem Platz im Klassenzimmer und für das Bestehen von Prüfungen einsetzen kann. Versuchen Sie, die Richtung der persönlichen Entwicklung so weitgehend wie möglich zu nutzen. Wenn dies nicht machbar ist, stellen Sie zumindest sicher, daß Ihr Kind in einer der anderen günstigen Richtungen sitzt. Vermeiden Sie es unbedingt, daß es in einer der vier ungünstigen Richtungen sitzen muß.

Einen Kristall in die Nordostecke des Schreibtisches stellen

Als drittes müssen Sie die Energien des Elements des Nordostens aktivieren. Das diesen Sektor beherrschende Element ist Erde, und wie ich festgestellt habe, ist das beste Objekt zur Verbesserung des Glücks von Bildung und Erziehung der natürliche Quarz. Stellen Sie ihn in die nordöstliche Ecke des Schreibtisches, und zwar am besten unter eine Tischleuchte. Das Licht lädt den Kristall mit Energie auf.

Kristalle haben, wie es heißt, eine außerordentliche Speicherfähigkeit, und man bekommt sie in jedem Mineraliengeschäft oder meist auch in alternativen Läden. Sie eignen sich sehr gut zur Erzeugung von gutem Feng Shui. Wenn man sie in die Erde-Ecke plaziert, aktiviert man dadurch gute Feng-Shui-Energie. Ich habe dieses Verfahren mit großem Erfolg an viele meiner jungen Freunde weitergegeben. Unnötig zu sagen, daß auch meine eigene Tochter von dieser Methode profitiert hat.

Geben Sie jedem Kind einen Kristall und schärfen Sie ihm ein, gut auf ihn achtzugeben. Stellen Sie den Kristall auf den Tisch, wenn sie Hausaufgaben machen. Wenn sie in der Schule sind oder eine Vorlesung hören, sollten sie den Kristall dorthin bringen und ihn in der nordöstlichen Ecke ihres Tisches im Klassenzimmer beziehungsweise Hörsaals plazieren. Besonders wichtig ist der Kristall natürlich in dieser Ecke bei Prüfungen.

Ich kann nicht garantieren, daß jeder, der seinen Schreibtisch mit diesem Verfahren energetisiert, ein Nobelpreisträger wird. Aber zweifellos werden die Kinder immer bessere Noten schreiben. Wenn dazu alle anderen Glücksformen vielversprechend sind, dann sind große akademische Leistungen eine konkrete Möglichkeit.

Achten Sie darauf, was sich unter der Treppe befindet

Nach den Grundsätzen des Feng Shui sollte jeder, der Kinder hat, sorgfältig darauf achten, was sich unter der Treppe befindet. Alles Unpassende oder Schädliche dort hat negative Auswirkungen auf das Schicksal der nächsten Generation. Ganz besonders ungünstig für die Kinder ist alles, was mit Wasser zu tun hat. Schlechte Leistungen in der Schule sind nur eine der möglichen üblen Folgen.

Plazieren Sie deshalb niemals Wasser unter der Treppe. Dinge wie ein Teich, ein Springbrunnen oder ein Aquarium, so schön und kunstvoll sie auch sein mögen, hätten geradezu tödliche Wirkungen auf die im Haus lebenden Nachkommen. Dies ist besonders ausgeprägt, wenn sich die Treppe auch noch in der Mitte des Hauses befindet; in diesem Fall könnte das böse Schicksal die ganze Familie treffen. Wasser unter der Treppe zerstört das Fundament des Hauses und macht alles Glück der Nachkommen zunichte.

Alles mit dem Wasser-Element Verbundene unter einer Treppe ruft großes Unglück für Ihre Kinder hervor. Schlechte Noten in der Schule sind nur eine der möglichen Folgen.

Ebenso ungünstig ist es aber, den Raum unter der Treppe leer zu lassen. Als Vorratsraum oder Stauraum entsteht hier dagegen ein stabiles Fundament für das ganze Haus. Als ich mich entschloß, Schriftstellerin zu werden, verwandelte ich den Raum unter meiner Treppe (die in der Mitte des Hauses lag) in ein kleines Archiv für meine Bücher. Unnötig zu sagen, daß mir dies in meinem neuen Beruf sehr viel Glück brachte.

Feng Shui zur Verbesserung der Chancen

Im Grunde liegt der große Vorzug von Feng Shui einfach darin, daß sich Ihnen eine Fülle von Möglichkeiten bieten wird, wenn Sie Ihre Umgebung gemäß diesen Prinzipien gestalten. Praktisch jede Technik und jedes Verfahren, das Sie zur Steigerung des Feng Shui Ihrer Wohnung oder Ihres Büros anwenden, schenkt Ihnen großartige Möglichkeiten zur Verbesserung Ihrer Gesundheit, Ihres Glücks und Ihrer Lebensweise.

Mit Feng Shui kann man neue Dimensionen erschließen, die den Hoffnungen und Wünschen eines jeden Mitbewohners in Ihrem Haushalt entgegenkommen. Dies kann für jedes Familienmitglied etwas anderes bedeuten. Denjenigen, die ein Geschäft haben, verschafft diese Technik großartige neue Möglichkeiten der Erweiterung und einer verbesserten Effizienz. Denjenigen, die einem Beruf nachgehen, bringt sie Aufstiegsmöglichkeiten und bewirkt, daß einflußreiche Menschen auf sie aufmerksam werden. Stellensuchenden eröffnet sie die Möglichkeit einer einträglichen Stelle, und Studierenden verschafft sie einen weiteren Horizont.

Menschen, die sehr viel Unglück hatten und denen alles mißlang, rate ich immer dazu, diesen Aspekt ihres persönlichen Feng Shui zu aktivieren. Dies bedeutet eine Energetisierung des südlichen Sektors des Heims, weshalb man als erstes den entsprechenden Bereich des Hauses oder Gartens ermitteln muß.

Den roten Phönix energetisieren

Süden ist der Ort des roten Phönix (siehe Seite 32), der ein wichtiges Glückssymbol ist. Von der Haustür aus sollte man einen Blick auf dieses Tier haben, das auf den Boden hingeduckt sitzt und dabei ist aufzufliegen. Dieser »Phönix« braucht

Auch ein kleiner Stein kann im Süden vor dem Haus den Phönix repräsentieren.

in Wirklichkeit nur ein kleiner Erdhügel zu sein. Auch ein Stein erzeugt ohne weiteres die entsprechende Symbolik. (Sollten Sie der Meinung sein, daß diese Symbolik sehr großzügig ist, dann haben Sie damit vollkommen recht.) Wenn sich also ein kleiner Erdhügel einige Schritte von Ihrer Haustür entfernt im südlichen Teil Ihres Grundstücks befindet, dann haben Sie damit schon den roten Phönix energetisiert, der Ihnen und Ihrer Familie große Chancen eröffnen wird.

Ein Ersatz für den Phönix

Wenn Sie keinen Garten haben, können Sie die Energie des Phönix auch in Ihrer Wohnung aktivieren. Betrachten Sie in diesem Fall Ihr Wohnzimmer als den maßgeblichen Raum. Bestimmen Sie den südlichen Sektor des Zimmers und plazieren Sie dort das Bildnis eines Phönix aus Keramik oder Kristall, das Sie mit rotem Licht beleuchten. Wenn Sie keinen Phönix bekommen können, stehen hierfür vielfältige Ersatzmöglichkeiten zur Auswahl. Ich persönlich bevorzuge den Hahn, weil er ebenfalls ein ausgezeichnetes Symbol ist. Dieser hat vielleicht keine so beeindruckende Herkunft wie der Phönix, aber er gilt dennoch als äußerst günstiges Objekt. Dies gilt besonders dann, wenn man im Jahr des Hahns geboren ist (siehe Seite 88ff.).

Sehr wirkungsvoll ist auch ein Pfau. Ein radschlagender Pfau gilt als Symbol großen Glücks. In vielen Teilen Indiens und Nepals gilt er als ein Tier, das dem »Patriarchen« des Haushalts Möglichkeiten bietet, in angesehene und einflußreiche Positionen aufzusteigen. Angeblich bringen auch schon Pfauenfedern im Haus Glück. Ich habe einige davon in meiner Wohnung, und ich plaziere sie in die südliche Ecke meines Wohnzimmers auf die obere Ebene, um Glück für meine Tochter anzuziehen.

Ein helles Licht im Süden installieren

Eine andere Möglichkeit, das Glück guter Gelegenheiten anzuziehen, besteht darin, den südlichen Sektor des Hauses zu ermitteln und dort ein sehr helles Licht zu installieren. Für diesen Zweck verwende ich am liebsten Kristalleuchter, und dieses Verfahren hat mir immer beachtlichen und beständigen Erfolg gebracht. Ich habe im südlichen Sektor meines Wohnzimmers, meiner Diele und zusätzlich vor meiner Haupteingangstür kleine Kristalleuchter angebracht, die das diesem Sektor zugehörige Element Feuer aktivieren und glückbringendes Sheng Ch'i in mein Heim ziehen. Ich habe festgestellt, daß alle Mitglieder meiner Familie nie über einen Mangel an neuen Gelegenheiten zu Verbesserungen in unserem Leben zu klagen haben, sei dies auf der materiellen oder der spirituellen Ebene.

Hierfür braucht man durchaus keine teuren Leuchter. Nehmen Sie ein Modell mit einer Glühlampe und mindestens neun geschliffenen Kristallkugeln in der Größe von Golfbällen. Diese geschliffenen Kugeln brechen das Licht der Glühlampe in den Regenbogenfarben, wodurch alle umgebende Energie in glückbringendes Sheng Ch'i verwandelt wird. Lassen Sie diesen Leuchter am Abend mindestens drei Stunden brennen. Sie werden erstaunt sein, wie sich die Atmosphäre in Ihrem Wohnzimmer und im ganzen übrigen Haus verändert.

Kristalleuchter sind deshalb ein so gutes Feng-Shui-Werkzeug, weil sich die erzeugten Energien in einer harmonischen Weise miteinander verbinden; Feuer und Erde gehen hier eine produktive Beziehung ein, wie sie auch für die Aktivierung anderer Formen von Glück so typisch ist. Wenn ein Leuchter Ihre finanziellen Möglichkeiten übersteigt, empfehle ich Ihnen, nur einen Kristall zu kaufen und ihn im Fenster aufzuhängen, so daß er das natürliche Licht von draußen auffangen und ins Haus leiten kann. Günstig ist es, wenn Sie ein Ostfenster haben, so daß der Kristall die Strahlen der Morgensonne bündeln und die Regenbogenfarben in Richtung der Eingangstür oder Diele streuen kann. Dies verbessert Ihre Chancen auf gute Gelegenheiten ganz erheblich.

Einen Wandschmuck in Rot oder Gold im Eingangsbereich aufhängen

Als außerordentlich glückbringend gilt es, einen Wandschmuck mit der vorherrschenden Farbe Rot oder Gold an der Wand direkt gegenüber der Haupteingangstür anzubringen. Dies kann zum Beispiel eine Kalligraphie des chinesischen Zeichens für »Glück« oder »Geduld« oder ein Gemälde mit einem glückverheißenden Thema sein. Die Kombination der Farben Rot und Gold steht für Überfluß und Vermögen; wenn diese Farben hinter der Haustür vorhanden sind, ziehen sie hervorragendes Ch'i an, das aufregende neue Möglichkeiten für die Bewohner mit sich bringt.

Mit Feng Shui hilfsbereite Menschen anziehen

Die Chinesen nehmen in ihrem Streben nach Erfolg und materiellem Gewinn eine sehr pragmatische Haltung ein. Im Geschäftsleben wie in der Politik teilen sie die Menschen in ihrem Leben in solche ein, die ihnen nützen, und solche, die ihnen schaden können. Glück definieren sie oft als die Anwesenheit von Menschen, die ihnen helfen können und wollen, und Unglück ist für sie, wenn es Menschen in ihrem Leben gibt, die ihnen Nachteile bringen können.

Das Glück, von einem älteren, weiseren und erfahreneren Menschen angeleitet zu werden – und dies kann ein Lehrer, ein Mentor oder ein Vorgesetzter sein –, ist eine weithin anerkannte Form von gutem Feng Shui. Dies wird oft mit dem Glück verglichen, einen wohlwollenden »Patriarchen« zu haben, von dem man innerhalb einer großen Organisation bei seinem beruflichen Fortkommen unterstützt wird. Dieser Patriarch (oder diese Matriarchin) kann der eigene Vater/die eigene Mutter, ein Onkel/eine Tante oder jemand anderes sein, der für einen wie ein »väterlicher Freund« ist. Es gilt als besonders glücklicher Umstand, wenn man in seinem Leben einen solchen Helfer hat, und im Feng Shui wird eine solche Person als »Himmelsmensch« bezeichnet.

Das wirkungsvollste Verfahren, diese Art von Glück in seinem Leben zu realisieren, besteht in der Anwendung und Energetisierung des wichtigsten Trigramms des *I-ching* und Pa-kua. Dies ist das Trigramm Ch'ien, das aus drei durchgehenden Linien besteht. Es steht für Unterstützung, Glück und den Segen des Himmels. Außerdem repräsentiert es den Anführer, den Patriarchen, den Chef – alle Menschen, die für Ihre Familie und Ihren Haushalt wichtig sind. Bezüglich eines Landes steht das Trigramm Ch'ien für den Präsidenten oder Ministerpräsidenten. In einer Firma bezeichnet es den obersten Chef. Im religiösen Bereich ist es der Papst oder der geistliche Führer. Ch'ien symbolisiert immer Hilfe von der wichtigsten Person in Ihrem Leben, und wenn Sie sich in Ihrem Heim und am Arbeitsplatz auf Ch'ien konzentrieren, haben Sie Vorteile gegenüber Ihren Konkurrenten.

Die Energie in den Ch'ien-Sektoren verstärken

Dies bedeutet immer eine Stärkung der nordwestlichen Ecke Ihres Büros oder Hauses, wofür verschiedene Gegenstände eingesetzt werden.

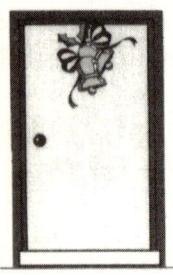

Wickeln Sie rote Bänder um Glocken und hängen Sie diese an der nordwestlichen Tür auf, um die Wirkung des Metalls der Glocken noch zu steigern.

Verwendung von Glocken

Wenn Sie geschäftlich oder beruflich in einer Branche zu tun haben, in der Sie auf die Mitwirkung anderer Menschen angewiesen sind, bringt es Ihnen Glück, wenn Sie zwei Metallglocken im nordwestlichen Sektor des Zimmers aufhängen. Falls sich in diesem Sektor eine Tür befindet, bringen Sie die Glocken so an der Tür an, daß sie Hereinkommende ankündigen. Dies ist besonders vorteilhaft an den Eingangstüren von kleinen Läden und Boutiquen. Die Glocken kündigen nicht nur Kunden an, sondern halten durch ihr Geräusch auch Unglück vom Geschäft fern.

Ein Hufeisen vergraben

Ein Hufeisen im nordwestlichen Teil des Gartens zu vergraben erzeugt hervorragende Erde-Energie, da das Element Metall dem Nordwesten zugeordnet ist. Bewahren Sie das Hufeisen in einem kleinen Behältnis auf, bevor Sie es im Boden vergraben. Damit bringen Sie symbolisch zum Ausdruck, daß das Hufeisen Ihnen die Unterstützung hilfsbereiter Menschen sichert.

Einen fehlenden nordwestlichen Sektor ausgleichen

Wer ein Geschäft hat oder in der Politik aktiv ist, ist vom Fehlen einer nordwestlichen Ecke am stärksten betroffen. Freunden, die mit diesem Problem zu tun haben, rate ich immer, sich nach etwas anderem umzusehen, wo das Feng Shui für ihre Pläne günstiger ist, denn das Fehlen der nordwestlichen Ecke bedeutet, daß man auf keinerlei Unterstützung durch einflußreiche und mächtige Menschen zählen kann. Und kein Geschäftsmann und kein Politiker kann ohne die Hilfe anderer Menschen Erfolg haben. Es gibt jedoch verschiedene Möglichkeiten, eine fehlende Nordwestecke auszugleichen:

Die ungünstige Wirkung leerer Räume

Ein Haus, das auf einem leeren Raum steht, kann niemals gutes Feng Shui haben. Auch wenn nur ein Teil des Hauses unter diesem Feng-Shui-Mangel leidet, sollten Sie prüfen, welche Räume davon betroffen sind.

Wenn die so überaus wichtigen nordwestlichen Zimmer des Hauses über leeren Räumen wie zum Beispiel einer Garage liegen oder wenn das Haus auf Pfeilern steht, wie in der Abbildung links gezeigt, kann dies nicht glückbringend sein. Sie müssen in einem solchen Fall den leeren Raum ausfüllen. Bauen Sie ihn um, und nutzen Sie ihn zum Beispiel für die haustechnischen Anlagen.

Ein auf Pfeilern stehendes Haus mit leeren Räumen hat kein gutes Fundament. Schließen Sie diesen Raum, indem Sie Wände errichten und in diesem Teil des Hauses nutzbare Räume schaffen.

- Bringen Sie an einer der Wände der fehlenden Ecke einen bodenlangen Spiegel an. Dadurch wird die Wand optisch nach außen verlagert, so daß der Eindruck von Substanz und Raum entsteht. Als einzige Einschränkung für die Anwendung dieses Verfahrens gilt, daß es nicht im Schlafzimmer anwendbar ist. Weiterhin darf der Spiegel keine Toilette, keine Treppen und Türen reflektieren.

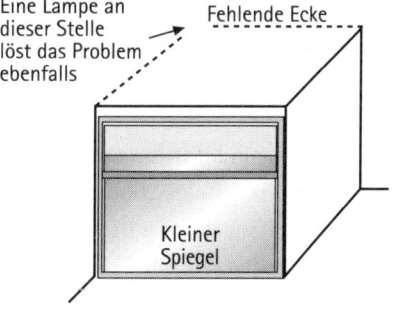

Ausgleich einer fehlenden nordwestlichen Ecke

Eine Lampe an dieser Stelle löst das Problem ebenfalls

Fehlende Ecke

Kleiner Spiegel

- Installieren Sie im fehlenden Sektor eine Lampe. Diese Lösung ist nur durchführbar, wenn man einen Garten und genügend Platz hat.
- Nehmen Sie einen Anbau vor, um dem Raum und dem ganzen Haus eine regelmäßige Form zu geben.

Das geschäftliche Glück vergrößern

In Hongkong gehen Geschäftsleute, die auf Feng Shui vertrauen, alljährlich zu Beginn des chinesischen Mondjahres zu ihrem Feng-Shui-Experten, um sich über die guten und schlechten Monate des kommenden Jahres beraten zu lassen. Wenn die Berechnungen ergeben, daß eine günstige Zeit bevorsteht, nehmen sie neue Projekte in Angriff, tätigen Investitionen und wagen neue Strategien. Andernfalls halten sie sich zurück, bis die ungünstigen Sterne wieder aus dem Geburtsbild ihrer Firmengebäude oder Privatwohnungen verschwunden sind.

Geschäftsleute wissen, daß die räumlichen Dimensionen des Feng Shui durch eine zeitliche Dimension ergänzt werden. Die entsprechenden Berechnungen basieren auf komplizierten Formeln, die numerologische Hinweise darauf liefern, wie glückbringend Gebäude, Richtungen und Orte sind. Wenn Sie Geschäftsfrau oder -mann sind, sollten Sie die Dienste eines Feng-Shui-Beraters in Anspruch nehmen, der das »Feng Shui des fliegenden Sterns« beherrscht und Ihnen die günstigsten Zeiten für Ihr Büro, Ihr Firmengebäude, Ihren Laden und Ihre Privatwohnung für die nächsten zwölf Monate berechnet.

Die Tabellen auf den Seiten 88ff. geben Ihnen bereits die wichtigsten Hinweise darauf, was geschehen kann, wenn Ihr Büro, Ihr Schreibtisch oder Ihre Haupteingangstür in einem Sektor mit ungünstigen Sternen liegen. Mehr braucht in einem einführenden Buch wie diesem hierzu nicht gesagt zu werden. Ausführlichere Berechnungen der »fliegenden Sterne« Ihres Büros finden Sie in meinem Buch zu diesem Thema *(Chinese Numerology in Feng Shui)*, oder wenden Sie sich an einen erfahrenen Feng-Shui-Berater, der das Geburtsbild Ihres Bürogebäudes oder Geschäftslokals erstellen kann.

Das geschäftliche Glück anziehen

Ein einfacheres Verfahren, um geschäftliches Glück anzuziehen, sind die Empfehlungen der formalen Schule. Diese wurden von Meistern entwickelt und haben sich bei vielen Kunden seit Jahren bewährt. Wie die meisten Verfahren zur Verbesserung des Feng Shui beruhen sie weitgehend auf der Verwendung von Symbolen und dem Prinzip der fünf Elemente.

Gutes Feng Shui für das Geschäft beginnt mit gutem Feng Shui für den Firmeninhaber beziehungsweise für den Vorsitzenden einer Aktiengesellschaft. Die drei grundlegenden Dinge, um die man sich kümmern muß, sind die Lage und Orientierung des Büros des Chefs, die Plazierung seines Schreibtisches und die Richtung, in die er beim Sitzen blickt.

Man betrachtet Feng Shui am besten als zusätzliches Managementwerkzeug. Dies war während der Zeit meiner festen Anstellung immer meine Haltung. Ich habe stets versucht, für ein optimales Feng Shui meiner Mitarbeiter zu sorgen, vor allem während meiner Banktätigkeit in Hongkong.

Stellen Sie sicher, daß jeder, der für Sie und Ihre Firma arbeitet, in seiner jeweils günstigsten Richtung sitzt (siehe Seite 92). Seien Sie sich darüber im klaren, daß nicht für jeden alle drei Grundsätze berücksichtigt werden können. Wenn aber jeder in Ihrer Gruppe von der Beachtung mindestens eines Feng-Shui-Grundsatzes profitieren kann, nützt dies der ganzen Firma durch die harmonische Wechselwirkung aller Energien.

Weitere Aspekte, die zu beachten sind, wie zum Beispiel die Lage des Büros und die Plazierung des Schreibtisches, wurden bereits ausführlicher in Teil 3 behandelt.

Das finanzielle Glück vermehren

In den Büros chinesischer Geschäftsleute in Hongkong und Taiwan ist Wasser in Form kleiner Springbrunnen und Goldfischaquarien ein vertrauter Anblick. Vor allem die Unternehmer von Hongkong sind entschiedene Anhänger von Feng Shui. Die meisten von ihnen halten die Ratschläge ihrer Feng-Shui-Meister sorgfältig ein, insbesondere solche, die sich auf den materiellen Erfolg beziehen.

Für chinesische Geschäftsleute hat der kaufmännische und materielle Erfolg höchsten Vorrang. Deshalb dürfen in ihren Büros Fische und Tierobjekte, die mit Wasser zu tun haben, nicht fehlen. Manchmal wird der Rat gegeben, daß man vom Haupteingang zum Büro aus Wasser sehen sollte, weil der Anblick von Wasser das finanzielle Glück im Büro mehrt. Daher findet man oft im Empfangsbereich von Büros unmittelbar am Eingang Aquarien. In Hongkong sind Goldfische äußerst beliebt, insbesondere der löwenköpfige Goldfisch, der Schutz und Wohlstand zugleich symbolisiert. In Malaysia und Singapur sind Fische aus den Korallenriffs beliebter, weil diese in den Korallenriffs vor den Küsten Malaysias leicht gefangen werden können.

Ein weiterer beliebter Fisch, der allgemein als Reichtumssymbol gilt, ist der ebenso geschätzte wie teure Arrowana. Es heißt, daß er außerordentliches geschäftliches Glück bringt. Die Fische kosten viel Geld, aber man braucht nur einen davon. Es gibt verschiedene Arten von Arrowanas. Beachten Sie, daß der Schwanz in einer einzigen Flosse endet und der ganze Fisch einem Schwert ähnelt, das, wie es heißt, symbolisch alles Unglück und alle Hindernisse durchtrennt, mit denen Sie zu tun bekommen können. Der Arrowana ist jedoch, wie schon gesagt, das Feng-Shui-Werkzeug des Geschäftsmanns. Sie brauchen diesen Fisch nicht, wenn Sie kein Geschäft haben. Es gibt einfachere Möglichkeiten, sich finanzielles Glück zu sichern!

Gutes Feng Shui für die Philippinen und Singapur?

Vor einigen Jahren berichtete mir ein Freund aus Hongkong mit guten Verbindungen, daß der philippinische Präsident Ramos sich an einen Feng-Shui-Meister aus der Kolonie gewandt hatte, um die Flut von Unglück einzudämmen, die unter seiner Vorgängerin Corazon Aquino über sein Land hereingebrochen war. Dieser gab Ramos drei Ratschläge, wie er dafür sorgen könne, daß es mit den Philippinen wieder aufwärts ging. Als erstes sollte Ramos drei unglückbringende Bäume vor dem Malacanang-Palast fällen lassen. Diese Bäume standen dem Erfolg des Präsidenten im Weg, und wenn man sie fällen würde, könnte ihm ungehindert Glück entgegenströmen.

Zweitens sollte Ramos die 500-Peso-Banknote des Landes ändern lassen. Diese wies zu viele ungünstige Merkmale auf.

Drittens sollte er die Symbole auf dem Präsidentensiegel ändern, weil es auch auf diesem ungünstige Merkmale gab, unter anderem einen Seelöwen mit einer gekrümmten Schwanzflosse.

Wie wir alle wissen, war Ramos' Präsidentschaft außerordentlich erfolgreich. Lag es am Feng Shui? Wer weiß ...

Eine noch bessere Erfolgsgeschichte aus Singapur

Auf der Insel Singapur lebt ein sehr einflußreicher Mann. Er ist gelehrt und weise, und er achtet seine chinesischen Wurzeln. Wie es heißt, hat er auch eine besondere Beziehung zu Feng Shui, weshalb er wichtige Ereignisse immer zu sorgfältig ausgewählten Zeitpunkten stattfinden läßt. Er hatte einen Feng-Shui-Mentor in Gestalt eines berühmten Mönchs, der kürzlich verstarb. Diesen fragte er stets um Rat, wenn eine wichtige Entscheidung anstand.

Etwa um die Zeit, als der »Mass Railway Transit« gebaut wurde, kam auch die 1-Dollar-Münze in Umlauf. Wie es heißt, hatte der Mönch dem Gelehrten gesagt, daß die Tunnelarbeiten für dieses Projekt dem Inselstaat schlechtes Feng Shui brächten, das seinen Wohlstand gefährden könne. Da er aber das Projekt nicht aufgeben wollte, fragte er, ob es eine Möglichkeit gebe, dieses schlechte Feng Shui auszugleichen.

»Ja«, antwortete der Mönch, »aber es dürfte unmöglich sein, dies durchzuführen.« Für unseren Helden war jedoch nichts unmöglich, und er sagte zu dem Mönch: »Äußert Euch trotzdem.« Und dieser gab ihm den Rat, daß jeder Haushalt aus Singapur das achteckige Pa-kua-Symbol haben oder aufstellen müsse, das allen Pa-kua-Anhängern so gut vertraut ist. Nein – dies würde zu Rassenunruhen führen! Wie könnte man

jeden Haushalt zwingen, das Pa-kua zu besitzen?

»Kein Problem«, sagte der Gelehrte, »ich kann dafür sorgen, daß jeder im Land so viele Pa-kuas wie möglich haben möchte.« So entstand die 1-Dollar-Münze Singapurs. Wenn Sie Freunde in Singapur haben, lassen Sie sich eine 1-Dollar-Münze schicken, und überzeugen Sie sich davon, daß sie die Form des Pa-kua hat!

Aber die Geschichte ist noch nicht zu Ende ...

Wie viele von Ihnen wissen, ging es mit der Wirtschaft aber nicht aufwärts, auch nicht, nachdem die 1-Dollar-Münze in Umlauf gebracht worden war (Sie erinnern sich an die Rezession der Jahre 1985 und 1986?), weshalb der Mönch wiederum konsultiert wurde.

Diesmal sagte er, daß die 1-Dollar-Münze zwar in der Tat das Pa-kua symbolisiere, aber keine Wirkung habe, weil sie jeder nur in der Tasche trage. Wie sollte sie dem schlechten Ch'i all der Tunnelbauten entgegenwirken, wenn sie nicht zu sehen war? So entstand eine neue Idee – die Plakette für die Kfz-Steuer!

Singapurer werden sich daran erinnern, daß diese Plakette früher rund war. Jetzt ist sie achteckig, und jeder auf der Insel hat sie gut sichtbar dabei. Erklärt diese harmlose Plakette den jahrelangen Wirtschaftsboom Singapurs?

Aber wie sieht es jetzt aus? Von der Währungskrise und der Unruhe auf den Aktienmärkten Südostasiens wird Singapur zweifellos nicht verschont. Nun aber ist der Mönch nicht mehr da. Was soll geschehen?

Die Antwort liegt in der 50-Dollar-Note Singapurs. Diese Note zeigt die Präsident-Sheares-Überführung über die Mündung des Singapur-Flusses. Ich habe mir sagen lassen, daß der Bau dieser Überführung eine schwere Verletzung des Singapur-Merlion bedeutete, wodurch an dieser Stelle außerordentlich schlechtes Feng Shui entstand. Damals gab der Mönch, wie es heißt, seinen letzten guten Rat. Dieser war sein Vermächtnis an die Menschen von Singapur, denn seine Empfehlung sollte ihnen auf lange Zeit ein gutes Geschick sichern.

Er empfahl seinem alten Freund, in der oberen rechten Ecke der 50-Dollar-Note einen Drachen anbringen zu lassen. Dieser Drache würde alle Schäden ausgleichen, die der Flußmündung zugefügt wurden, und dem Inselstaat für alle Zeiten Glück bringen. Und in der Tat ist heute auf jeder 50-Dollar-Note der Drache zu sehen. Er ist im ganzen Land und bringt Wohlstand und Erfolg.

Daneben ist der Drache auch ein Schutzsymbol, das vor Verlusten und Armut bewahrt. Ich bin nicht sonderlich überrascht darüber, daß Singapur sich in der Krise der südostasiatischen Märkte recht gut behauptet, und ich nehme an, daß dies auch so bleiben wird. Auch hier wiederum lautet die Frage: Ist es Zufall, oder liegt es am Feng Shui?

Die Plazierung von Wasser

Eine weitverbreitete Schule, die der Theorie der fünf Elemente anhängt, empfiehlt, Wasser im Norden zu plazieren (dieser Sektor ist dem Element Wasser zugeordnet). Daneben ist Wasser im östlichen und südöstlichen Sektor (Holz) sehr günstig, weil Wasser im Hervorbringungszyklus der Elemente Holz erzeugt. Weil Südosten im Feng Shui allgemein als der Sektor des Geldes gilt, ist also die Plazierung von Wasser dort sehr glückbringend, vor allem, wenn der vordere Teil des Büros oder Ladens in diesem Sektor liegt. Achten Sie aber auf das rechte Maß. Ein möglichst großes Aquarium und möglichst viel Wasser ist nicht unbedingt am besten. Wenn Wasser ein Ungleichgewicht erzeugt, tritt es symbolisch über seine Ufer, und dann ver-

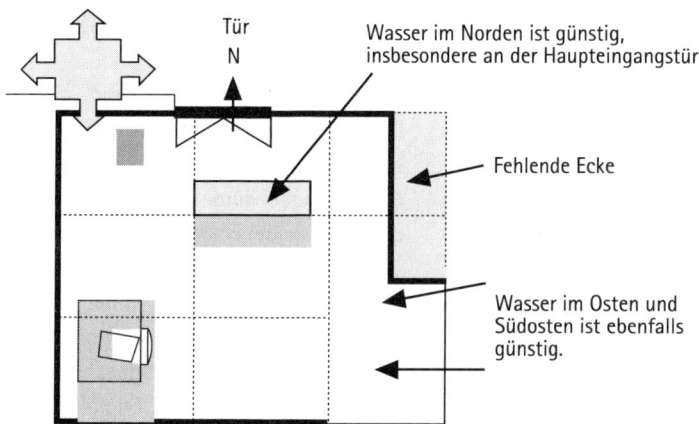

Wasser im Norden ist günstig, insbesondere an der Haupteingangstür

Tür
N

Fehlende Ecke

Wasser im Osten und Südosten ist ebenfalls günstig.

wandelt sich gutes Feng Shui in schlechtes. Man beschwört damit Gefahren herauf. Genau dies geschah einem meiner Bekannten. Er war leitender Angestellter einer großen Firma, der von den Vorzügen von Feng Shui hörte und in seinem Büro ein riesiges Süßwasseraquarium installieren ließ. Dieses nahm den größten Teil seines Zimmers in Anspruch, und es überraschte mich nicht, daß er nur drei Monate später in einem internen Machtkampf den kürzeren zog und gehen mußte. Vermeiden Sie es also, daß ein Wasser-Element allzu dominierend ist. Zuviel Wasser »ertränkt« Sie und/oder Ihre Firma!

Das finanzielle Glück mit Münzen energetisieren

Das Münzen-Verfahren habe ich schon unzähligen Menschen empfohlen. Jeder, der sich an einen der drei Ratschläge für das Geschäft hielt, die ich im folgenden geben werde, profitierte davon ganz eindeutig und wurde zum überzeugten Feng-Shui-Anhänger. Die Chinesen sprechen schon seit so langer Zeit über das große Glück, das diese altchinesischen Münzen im privaten und im geschäftlichen Bereich bringen, daß es in vielen Familien in den Bereich des Aberglaubens verwiesen wird.

Ich und meine Arrowanas

Ich besaß fünf dieser großartigen Fische und hielt sie in einem riesigen Aquarium in meinem Wohnzimmer. Ich gab ihnen spezielles Futter, so daß sie groß und kräftig wurden und die gold- und rosafarbenen Schuppen entwickelten, die, wie es heißt, großen Reichtum bringen. Damals hatte ich mich gerade in die »Dragon-Seed«-Kaufhausgruppe in Hongkong eingekauft und die Position der Aufsichtsratvorsitzenden übernommen. Ich konnte also Erfolg gut gebrauchen. Und meine Arrowanas ließen mich nicht im Stich.

Nach achtzehn Monaten schied ich wieder aus der Firma aus, und der Rückkauf warf für mich so viel ab, daß ich in den Ruhestand gehen konnte. Ich machte Pläne für die Rückkehr nach Malaysia, und man bot mir ein Vermögen für meine fünf Arrowanas. Ich lehnte alle Angebote für meine kostbaren Fische ab und setzte die jetzt 45 Zentimeter langen wunderschönen Tiere zum Zeichen der Dankbarkeit für all das viele Geld, das sie mir gebracht hatten, im Stanley-Stausee aus.

*Der hoch-
geschätzte
Arrowana*

Ich lege seit Jahren stets drei chinesische Münzen auf den Boden meines Reisbehälters und wechsle sie gewissenhaft jeweils am Vorabend des chinesischen Neujahrsfests aus, weil mir meine Mutter vor vielen Jahren sagte, daß dies meiner Familie außerordentliches Glück bringen würde. Man findet diese Münzen im Fernen Osten ohne weiteres, aber man bekommt sie auch in den meisten Chinesenvierteln des Westens. Nehmen Sie solche mit einer Yang- und einer Yin-Seite: Erstere weist vier chinesische Schriftzeichen auf, letztere zwei.

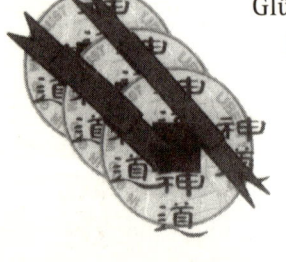

*Drei chinesische Münzen,
die mit der Yang-Seite nach
oben zusammengebunden
sind.*

Diese Münzen sind rund und sehr dünn und haben in der Mitte ein Quadrat. Die Kombination des Runden und Viereckigen steht hier für die glückbringende Vermählung von Himmel und Erde. Diese Münzen brauchen nicht alt zu sein, auch wenn diejenigen aus der Ch'ien-Lung-Zeit der letzten Ching-Dynastie besonders begehrt sind, weil dies als die glücklichste Epoche der Mandschu-Zeit galt. Binden Sie drei solcher Münzen mit der Yang-Seite nach oben mit einer roten Schnur oder einem roten Faden zusammen. Dadurch wird das Potential der Münzen aktiviert. Wie Sie die Münzen zusammenbinden, bleibt Ihnen überlassen. Achten Sie einfach darauf, daß alle drei Münzen mit der Yang-Seite nach oben liegen.

Münzen auf Ordner und Rechnungsbücher kleben

Kleben Sie diese drei Münzen mit der Yang-Seite nach oben auf alle Ihre wichtigen Vertragsmappen und Rechnungsbücher, um Ihre Umsätze zu steigern. Dies ist eine der einfachsten und wirksamsten Möglichkeiten, diese Münzen für das geschäftliche Glück zu nutzen. Geben Sie sie auch Ihrem Vertriebs- und Marketingpersonal, um dessen Umsatz-Glück zu steigern. Sie können die Münzen auf alle Ihre für das Einkommen maßgeblichen Akten kleben, und zwar auf deren Rücken, so daß sie sichtbar bleiben. Dasselbe Verfahren kann man auch auf Geldkassetten und Safes anwenden, um symbolisch das darin vorhandene Bargeld zu vermehren. Ich empfehle jedem Einzelhandelsgeschäft, dieses Verfahren in seine Feng-Shui-Praxis aufzunehmen. Die Wirkung kann atemberaubend sein. Sie können diese Münzen auch auf die Eingangstür von Ladengeschäften oder innerhalb des Ladens über die Tür kleben.

Manche Feng-Shui-Experten empfehlen, diese Münzen innerhalb der Eingangstür von Läden und Häusern unter eine Matte zu legen, um so Reichtum anzuziehen. Ich kenne eine große und sehr erfolgreiche britische Einzelhandelskette, bei der solche Münzen in den Fußboden der Geschäfte eingelassen sind. Ich selbst plaziere sie in meinen Reisbehälter, auf alle meine wichtigen Akten, an der Klinke meiner Haustür und unter meinen chinesischen Gott des Reichtums.

Kleben Sie auf Ihre wichtigen Ordner drei Münzen, um die Umsätze und den Verkauf anzukurbeln.

Plazierung der Kasse in Einzelhandelsgeschäften

In Läden ist der wichtigste Sektor derjenige, in dem die Kasse steht. Achten Sie zunächst darauf, wo die Kasse nicht stehen darf:

- Plazieren Sie sie niemals unter einem freiliegenden Deckenbalken oder gegenüber der vorspringenden Ecke zweier Wände. Der Registrierkasse müssen Sie dieselbe Aufmerksamkeit widmen wie der Eingangstür.
- Direkt vor der Tür, da der Kunde beim Betreten des Ladens nicht als erstes die Kasse sehen soll.
- Gegenüber einer Toilette, einer Treppe oder der scharfen Kante einer Auslage.

Das Feng Shui der Kasse können Sie wie folgt energetisieren:

- Bringen Sie an der Wand einen Spiegel an, der den täglichen Umsatz des Ladens »verdoppelt«.
- Hängen Sie ein Paar hohler Bambusstäbe, die mit roten Bändern umschlungen sind, über der Kasse auf. Dadurch entstehen aufgrund des Kanalisierungseffekts glückbringende Energien. Wenn sich über der Kasse ein Deckenbalken befindet, können die beiden Bambusstengel die schlechte Energie ableiten. Manche Experten benutzen auch Bambusflöten oder Glockenspiele. Setzen Sie jedoch nicht zu viele Elemente auf einmal ein. Entscheiden Sie sich für ein Verfahren, und bleiben Sie bei diesem. Seien Sie auch im Feng Shui nicht habgierig, und übertreiben Sie nichts.

Nachwort

Manche führen meinen privaten und beruflichen Erfolg auf mein hervorragendes Himmelsglück zurück. Es heißt, ich sei unter einem guten Stern geboren. Viele andere glauben, daß mein Glück mit dem hervorragenden Feng Shui meines Heims zu tun hat, meinem Erdenglück. Ich persönlich glaube, daß der Erfolg in meinem Leben daher rührt, daß ich in meinem Himmelsglück und Erdenglück mein eigenes Menschenglück wirksam hinzugefügt habe. Ich habe mich bewußt und aktiv mit Feng Shui auseinandergesetzt, erfolgreich alle Sektoren meines Hauses und Büros energetisiert und alle meine Richtungen in fast allem, was ich tue, aktiviert. Ich habe dieses Buch geschrieben, um zu zeigen, wie sich jeder in seinem eigenen Leben spektakuläres Glück schaffen kann.

Ich habe Feng Shui schon vor langer Zeit entdeckt. Nach zehn Jahren einer kinderlosen Ehe gebar ich Jennifer, nachdem wir umgezogen waren und das neue Heim unter Feng-Shui-Gesichtspunkten gestaltet hatten. Hierbei beriet uns der Feng-Shui-Experte Mr. Yap Cheng Hai, der schon viele zu Multimillionären gemacht hat und deshalb in Malaysia eine lebende Legende ist. Wir leben immer noch im selben Haus, auch wenn es über die Jahre entsprechend unserem steigenden Wohlstand erheblich umgebaut wurde.

Mr. Yap war ein wahrer Feng-Shui-Meister, der auch mein Kung-Fu-Meister und mein Freund war. Im Lauf der Jahre hat er mir eine unglaubliche Fülle an Feng-Shui-Wissen vermittelt. Hinzu kommen Kenntnisse, die ich während meiner Jahre in Hongkong sammeln konnte. Mr. Yap behandelte mich wie eine jüngere Schwester. Er besaß auch die Gabe des Hellsehens und sagte immer wieder, daß er in früheren Leben mein älterer Bruder gewesen sei. Dies erklärt vielleicht die Großzügigkeit, mit der er mir kostbare Formeln und Feng-Shui-Geheimnisse mitteilte. Ich bin ihm wahrhaft zu Dank verpflichtet. Ein großer Teil dessen, was mir Mr. Yap übergeben hat, ist in meinen Büchern über Feng Shui und insbesondere dem vorliegenden dargestellt.

Der Leser kann alle in diesem Buch gegebenen Hinweise praktisch sofort umsetzen. Wenn Sie einmal die Grundlagen der praktischen Anwendung beherrschen, werden Sie immer mehr entdecken, daß Feng Shui einfach dem gesunden Menschenverstand und dem Empfinden für Ordnung und Harmonie entspringt. Sie werden erfahren, daß an Feng Shui nichts Geheimnisvolles, Psychisches oder Instinktives ist. Es ist eine Praxis, die man leicht und mühelos beherrschen kann – was natürlich auch dazu geführt hat, daß es heute sehr viele »Möchtegern«-Feng-Shui-Berater gibt.

Ich ziehe es vor, mich um mein Feng Shui selbst zu kümmern, und rate Ihnen, dies auch so zu halten. Berater sind heute sehr teuer, und warum sollten Sie die Privatsphäre Ihres Zuhauses einem Fremden öffnen, wie gut auch immer er es meinen mag?

Nehmen Sie dieses Buch zur Hand und praktizieren Sie Ihr eigenes Feng Shui. Ich verspreche Ihnen, daß dies einfacher ist, als Sie glauben. Darüber hinaus macht es einfach Spaß, selbst Stufe für Stufe Veränderungen anzubringen. Lassen Sie Ihr Feng Shui sich stetig entwickeln. Ich selbst habe in den letzten zwanzig Jahren mein Heim ständig neu gestaltet, Möbel umgestellt und dadurch das Feng Shui verändert. Dabei habe ich immer mehr Sicherheit gewonnen, weil ich erlebe, daß jede Energetisierung eines Sektors oder Aktivierung meiner Richtungen wirklich positive Ergebnisse bringt.

Dieser beständige Erfolg gibt mir das Vertrauen, Sie dazu zu ermutigen, selbst Feng Shui anzuwenden und daran Freude zu haben. Ich ermuntere Sie auch, Feng Shui sowohl als Kunst als auch als Wissenschaft zu betrachten. Es ist eine Kunst, insofern hierfür ein sicheres Urteil notwendig ist, das man sich im Lauf der Zeit erwirbt. Es ist eine Wissenschaft, da es genaue Anweisungen gibt, nach denen man sich richten kann. Führen Sie diese richtig durch, und Sie werden von den positiven Wirkungen des Feng Shui profitieren können. Falls der Erfolg ausbleibt, sollten Sie prüfen, ob Sie wirklich alle Maße richtig ermittelt und umgesetzt haben.

Feng Shui braucht in keiner Weise als spirituelle oder religiöse Praxis betrachtet zu werden. Aber Sie sollten es auch nicht überschätzen. Feng Shui kann und soll kein Allheilmittel sein. Sie können mit seiner Hilfe Ihrem Glück beträchtlich nachhelfen. Aber es kann Ihnen nicht alles abnehmen.

Register